# स्तानिस्लाव्स्की

## अभिनेता की तैयारी

# स्तानिस्लाव्स्की
## अभिनेता की तैयारी

(ऐन ऐक्टर प्रिपेयर्स)

*भाषांतर*

**डॉ. विश्वनाथ मिश्र**

वाणी प्रकाशन

**वाणी प्रकाशन**

*4695, 21-ए, दरियागंज, नयी दिल्ली 110 002*

फ़ोन : +91 11 23273167 फ़ैक्स : +91 11 23275710

**शाखाएँ**

*अशोक राजपथ, पटना 800 004, बिहार*

*कॉफ़ी हाउस कैम्पस, महात्मा गांधी मार्ग, इलाहाबाद 211 001, उत्तर प्रदेश*

*महात्मा गांधी अन्तरराष्ट्रीय हिन्दी विश्वविद्यालय, वर्धा 442 001, महाराष्ट्र*

www.vaniprakashan.com
marketing@vaniprakashan.in
sales@vaniprakashan.in

Stanislavski : Abhineta Ki Taiyari
*Translated by* Dr. Vishwanath Mishra

ISBN : 978-93-5072-890-1
Criticism



पेपरबैक संस्करण 2002, 2016, 2017, 2020, 2021
पेपरबैक छठा संस्करण 2022

मूल्य : ₹ 325



*सिटी प्रेस, दिल्ली-110 095 में मुद्रित*

*वाणी प्रकाशन का लोगो मक़बूल फ़िदा हुसेन की कूची से*

रंगकर्मी
शीला भाटिया
के
लिए

# अनुक्रम

# अपनी बात

स्तानिस्लाव्स्की से मेरा परिचय, भारतीय तथा पाश्चात्य नाट्य-सिद्धांतों का तुलनात्मक अध्ययन करते हुए हुआ था। तभी मैंने भरत के 'नाट्यशास्त्र' को आदि से लेकर अंत तक कई बार पढ़ा था। उसी अध्ययन से मैं यह समझा कि भारतीय आचार्यों ने नाटक को 'दृश्य-काव्य' क्यों कहा है?

इसी दृष्टि से मैंने पाश्चात्य नाट्य-समीक्षकों के अभिनय-संबंधी विचारों की पड़ताल आरम्भ की। मैंने पाया है कि अरस्तू से लेकर आज तक के पश्चिम के नाट्य-समीक्षकों ने अभिनेता को नाटक का एक महत्त्वपूर्ण तत्त्व स्वीकर करते हुए भी उसका कोई विस्तृत विवेचन प्रस्तुत नहीं किया। भाषण कला पर लिखे गए ग्रंथों में रंगमंच पर वाचन के संबंध में थोड़ा-बहुत विवेचन देखने को मिलता है। यदा-कदा कुछ अभिनेताओं ने भी अपने अनुभव के आधार पर अभिनय के संबंध में कुछ लिख दिया है। स्तानिस्लाव्स्की ही एकमात्र ऐसे रंग-मनीषी हैं, जिन्होंने भरत के बाद अभिनय पर विस्तार से विचार किया है।

स्तानिस्लाव्स्की से इस परिचय के बाद मैंने उनके ग्रंथों को पढ़ना शुरू किया। संयोग से इस संदर्भ में उनका पहला ग्रंथ 'ऐन ऐक्टर प्रिपेयर्स' (अभिनेता की तैयारी) ही मेरे हाथों में आया। उसके बाद मैंने उनका दूसरा ग्रंथ 'बिल्डिंग ए कैरेक्टर' (चरित्र की रचना-प्रक्रिया) पढ़ा। इन दोनों ग्रंथों में उन्होंने अभिनय के प्रशिक्षण का पूरा विन्यास ही उपस्थित कर दिया है। लेकिन अभिनय तो प्रयोगशील कला है, इसलिए स्तानिस्लाव्स्की को लगा कि उन्हें अपने अभिनय-संबंधी विचारों को प्रयोगात्मक स्वरूप में भी प्रस्तुत करना चाहिए। इसी दृष्टि से उन्होंने 'क्रिएटिंग ए रोल' (भूमिका की संरचना) शीर्षक ग्रंथ की रचना की। संयोग से जब मैं इन ग्रंथों को पढ़ रहा था, तभी उनका एक और ग्रंथ 'प्रिंसिपुल्स ऐंड मेथड्स ऑफ़ क्रिएटिव आर्ट' (रचनात्मक कला के सिद्धांत और प्रविधियाँ) मेरे हाथों में आया। इस ग्रंथ में उन्होंने संगीत-रूपक की दृष्टि से नाट्य-कला की विवेचना की है।

इन ग्रन्थों को पढ़ने के बाद मैंने उनकी आत्म-कथा 'माई लाइफ़ इन आर्ट' (कला-जगत् में मेरा जीवन) को पढ़ा तो पाया कि उन्होंने अपना

रंग-जीवन अभिनेता के रूप में आरंभ किया था, फिर नाट्य-निर्देशक बने, और अंततः रंग-मनीषी। अभिनय को एक सुव्यवस्थित दर्शन का रूप देने की प्रक्रिया में उन्होंने अभिनय-कला का वैज्ञानिक विश्लेषण करते हुए उसके प्रशिक्षण का एक सुव्यवस्थित पाठ्यक्रम ही बना दिया है। आज जहाँ भी, जिस देश में भी अभिनय का प्रशिक्षण दिया जाता है, लगभग उन्हीं का बनाया हुआ पाठ्यक्रम प्रयोग में लाया जाता है।

19 अगस्त 1889 को स्थायी रूप में लखनऊ में बसने के साथ मुझे लखनऊ विश्वविद्यालय के छात्रों को 'रंगमंच विज्ञान' पाठ्यक्रम पढ़ाने का अवसर मिला। इस सुयोग ने मुझे स्तानिस्लाव्स्की के ग्रंथों को फिर से पढ़ने का अवसर दिया। इस अध्ययन-अध्यापन के दौरान मुझे लगा कि इन ग्रंथों का हिंदी में रूपांतर होना चाहिए।

सबसे पहले मैंने 'ऐन ऐक्टर प्रिपेयर्स' लिया। इस कार्य में लेखन-सहायक के रूप में पहले लखनऊ विश्वविद्यालय से संबद्ध मेरे दो-एक छात्रों ने और कालांतर में भारतेन्दु नाट्य अकादमी के छात्र अरुण शेखर मुझे सहयोग दिया। अरुण शेखर ने इसे रंगकर्मियों के अनुरूप बनाने में विशेष सहायता की।

इस पुस्तक पर कार्य समाप्त करने के बाद मानव संसाधन मंत्रालय की फ़ैलोशिप के अंतर्गत मुझे 'स्तानिस्लाव्स्की का अभिनय-दर्शन' विषय पर कार्य करने का अवसर मिला। अब तक मेरी नज़र में उनके दो ग्रंथ और आए—'स्तानिस्लाव्स्कीज़ लेगेसी' तथा 'कोंस्तांतिन स्तानिस्लाव्स्की : सेलेक्टेड वर्क्स'। मुझे लगा कि यह बेहतर होगा कि स्तानिस्लाव्स्की के तीन महत्त्वपूर्ण ग्रंथों के विशिष्ट अंशों का हिंदी रूपांतर किया जाए और उसमें शेष ग्रन्थों की सामग्री के अंश भी जोड़े जाएं। फिर यह विचार भी मन में उभरा कि इस रंग-मनीषी की जीवनी भी उसमें होनी चाहिए जिससे स्तानिस्लाव्स्की के रंगमंच संबंधी विचारों के विकास का परिचय मिल सके।

मैंने स्तानिस्लाव्स्की की आत्म-कथा और जांन बेनेदेत्ती की लिखी उनकी जीवनी के आधार पर उनका जीवन-वृत्त लिखना आरंभ किया। मैं केवल तीस-पैंतीस पृष्ठों की जीवनी ही लिखना चाहता था, लेकिन यह कार्य मुझे इतना रुचिकर लगा कि मैं पूर्ण आकार के पूरे तीन-सौ पृष्ठ लिख गया। वह ग्रंथ 'स्तानिस्लाव्स्की का रंग-जीवन' शीर्षक से प्रकाशित हो चुका है।

स्तानिस्लाव्स्की ने 'ऐन ऐक्टर प्रिपेयर्स' ग्रंथ की रचना कक्षा में अध्यापक और विद्यार्थियों की परस्पर बातचीत के रूप में की है। वे स्वयं अध्यापक के रूप में अथवा उस प्रशिक्षण-संस्थान के निर्देशक तोर्त्सोव के रूप में प्रकट हुए

है। विद्यार्थी कोस्त्या भी वही हैं जो प्रतिदिन कक्षा में उपस्थित है। वास्तव में उनके परिवार के लोग तथा उनके इष्ट-मित्र उन्हें कोस्त्या ही कहा करते थे। कक्षा में पहले विषय का विवेचन और फिर प्रश्नोत्तर की जो नाटकीय प्रणाली अपनाई गई है, उससे विषय-विशेष को लेकर जो सवाल उठते रहे हैं, उनका भी समाधान होता गया है। स्तानिस्लाव्स्की ने अनेक स्थलों पर अपने अनेक सहयोगियों की आलोचना भी की है।

स्तानिस्लाव्स्की ने अभिनय को अनुकरण अथवा पुनर्प्रस्तुतिकरण नहीं, वरन् रचनात्मक-कला माना है। रचनाशीलता तो मनुष्य में अंतर्निहित होती है, और जीवन के मर्मस्पर्शी अनुभव उसे जगाते रहते हैं। कवि, कथाकार, नाटककार, चित्रकार, मूर्तिकार आदि जब अंतःप्रेरित होते हैं, तभी रचना करते हैं। अभिनेता भी मूलतः रचनात्मक प्रतिभा से ही संपन्न होता है। लेकन उसे अंतःप्रेरणा से नहीं, वरन् जिस स्थान पर, जिस समय भूमिका का निर्वाह करना होता है, उसमें उतरना अनिवार्य होता है। उसके लिए आवश्यक होता है कि वह अपनी रचनाशीलता को जगाना सीखे। स्तानिस्लाव्स्की ने अपनी पुस्तक 'ऐन ऐक्टर प्रिपेयर्स' (अभिनेता की तैयारी) में यही प्रक्रिया सिखाई है। उनका कहना है कि अभिनेता को अपने चेतन-मन के प्रयास से अपने अचेतन-मन को जगाना होता है। तभी उसकी रचनात्मक प्रतिभा सजग होती है, और वह अपनी भूमिका के साथ तादात्म्य स्थापित कर उसी रूप में रंगमंच पर उतरता है।

भारतीय आचार्यों ने अभिनय के इस व्यापार को 'परकाया-प्रवेश' कहा है। स्तानिस्लाव्स्की ने इस रूपांतर के दस चरण बताए हैं। प्रथम चरण में उसे सोचना चाहिए कि यदि मैं भूमिका वाला व्यक्ति हूँ? दूसरे चरण उसे स्वयं को प्रदत्त परिस्थितियों में रखना चाहिए। उसके बाद तीसरे चरण में उसे कल्पना करनी चाहिए कि अगर मैं उन परिस्थितियों में होऊँ तो कैसे व्यवहार करूँगा? चौथे चरण में उसे अपने को 'सार्वजनिक एकांत' में भी देखना होगा। इस प्रयास में स्वभावतः उसे अपने कुछ अंगों में, मांसपेशियों में, तनाव की अनुभूति होगी। इन तनावों से मुक्त होने की प्रक्रिया को स्तानिस्लाव्स्की ने पांचवां चरण कहा है। अभिनेता कितना भी प्रतिभा-संपन्न क्यों न हो, मूल चरित्र को अपने भीतर आत्मसात करने के प्रयास में उसे एक साथ ही सफलता नहीं मिलेगी। अतः उसे मूल चरित्र को अनेक इकाइयों में बाँटना और फिर उनके अलग-अलग उद्देश्यों को भी निर्धारित करना चाहिए। इस छठे चरण के बाद उसके लिए यह आवश्यक हो जाता है कि वह नाटकीय परिस्थितियों को पूरी सच्चाई और निष्ठा के साथ ग्रहण करे। इसे सातवां चरण कहा गया है। आठवें चरण में

अभिनेता को नाटकीय परिस्थितियों के फलस्वरूप अपनी व्यक्तिगत जीवन की भावात्मक स्मृतियों को जगाना होगा। अगर वे मिल जाती हैं, तो प्रदर्शन प्रामाणिक हो जाएगा। अभिनेता को इसके बाद नवें चरण में स्वयं को सहयोगी अभिनेताओं से जोड़ना होगा। इस प्रयास में उसे अपनी बात कहने के साथ-साथ उनकी बात ध्यान से सुनना और उनकी देह-भाषा को पढ़ने का भी अभ्यास करना होगा। इन सभी प्रक्रियाओं से वह अपनी अंतश्चेतना को जगा लेगा और फिर वहाँ स्थित उसकी रचनात्मक प्रतिभा सचेष्ट हो उठेगी, संप्रेषण का व्यापार सहज रूप में आरंभ हो जाएगा।

स्तानिस्लाव्स्की ने इस प्रक्रिया को एक नये व्यक्ति के जन्म के रूप में देखा है। इस रचनात्मक व्यापार में लेखक की भूमिका उन्होंने पिता के रूप में मानी है। अभिनेता मूल-चरित्र के साथ गर्भस्थ होकर माँ की भूमिका निभाता है; निर्देशक की भूमिका धाय की होती है, ज़ो नये व्यक्ति के जन्म-ग्रहण में सहायक का कार्य करती है। स्तानिस्लाव्स्की ने अभिनेता की तैयारी में इन सभी चरणों के लिए समुचित अभ्यास की आवश्यकता बताई है। आप जानते हैं कि बड़े-से-बड़ा गायक या वादक कलाकार भी नियमित रूप से रियाज़ करता है। उसे भी तो अभिनेताओं के समान अपने लिए निर्धारित स्थान और समय पर अपनी कला का प्रदर्शन करना होता है। मंच पर आने के बाद भी वह कुछ अभ्यास करता है, और उस सचेतन प्रयास से जब अपने अचेतन में अंतर्निहित रचनात्मक प्रतिभा को जगा लेगा है तभी समुचित प्रदर्शन प्रस्तुत कर पाता है। अभिनेता भी इसी प्रकार लंबे अभ्यास से अपने आत्मनिर्माण की विभिन्न प्रक्रियाएँ संपन्न करते हैं, तभी रंगमंच पर उनका प्रदर्शन प्रभावपूर्ण हो पाता है।

अपने इस ग्रंथ के लेखन में अरुण शेखर के अतिरिक्त लखनऊ विश्वविद्यालय के मेरे कई विद्यार्थियों, यथा महेश चन्द्र, प्रेमचन्द, सुशील कुमार आदि ने भी मेरी सहायता की थी। इन सबको संपूर्ण मन से मेरी शुभकामनाएँ। इस ग्रंथ की मुद्रण-प्रति महेश आनंद और सुरेश धींगड़ा ने बड़े परिश्रम से तैयार की है। इन दोनों ही अध्येताओं का मैं संपूर्ण मन से कृतज्ञ हूँ। राष्ट्रीय नाट्य विद्यालय के निदेशक श्री देवेन्द्र राज अंकुर और निवर्तमान निर्देशक श्री राम गोपाल बजाज का मैं सर्वाधिक आभारी हूँ, जिनकी अनुकंपा और रुचि के रहते इस शृंखला की पुस्तकों का राष्ट्रीय नाट्य विद्यालय के तत्वावधान में प्रकाशन संभव हुआ है।

**विश्वनाथ मिश्र**

01.01.2002
47/4, कबीर मार्ग, क्ले स्क्वायर,
लखनऊ-226 001

# 1

# अभिनय का प्रारंभिक पाठ

स्तानिस्लाव्स्की के रंग-जीवन का विवरण इस ओर संकेत करता है कि उनकी आत्मकथा का उद्देश्य अपने अंतरंग क्षणों का प्रदर्शन नहीं, वरन् अपने अध्ययन, अनुशीलन और अनुभव के आधार पर, अभिनय के एक विशेष दर्शन को विकसित करना, उसकी विवेचना और फिर उसके प्रयोग का विश्लेषण करना रहा है। उन्होंने पहले यह सोचा था कि अभिनय के एक व्याकरण की रचना की जाए, उसके बाद उनका विचार बना कि अभिनय की एक आचार-संहिता, पुस्तिका या क्रियाशील पाठ्यग्रंथ का निर्माण किया जाए। लेकिन शीघ्र ही वे अपने नाट्यदर्शन से सम्मोहित होकर उसके प्रचार-प्रसार के लिए लालायित हो उठे और फिर हैप्गुड दंपति के साथ बैठकर उन्होंने बारह-सौ से भी अधिक पृष्ठों के एक विशाल ग्रंथ 'ऐन ऐक्टर्स वर्क ऑन हिमसेल्फ़' की रचना कर दी। इतनी बड़ी पुस्तक का प्रकाशन भी समस्या थी, अतः कालांतर में उसका प्रकाशन दो खण्डों में और दो अलग-अलग नामों से हुआ।

स्तानिस्लाव्स्की समय-समय पर अपनी भूमिका, अपने निर्देशित नाटकों और नाट्य-प्रदर्शन की अपनी अवधारणाओं को लेकर कुछ न कुछ लिखते रहते थे। उन्होंने अपने निर्देशन में खेले गए नाटकों के बड़े विस्तृत दृश्यालेख भी तैयार किए थे। उन्हें कई बार छात्र अभिनेताओं को रंगकर्म के सैद्धान्तिक और व्यवाहारिक स्वरूपों को पढ़ाना भी पड़ा था। सन् 1906 में फ़िनलैंड की यात्रा के दौरान उन्होंने इस संबंध में बहुत विचार-विमर्श भी किया था और विस्तृत नोट्स भी तैयार किए थे लेकिन उनसे उनके नाट्य-दर्शन के संबंध मे व्यवस्थित रूप से ग्रंथ लिखवाने का श्रेय विशेष रूप से हैप्गुड-दंपति को है। इस कार्य के लिए उन्होंने, समय-समय पर देश-विदेश में उनके साथ रहकर, उनके जैसे स्वच्छंद प्रकृति के व्यक्ति को ग्रंथ-निर्माण के लिए सन्नद्ध किया था। उन लोगों ने एक विशेष कार्यविधि विकसित की थीः स्तानिस्लाव्स्की बोलते थे, श्रीमती हैप्गुड लिखती थीं, और फिर स्तानिस्लाव्स्की उसका संशोधन करते

थे। उसके बाद वे उसका अंग्रेजी अनुवाद करती थीं और फिर उनके पति, रेनॉल्ड्स हैप्गुड, उसका संशोधन और संपादन करते थे। स्तानिस्लाव्स्की उसे फिर देखते थे और आवश्यक संशोधन एवं परिष्कार के बाद उन्हें प्रकाशन के लिए सौंप देते थे। इसी प्रकार यह महाकाव्यात्मक विन्यास का विशाल ग्रंथ लिखा गया था। सन् 1936 में उनके उसी विशाल ग्रंथ का पूर्वार्द्ध 'ऐन ऐक्टर प्रिपेयर्स' (अभिनेता की तैयारी) के नाम से प्रकाशित हुआ था। सन् 1938 में वही ग्रंथ रूसी भाषा में 'ऐन ऐक्टर वर्क ऑन हिमसेल्फ़ : इन दि क्रिएटिव प्रोसेस ऑफ़् एक्सपीरिएंस' के नाम से प्रकाशित हुआ था। यह उनके इसी ग्रंथ से प्राप्त सामग्री का विश्लेषण-विवेचन है।

स्तानिस्लाव्स्की ने अपनी इस पुस्तक में एक काल्पनिक विन्यास का प्रयोग किया है। अध्यापक अथवा प्रशिक्षक को उन्होंने तोर्त्सोव की संज्ञा दी है। यह संज्ञा व्यक्तिवाचक नहीं वरन् सामान्य संज्ञा है। इस संज्ञा की व्युत्पत्ति तुवोर चेस्त्वो से मानी गई है, जिसका अर्थ होता है, रचना। उसी से बना शब्द 'तुवोर्त्सोव', जिसका अर्थ है रचनाकार। इसे ही तोर्त्सोव का रूप दे दिया गया है। तोर्त्सोव का प्रधान शिष्य है कोस्त्या जिसने आत्मकथात्मक रूप में दिन-प्रतिदिन की कक्षाओं के विवरण लिखे है। तोर्त्सोव की भूमिका में उन्होंने स्वयं को प्रस्तुत किया है; कोस्त्या के रूप में तो वे स्पष्टतः स्वयं ही है। यह उनका घर का नाम था। अन्य सहपाठी, पॉल, वान्या, ग्रीशा आदि हैं। इन सभी को उन्होंने यथासंभव अलग-अलग चरित्रगत विशेषताएँ प्रदान की हैं।

यह प्रश्न उठना स्वाभाविक होगा कि आख़िर रंगकर्म की इस सैद्धांतिक विवेचना के लिए उन्होंने यह कथात्मक विन्यास क्यों ग्रहण किया? इस विन्यास ने एक तो वैचारिक विवरण को रोचक बना दिया है, दूसरे उन्होंने स्थान-स्थान पर प्रसंगानुकूल अपने समकालीन कलाकारों एवं रंग-मनीषियों की जिन कमियों और कमज़ोरियों की ओर संकेत किया है, वह अगर अपने नाम से किया होता, तो अनेक झंझट खड़े हो गए होते, काल्पनिक विन्यास ने उन्हें उन झगड़ों से बचा लिया है।

स्तानिस्लाव्स्की ने अपने इस ग्रंथ में अभिनय को एक रचनात्मक-कला मानकर उसकी विवेचना है। अभिनय के प्रशिक्षण संस्थान के एक आदर्श रूप की कल्पना उन्होंने कालांतर में प्रकाशित अपने एक अन्य ग्रंथ 'प्रिंसिपुल्स एंड मेथड्स ऑफ़् क्रियेटिव आर्ट' में प्रस्तुत की थी। मूलतः तो वह ग्रंथ संगीत-रूपक के कलाकारों को अभिनय का प्रशिक्षण देने के लिए लिखा गया था, लेकिन उसका बहुत बड़ा अंश सामान्य नाटकों के प्रस्तोताओं के लिए भी उपयोगी

है। उन्होंने लिखा है कि अध्यापक या प्रशिक्षण को, चाहे वह कितना भी पढ़ा-लिखा क्यों न हो और रंग-प्रदर्शन के विविध स्वरूपों का चाहे उसने कितना ही अभ्यास क्यों न कर रखा हो, चाहे वह रंगकर्मी वयोवृद्ध क्यों न हो गया हो, यह कभी नहीं सोचना चाहिए कि वह कोई बहुत बड़ा अथवा महामहिम व्यक्ति है। उसे छात्र अभिनेताओं को अपना मित्र, अपना बंधु, अपना आत्मीय समझना चाहिए। उसके विचार और आचार में सहज सामंजस्य होना चाहिए। यह ज़रूरी है कि वह अपने कार्य के प्रति पूर्णतः समर्पित हो। उसके छात्र अभिनेताओं को यह कभी नहीं लगना चाहिए कि कोई वरिष्ठ व्यक्ति आदेशात्मक रूप में उनसे कुछ कराना चाहता है। उसके कथन और कार्यों में कुछ ऐसा समन्वय होना चाहिए कि जो कुछ पढ़ाया जा रहा है, वह दूर से चलकर आए शिष्यों के मन में सहज रूप से संप्रेषित हो जाए।

उनका दृढ़ विश्वास था कि किसी को अभिनय सिखाया नहीं जा सकता। अगर उसमें मूलतः रचनाशीलता के संस्कार हैं, तो अभिनय के लिए सचेष्ट होने की रीति उसे अवश्य सिखाई जा सकती है। अपने अनुभव के आधार पर वे भली प्रकार जानते थे कि प्रतिभावान और लब्धप्रतिष्ठ अभिनेता भी तभी अच्छा अभिनय कर पाते हैं, जब वे अंतःप्रेरित हों। इस प्रकार अपने शिष्यों में वे अंतःप्रेरणा को जगाकर, उन्हें अभिनय की दिशा में अग्रसर होने की प्रक्रिया ही सिखाना चाहते थे।

उन्होंने रंग-संस्थान में प्रवेश के विधि-विधान का भी निरूपण किया है। उनका स्पष्ट कहना है कि जिन व्यक्तियों में अभिनय के प्रति सहज रुचि हो, उन्हें ही परीक्षा के बाद प्रवेश दिया जाना चाहिए। उन व्यक्तियों के प्रवेश का उन्होंने सर्वथा निषेध किया है, जो किसी प्रभावशाली व्यक्ति की सिफ़ारिश के आधार पर विद्यालय में आना चाहते हों। उनका कहना था कि वे निश्चित रूप से अहम् भावना से युक्त होंगे; ग़लत ढंग से कार्य करने का उनका स्वभाव होगा; और सुरुचि के साथ वे कुछ भी नहीं सीखना चाहेंगे। अगर वे कुछ सीखने की कोशिश भी करेंगे, तो भीतर से असमर्थ होने के कारण कुछ भी सीख पाना उनके लिए संभव नहीं होगा और उनकी कक्षा ही क्या, पूरी संस्था का अनुशासन उनके कारण बिगड़ जाएगा। उनके दुष्प्रभाव से रुचि के साथ सीखने वालों को भी समुचित अवसर नहीं मिल पाएगा।

रंग-संस्थान की संकल्पना उन्होंने एक मंदिर के रूप में की है : उस देव-स्थान के रूप में जिसकी भीतर की पवित्रता का आभास दिलाने के लिए उसके द्वार पर चार शब्दः 'सरलतर', 'सहजतर', 'सुन्दरतर' और 'उच्चतर'

विशेष रूप से लिखे गए हों। उनका आशय यह है कि रंग-संस्थान में अत्यंत सरल रूप में, सहज भावना के साथ, अपने मन में सौंदर्य की चेतना को लिये हुए, पवित्र मन से प्रवेश करना चाहिए। उन्होंने आगे लिखा है कि प्रवेश करते समय छात्र अभिनेताओं के मन में सद्भावनाओं का ऐसा प्रबल प्रवाह होना चाहिए कि अगर किसी ने पहले आकर वहाँ किसी प्रकार का कूड़ा-कर्कट भर दिया हो, तो वह पूरी तरह से बह जाए, बाहर निकल जाए।

स्तानिस्लाव्स्की ने रंगकर्म की सैद्धांतिक विवेचना के लिए जो पहली पुस्तक 'ऐन ऐक्टर प्रिपेयर्स' (अभिनेता की तैयारी) लिखी है, उसका आरंभ उन्होंने छात्र अभिनेताओं की अभिनय-क्षमता के परीक्षण से किया है। उन्होंने अपने को, जैसा हम पहले कह आए हैं, तोर्त्सोव के रूप में, निर्देशक-प्रशिक्षक की भूमिका में अवतरित किया है। उनके साथ दो सहायक प्रशिक्षक भी रहे हैं। वे पहले गोगोल, आस्त्रोव्स्की, चेख़व आदि के नाम लेते हैं, और फिर छात्रों से कहते हैं कि उनकी किसी रचना के किसी दृश्य को अकेले या कुछ और लोगों के साथ मिलकर प्रदर्शित करें। उसके बाद प्रदर्शनों का एक लंबा सिलसिला है।

छात्रों ने अपनी-अपनी रुचि के अनुरूप जो दृश्य प्रस्तुत किए उन्हें देखते हुए तोर्त्सोव की आँखों में कभी प्रसन्नता तो कभी अरुचि के भाव जागे। किसी प्रदर्शन को देखकर तो वह पूर्णतः भावविभोर हो उठे। लेकिन पहले दिन वे स्वयं और उनके साथी मात्र दृष्टा ही रहे। किसी प्रकार की टिप्पणी उन्होंने नहीं की।

तोर्त्सोव ने अपने दूसरे दिन की कक्षा पहले दिन की नाट्य-प्रदर्शनों की समीक्षा से आरंभ की। इस संदर्भ में उनकी पहली स्थापना थी कि अभिनय को मनुष्य की अनुकरणशीलता की अभिव्यक्ति नहीं, वरन् एक रचनात्मक कला माना जाना चाहिए। किसी प्रदर्शन को देखते हुए पहले यह समझने की कोशिश करनी चाहिए कि उसमें सौन्दर्य क्या है अर्थात् ऐसा क्या है, जो हमारे मन को छूता है, हमें आकर्षित करता है, और फिर हमारे अंतर में आनंद की वर्षा कर जाता है? उसके बाद यह जानने की कोशिश होनी चाहिए कि जो कुछ हमें अच्छा लग रहा है, वह क्यों अच्छा लग रहा है। अपनी इसी विचार-परम्परा के अनुरूप वे फिर पहले दिन के एक-एक प्रदर्शन को लेकर उनकी शक्ति तथा दुर्बलताओं, दोनों की विवेचना करने लगे।

तोर्त्सोव ने उसके बाद पिछले दिन के दो विशिष्ट प्रदर्शनों की चर्चा की, जिन्होंने उन्हें विशेष रूप से अभिभूत किया था : एक था, जब मारीया ने

सीढ़ियों पर गिरते हुए बड़े ही निराशा भरे स्वर में कहा था, 'ओह! मझे बचाओ!' और दूसरा था, जब कोस्त्या ने कुछ और अधिक निराशा से परिपूर्ण होकर कहा था, 'ख़ून, इयागो, ख़ून!' इन दोनों ही अवसरों पर जो अभिनय कर रहे थे और जो देख रहे थे, दोनों ने ही अपने को घटित के आगे पूर्णतः समर्पित कर दिया था। अभिनय में इस प्रकार की सरलता के क्षणों को सहज रूप में भूमिका में जीने की कला के रूप में स्वीकार किया जाता है।

कोस्त्या ने यह जानना चाहा कि वास्तव में यह कला क्या है? जवाब मिला था : तुमने उसे स्वयं अनुभव किया है। मान लो तुम्हीं को कहना है कि तुम्हें उस समय कैसा लगा था।

कोस्त्या ने उत्तर दिया था कि न तो वह जानता है और न कुछ उसे याद है। तोर्त्सोव ने उसकी जो प्रशंसा की थी, उससे वह कुछ घबरा गया था।

तोर्त्सोव ने पूछा था, "क्या! तुम्हें अपनी आंतरिक उत्तेजना की भी याद नहीं हैं? तुम्हें यह भी याद नहीं है कि तुम्हारे हाथ, तुम्हारी आँखें, तुम्हारा सारा शरीर अपने को आगे फेंककर कुछ पकड़ने की कोशिश कर रहे थे? तुम्हें यह भी याद नहीं है कि कैसे तुमने अपने ओठों को काटा था और अपने आँसुओं को मात्र रोक ही पाए थे?"

स्मरण कराने पर कोस्त्या को अपनी कुछ चेष्टाएँ याद आयी थीं। तोर्त्सोव ने तब स्पष्ट किया था कि उसने अपनी अंतश्चेतना और अपनी अंतःप्रेरणा से अभिनय किया था। उसका ज्ञान स्मरण कराए जाने पर ही हो सकता था। कोस्त्या ने तब जानना चाहा कि यह सब अच्छा था या ख़राब, तोर्त्सोव ने तब उसे समझाया था कि "अगर तुम्हारी अंतःप्रेरणा तुम्हें सही रास्ते पर ले जाती है तो बहुत अच्छा और अगर वह भूल कर बैठती है तो बहुत ख़राब। उस थोड़े से सफल क्षणों में किए अभिनय के दौरान तुम्हारी अंतःप्रेरणा ग़लत रास्ते पर नहीं ले गई, इसलिए वह अभिनय विलक्षण रहा।"

कोस्त्या ने जानना चाहा कि जो कुछ कहा जा रहा है, क्या वह वास्तव में सही है?

तोर्त्सोव ने उत्तर दिया, "हाँ, क्योंकि सर्वोत्तम को तो नाटक के द्वारा, अभिनेता अपने साथ पूरी तरह ले जाता है। तब अपनी इच्छा के विषय में बिना कुछ सोचे-विचारे, वह अपनी भूमिका में जीता है–बिना यह देखे कि उसे कैसा लग रहा है, बिना यह विचारे कि वह क्या कर रहा है; और यह सब उपचेतना से और अंतःप्रेरणा से अपने आप होता है।"

इस बात को उन्होंने तोम्मासो साल्विनी के कथन से पुष्ट किया है :

“महान अभिनेता को अनुभूति से परिपूर्ण होना चाहिए, विशेष रूप से उस वस्तु की अनुभूति से जिसे वह रूपायित कर रहा है। उसे रूपायित होने वाले भाव को केवल एक-दो बार नहीं, प्रत्येक प्रदर्शन के समय न्यूनाधिक अनुभव करना चाहिए, चाहे वह पहली बार हो अथवा हज़ारवीं बार।”

तोर्त्सोव ने उसके बाद यह बताया था कि दुर्भाग्य से यह कर पाना हमारे वश में नहीं है। हमारी उपेचतना, हमारी चेतना की पहुँच के परे है। हम उस क्षेत्र में प्रवेश नहीं कर सकते। अगर हम किसी प्रकार उसके भीतर पहुँच भी जाएं, तब उपचैतन्य चैतन्य हो जाता है, और फिर मर जाता है।

इसके बाद निर्देशक ने यह स्पष्ट किया था कि इस विषम परिस्थिति से मुक्ति का मार्ग है कि हम सीधे रास्ते से नहीं तो टेढ़े रास्ते से समाधान पाने की कोशिश करें। मनुष्य की अंतरात्मा में कुछ ऐसे तत्त्व हैं, जो चेतना और इच्छा के विषय हैं। हमारी पहुँच के भीतर के ये तत्त्व अनजाने मनोव्यापारों पर क्रमशः कार्य करने में समर्थ होते हैं।

स्तानिस्लाव्स्की के अनुसार इस प्रक्रिया के लिए जटिल रचनात्मक कार्य की महती अपेक्षा होती है। इस जटिल रचनात्मक कार्य पर अंशतः तो हमारी चेतना का नियंत्रण होता है, लेकिन उससे कहीं अधिक महत्त्वपूर्ण भाग उपचेतना में तथा अनजाने ही होता है। हमारी उपचेतना को रचनात्मक कार्य के लिए सचेष्ट करने की एक विशेष तकनीक है। इसके लिए हमें उस सब को छोड़ देना चाहिए, जो संपूर्ण अर्थ में, प्रकृति के लिए उपचैतन्य है; और फिर हमें उसमें संलग्न होना चाहिए, जो हमारी पहुँच के भीतर है। उपचेतना और अंतःप्रेरणा हमारे कार्य में प्रवेश करे, इसके लिए अनिवार्य है कि हम उससे किसी प्रकार की छोड़छाड़ न करें।

स्तानिस्लाव्स्की की यह सुनिश्चित धारणा है कि उपचेतना और अन्तःप्रेरणा को लेकर व्यक्ति हमेशा रचनाशील नहीं होता। इस संसार में अब तक कोई ऐसी प्रतिभा नहीं हुई है। इसीलिए अपनी नाट्य-पद्धति में सबसे पहले वे यह सिखाते हैं कि अभिनेता अपनी चेतना के साथ सही दिशा में रचना की चेतना में अग्रसर हो क्योंकि वही उपचेतना को फूलने-फलने के लिए अग्रसर कर सकती है। वस्तुतः वही अंतःप्रेरणा है। हमारी भूमिका में जितने अधिक रचनात्मक क्षण होते हैं, उतने ही अधिक हमारी अंतश्चेतना को प्रवहमान होने के अवसर मिलते हैं।

श्चेप्किन को उद्धृत करते हुए तोर्त्सोव ने कहा कि “तुम चाहे अच्छा अभिनय करो अथवा बुरा, महत्त्वपूर्ण यह है कि अभिनय सच्चाई के साथ किया

जाए। सच्चाई के साथ अभिनय का यह मतलब है, सतर्क होकर सामजंस्य के साथ, सोच-विचारकर प्रयत्न के साथ अनुभव करो और फिर अपनी भूमिका के साथ एकात्म होकर प्रदर्शन में तत्पर हो जाओ।" लेकिन श्चेप्किन के वक्तव्य के साथ इस तर्क को आगे बढ़ाते हुए तोर्त्सोव ने कहा, "अगर तुम इन सभी आंतरिक प्रक्रियाओं को पूरा कर लेते हो, और जिस व्यक्ति का तुम प्रतिनिधित्व कर रहे हो, उसके आध्यात्मिक और भौतिक जीवन के साथ तुम्हारा तादात्म्य हो जाता है, तो वही भूमिका में जीना कहलाता हैं। रचनात्मक कार्य में यही सर्वाधिक महत्त्वपूर्ण है। इसके अतिरिक्त वह अंतःप्रेरणा के लिए भी रास्ता खोल देता है। भूमिका में जीना, कलाकार के महत्त्वपूर्ण लक्ष्यों में से एक है, जो विशेष को पाने में भी सहायक होता है। कलाकार का कार्य मात्र मूल-चरित्र के बाहरी जीवन को ही प्रदर्शित करना नहीं, वरन् उस अन्य व्यक्ति के साथ अपनी स्वयं की मानवीय विशेषताओं को संयोजित करना और अपनी पूरी आत्मा को उसमें उतार देना भी होता है। हमारी कला का आधारभूत लक्ष्य मानवीय भावना के इस आंतरिक जीवन की संरचना और फिर उसे कलात्मक रूप में अभिव्यक्त करना है।"

इसके लिए उन्होंने यह भी कहा था कि इसके लिए यह परम आवश्यक है कि अभिनेता हर बार उस प्रक्रिया को दोहराते हुए मूल-चरित्र से मिलती- जुलती भावनाओं का अनुभव करते हुए वास्तव में उस भूमिका को फिर से जिए।

उनकी इस व्याख्या को सुनने के बाद एक छात्र ने यह जानना चाहा कि उपचेतन चेतन पर क्यों निर्भर करता है?

तोर्त्सोव की दृष्टि में यह निर्भरता सहज-स्वाभाविक है। इसीलिए उन्होंने कहा, "आग, बिजली, हवा, पानी और प्रकृति की अन्य नैसर्गिक शक्तियों के उपयोग के लिए जैसे हम इंजीनियर पर निर्भर करते हैं, उसी प्रकार हमारी उपचेतना अपने इंजीनियर, हमारी चेतना की तकनीकी सामर्थ्य पर निर्भर करती है। एक अभिनेता जब रंगमंच पर यह अनुभव करता है कि उसके बाहरी और भीतरी जीवन, अपने चारों ओर की परिस्थितियों के बीच, नैसर्गिक और सहज रूप में प्रवहमान हो रहे हैं, केवल तभी उसकी उपचेतना के गहरे स्रोत बड़ी सहजता से उन्मुक्त होते हैं; और फिर उनसे वे भावनाएँ जागती हैं, जिनकी सदा व्याख्या नहीं की जा सकती। जब कभी हमारी कोई अंतःवृत्ति उन्हें आदेश देती है, तो वे कभी थोड़े तो कभी लंबे समय के लिए हम पर अधिकार कर लेती हैं। यह जो संचालिका शक्ति है, उसे न तो हम समझते हैं और न उसकी व्याख्या ही कर सकते हैं। इसीलिए हम उसे नैसर्गिक शक्ति कहते हैं।"

उन्होंने यह समझाया है कि अगर इस नैसर्गिक, जैविक व्यवहार के नियमों को तोड़ा जाए या सही ढंग से उन्हें सक्रिय करना बन्द कर दिया जाए तो अत्यधिक संवेदनशील उपचेतना भयभीत होकर वापस चली जाती है। इस दुर्योग से बचने के लिए यह आवश्यक है कि पहले भूमिका को अपने चेतन-स्वरूप में संयोजित किया जाये और तब सच्चाई के साथ उसका प्रदर्शन किया जाये। इस वस्तुस्थिति में भूमिका की आंतरिक व्यवस्था के लिए यथार्थवाद का और प्रकृतवाद का भी प्रयोग अपेक्षित है। यह इसलिए आवश्यक है कि इन्हीं प्रक्रियाओं से उपेचतना का जागरण होता है और वही फिर अंतःप्रेरणा को भी जगाती है।

पॉल सुस्तोव ने यह सुनने के बाद कहा था कि मैंने यह जाना है कि भूमिका में जीने के लिए मनोवैज्ञानिक तकनीक को अपनाना आवश्यक है; और उसी के द्वारा प्रधान उद्देश्य मानवीय जीवन की आत्मा की रचना की जा सकती है।

तोर्त्सोव ने तब विद्यार्थियों को चेताया कि यह विचार पूरी तरह से सही नहीं हैः अभिनेता का लक्ष्य केवल मानवीय आत्मा के जीवन की संरचना नहीं, वरन् उसे सुन्दर और कलात्मक सौष्ठव के साथ उपस्थित करना भी है। अभिनेता के लिए यह अनिवार्य है कि वह अपनी भूमिका को भीतर से जिए और फिर अपने उस अनुभव को बाहर भी रूपायित करे। यह विशेष रूप से समझा जाना चाहिए कि शरीर का आत्मा पर स्थित होना उनकी नाट्य-पद्धति में सर्वाधिक महत्त्वपूर्ण है। बड़े ही सूक्ष्म और अधिकांश रूप में उपचैतन्य जीवन की अभिव्यक्ति के लिए असामान्य रूप में प्रतिक्रियाशील तथा विलक्षण रूप से तैयार किए गए वाचिक और भौतिक उपकरणों पर नियंत्रण आवश्यक है। इन उपकरणों को तुरन्त और सटीक रूप में सीधे उत्पन्न करने में तत्पर होना चाहिए। इसीलिए तो उनकी अभिनय-पद्धति के अभिनेता को अन्य पद्धति के अभिनेताओं की तुलना में कहीं अधिक परिश्रम करना पड़ता है। यह आवश्यक है कि वह भूमिका के जीवन की रचना करने वाले आंतरिक उपकरण तथा भावनाओं के रचनात्मक कार्य के प्रतिफलों को बड़ी सटीकता के साथ फिर से उत्पन्न करने वाले बाहरी उपकरण दोनों को ही सक्रिय करे। भूमिका का बाहरी रूपायन भी उपचेतना से अत्यधिक प्रभावित होता है। तथ्यतः प्रकृति द्वारा रचित विलक्षणता की तुलना में कोई भी कृत्रिम रंगमचीय तकनीक खड़ी नहीं की जा सकती।

इस संदर्भ में स्तानिस्लाव्स्की की दृष्टि में जो कुछ भी परमावश्यक है,

यह विवेचन उसकी सामान्य रूपरेखा भर है। वस्तुतः निजी अनुभव के आधार पर उनकी धारणा है कि मानवीय अनुभूतियों में पूरी तरह डूबी हुई उनकी पद्धति का कलात्मक अभिव्यक्ति अगोचर भाव-भंगिमाओं एवं जीवन की गहराइयों को रंगमंच पर कलात्मक रूप में रूपायित कर सकता है। केवल ऐसी कला ही दर्शक को पूर्णतः आत्मसात् कर सकती है; रंगमंच पर जो कुछ घटित हो रहा है, उसे भली प्रकार समझा और भीतर से अनुभव करा सकती है; और उसके आंतरिक जीवन को समृद्ध बनाकर उस पर काल के प्रवाह में भी मंद न होने वाली छाप छोड़ सकती है।

तोर्त्सोव ने कहा है कि ''इसके अतिरिक्त आधारभूत महत्त्वपूर्ण बात यह भी है कि नैसर्गिक नियमों के जैविक आधार, जिन पर हमारी कला आधारित है, भविष्य में भी ग़लत रास्ते में जाने से तुम्हारी रक्षा करेंगे। कौन जानता है कि किन निर्देशकों के साथ और किन थियेटरों में तुम्हें काम करना पड़ेगा। सब कहीं और हर एक के साथ तुम्हें प्राकृतिक नियमों पर आधारित रचनात्मक कार्य का सुअवसर नहीं मिलेगा। बहुत बड़ी संख्या के थियेटरों में अभिनेता और प्रस्तोता निरंतर बेशर्मी के साथ प्रकृति की उपेक्षा करते हैं। लेकिन अगर तुम वास्तविक कला की सीमाओं को और प्रकृति के जैविक नियमों को निश्चित रूप में जानते हो, तो तुम भटकोगे नहीं, अपनी भूलों को समझकर उन्हें सुधार लोगे। यही कारण है कि हर एक छात्र-अभिनेता के कार्य का आरंभ कला के आधारभूत सिद्धांतों से होता है।"

कोस्त्या ने बड़ी उत्साहभरी वाणी से कहा, "हाँ, आप ठीक कह रहे हैं। मैं कितना प्रसन्न हूँ कि मैं उस दिशा में कुछ आगे, केवल एक कदम ही सही, चलने में समर्थ हुआ था।"

तोर्त्सोव ने उसकी क्षिप्रता भांपकर सावधान करते हुए उससे कहा, ''नहीं, इतना तेज़ नहीं! नहीं तो तुम्हें बड़ी कड़वी भ्रांति भोगनी होगी। तुमने जो कुछ रंगमंच पर दिखाया था, उसे अपनी भूमिका में जीने की साथ मत मिलाओ...मैं तुमसे कह चुका हूँ कि 'ओथेलो' के उस पूरे दृश्य में केवल कुछ ही क्षण थे, जिनमें तुम भूमिका में जीने में सफल हुए थे। मैंने उनका उपयोग तुम्हारे और अन्य छात्रों के सामने, अपने ढंग की कला के मूलाधारों को समझाने के लिए उदाहरण के रूप में किया था। अब अगर तुम ओथेलो और इयागो के बीच के पूरे दृश्य की बात करते हो तो हम निश्चित रूप से उसे अपने ढंग की कला नहीं कह सकते।"

यह स्तानिस्लाव्स्की की दृष्टि में बलात् प्रदर्शित अभिनय है।

कोस्त्या ने जिज्ञासा प्रकट की कि आखिर इस प्रकार का अभिनय कैसा होता है? उन्होंने समझाया, "जब कोई तुम जैसा अभिनय करता है, तब कुछ एकल क्षण होते हैं, जब तुम अचानक और असम्भावित रूप से कला की महान ऊँचाइयों तक उठते हो और अपने दर्शकों को आह्लादित कर देते हो। उन क्षणों में तुम अपनी अंतःप्रेरणा से रचना कर रहे होते हो, जैसे कि वह आशु-अभिनय हो। लेकिन क्या तुम अपने को 'ऑथेलो' के पाँच बड़े अंकों को वैसी ही उत्सुकता के साथ प्रदर्शन के लिए पर्याप्त समर्थ या आध्यात्मिक अथवा भौतिक रूप में पर्याप्त सबल अनुभव करोगे, जिसके साथ तुमने अपनी भूमिका के उस छोटे-से दृश्य का आकस्मिक रूप से प्रदर्शन किया था?"

कोस्त्या ने सावधान होकर इनकार किया। तोर्त्सोव ने तब कहा था कि मैं जानता हूँ कि इस प्रकार का प्रयास किसी विलक्षण प्रतिभा से संपन्न व्यक्ति की सामर्थ्य के भी बाहर होगा, चाहे वह इस क्षेत्र का हर्क्युलीस ही क्यों न हो। हमारे प्रयोजन की सिद्धि के लिए प्रकृति की सहायता के साथ-साथ भली प्रकार कार्यान्वित मनोवैज्ञानिक तकनीक, अपरिमित सुमेधा तथा भौतिक और सुरक्षित स्नायविक ऊर्जा भी चाहिए। तुम्हारे पास ये सारी चीज़ें तकनीक को स्वीकार न करने वाले व्यक्तिनिष्ठ अभिनेताओं से किसी भी प्रकार अधिक नहीं हैं। वे तुम्हारी तरह पूर्णतः अंतःप्रेरणा पर विश्वास करते हैं। अगर यह अंतःप्रेरणा सजग नहीं होती, तो न तो तुम्हारे पास, न उनके पास ही कोई ऐसी वस्तु होगी जिससे ख़ाली स्थानों को भरा जा सके। तुम्हारे भूमिका-प्रदर्शन में स्नायविक दुर्बलता के, पूर्ण कलात्मक नपुंसकता के और अनाड़ीपन से भरे प्रदर्शन के विस्तृत क्षेत्र होते हैं। इन क्षणों में तुम्हारा प्रदर्शन एकदम निर्जीव और बनावटी होता है। फलस्वरूप प्रदर्शन के महान और अति नाटकीय क्षण बार-बारी से आते रहते हैं।

इसके उपरान्त तोर्त्सोव ने अभिनय के पुनःप्रदर्शनात्मक (रिप्रेज़ेन्टेटिव) रूप की विवेचना की है। इस प्रकार के अभिनय में कलाकार बाहरी स्वरूप के प्रदर्शन मात्र के लिए मूल-चरित्र की भूमिका में जीता है। एक बार जब वह अभीष्ट को प्राप्त कर लेता है, तो फिर उसे अपनी आंगिक चेष्टाओं के माध्यम से प्रदर्शित करने लगता है। मूल-चरित्र की भूमिका में जीना उसके लिए प्रदर्शन की तैयारी मात्र के लिए होता है। इस प्रकार के प्रदर्शन में रचनात्मकता के स्थान पर अनुकरणशील प्रवृत्ति के कारण अनेक प्रकार की ग़लतियाँ हो जाती हैं। इसीलिए उनकी दृष्टि में रंगमंच पर इस प्रकार की अभिनय-पद्धति वांछनीय नहीं है।

प्रसंग को आगे बढ़ाते हुए उन्होंने कहा है कि इस पुनःप्रदर्शनात्मक प्रणाली में मूल-चरित्र की बाहरी आकृति और चेष्टाओं को पाने के लिए अभिनेता अक्सर दर्पण का सहारा लेने लगते हैं। अभिनेता जब दर्पण के सामने खड़ा होता है, तो मूल-चरित्र के अंतरंग जीवन को छोड़कर अपनी अंतश्चेतना की उपेक्षा करता हुआ अपनी भूमिका की बाहरी आकृति में खो जाता है। इस प्रकार प्रयास में जब उसे मूल-चरित्र का बाहरी रूप मिल जाता है, तो वह अपनी बाहरी चेष्टाओं और अनेक प्रकार की तिकड़मों से उसे रूपायित करने लगता है।

उनके अनुसार अभिनय की इस प्रणाली में अभिनेता कभी-कभी मूल-चरित्र से मिलते-जुलते किसी व्यक्ति का अनुकरण भी करने लगता है। लेकिन अभिनय तो वास्तव में अनुकरणात्मक नहीं, रचनात्मक कला है। इसलिए रंगमंच पर अभिनय की पुनः प्रदर्शनात्मक प्रणाली से बचे रहना बहुत ज़रूरी है।

अभिनय की उस प्रणाली को और अधिक स्पष्ट करने के लिए तोर्त्सोव ने फ्रांस के प्रसिद्ध अभिनेता वरिष्ठ कोक्लीं के एक वक्तव्य का सहारा लिया है :

"अभिनय, अपनी कल्पना से, अपनी भूमिका के आदर्श स्वरूप की संरचना करता है; एक चित्रकार की भाँति वह उसकी हर एक भंगिमा को अपनाता है, और फिर उसे कैन्वस पर नहीं, वरन् अपने ऊपर स्थानांतरित करता है...वह तार्तुफ़ की वेशभूषा को देखता है और उसे स्वयं धारण कर लेता है; वह उसकी चाल को देखता है, और उसका अनुकरण करता है; वह उसके शरीर-विन्यास पर दृष्टि डालता है और उसे अपने ऊपर ढाल लेता है; वह अपना चेहरा उसी के अनुरूप बना लेता है, वह वाणी के उसी विन्यास में बोलता है, जिसे उसने तार्तुफ़ से सुना है। उसने जिस व्यक्ति की संरचना की है, उसे तार्तुफ़ की तरह चलते-फिरते, आंगिक चेष्टाएँ करते, सुनते और सोचते उपस्थित करता है। अन्य शब्दों में कहा जाए, तो वह अपनी आत्मा को उसे समर्पित कर देता है। इस प्रकार जो वृत्तचित्र तैयार होता है, उसे केवल चौखटे में लगाने की ज़रूरत रह जाती है, अर्थात् रंगमंच पर उसे प्रस्तुत करने की; और तब लोग कहेंगे, 'वह तार्तुफ़ है' अथवा 'इस अभिनेता ने अच्छा कार्य नहीं किया है।"

इस प्रकार के प्रदर्शन से दर्शकों को जल्दी ही यह आभासित हो जाता है कि अभिनेता अपने में मूल-चरित्र को जी नहीं रहा है, वरन् मात्र उसका प्रदर्शन कर रहा है।

स्तानिस्लाव्स्की ने इस प्रकार की अभिनय-पद्धति की आलोचना करते

हुए कहा है कि अभिनेता को यह प्रभावित तो करती है, लेकिन न तो यह उसकी अंतरात्मा को ऊर्जा प्रदान कर पाती है और न उसके भीतर गहरे उतरती है। उसका प्रभाव तेज़ तो होता है, लेकिन बहुत समय तक चलता नहीं। अभिनेता विस्मित तो होता है, लेकिन वह आश्वस्त नहीं होता। केवल विस्मयजनक नाटकीय शोभा अथवा चित्रात्मक संवेदना से जो कुछ पाया जा सकता है, वही दर्शकों को मिलता है। सूक्ष्म और गंभीर मानवीय अभिव्यक्तियाँ ऐसी तकनीक का विषय नहीं होतीं। वे जब मांसल रूप में प्रकट होती हैं, तभी स्वाभाविक भावनाओं को जगाती हैं।

अभिनय के यांत्रिक स्वरूप की व्याख्या करते हुए स्तानिस्लाव्स्की ने कहा है कि इस प्रकार के अभिनय में बड़े प्रयत्न से तैयार की गई घिसी-पिटी युक्तियों का प्रयोग होता। अभिनय के वास्तविक स्वरूप की सृष्टि तो तब होती है, जब मूल-चरित्र की अनुभूति अभिनेता में सहज रूप में सजग हो जाती है। यांत्रिक अभिनय में भूमिका में जीने की कोई बात ही नहीं होती। इसीलिए इस पद्धति का अभिनेता मूल-चरित्र की भावनाओं को केवल बाहरी रूप में ही प्रस्तुत करता है। इस कार्य के लिए वह बहुत बड़ी संख्या में चित्रात्मक प्रभावों को एकत्र करता है और जो प्रसंग के अनुरूप होते हैं, उन्हीं के माध्यम में वस्तुस्थिति को स्पष्ट करने का बहाना करता है।

स्तानिस्लाव्स्की ने अभिनेता द्वारा एकत्र इन चित्रात्मक प्रभावों को 'रबड़ की मुहरों' की संज्ञा दी है। इस पद्धति के अभिनेता इन्हीं रबड़ की मुहरों का प्रयोग करके, अपना काम चलाते हैं। ये रबड़ की मुहरें, जिनमें घिसी-पिटी युक्तियों का प्रयोग होता है, पारंपरिक हो गई हैं और पीढ़ी-दर-पीढ़ी चली आ रही हैं। स्तानिस्लाव्स्की ने इस संदर्भ में कुछ उदाहरण भी दिए हैं, यथा प्यार को जताने के लिए हृदय के ऊपर हाथ का फैलाया जाना, मृत्यु के संकेत के लिए मुँह को खोल देना आदि। यांत्रिक अभिनेता अपने समकालीन वरिष्ठ अभिनेताओं से भी बहुत-सी युक्तियाँ ग्रहण कर लेते हैं। कुछ युक्तियाँ वे स्वयं भी विकसित करते हैं।

उनके अनुसार इस संदर्भ में सबसे बुरी बात है कि अगर कभी अभिनेता में सहज अभिनय की प्रवृत्ति उत्पन्न हो भी जाए, तो भी ये रबड़ की मुहरें दौड़कर बाहर निकल आती हैं और उसका रास्ता रोक लेती हैं। इसलिए यह आवश्यक है कि अभिनेता इन घिसी-पिटी युक्तियों से पूरी तरह सावधान रहे। ये वस्तुतः भावनाओं के सतही रूपों का बनावटी अनुकरण मात्र होती हैं।

तोर्त्सोव ने प्रशिक्षार्थियों के प्रदर्शनों की विवेचना जारी रखते हुए कहा

था कि उस दिन मैंने वान्या के अत्यधिक नाटकीय अभिनय की आलोचना की थी। उसका प्रदर्शन आरंभ में तो मुझे रचनाशील लगा था; लेकिन जल्दी ही वह अतिरंजित अभिनय करने लगा था। उसके प्रदर्शन में तब रबड़ की मुहरों का इस्तेमाल अनगढ़ रूप में होने लगा था। उसके इस प्रदर्शन में तकनीकी कौशल की कहीं भी झलक नहीं थी।

वान्या ने यह सुनकर कहा कि मैं तो पहली बार मंच पर गया था, इसलिए मैंने 'रबड़ की मुहरें' कहाँ से पा ली थीं?

जवाब में कहा गया था, "माई लाइफ़ इन आर्ट' पढ़ो। उसमें दो छोटी बालिकाओं की कहानी है, जिन्होंने कोई नाट्यशाला या प्रदर्शन अथवा रिहर्सल देखा ही नहीं था। फिर भी उन्होंने एक त्रासदी का प्रदर्शन बड़ी ही विस्मय भरी, हल्के क़िस्म की घिसी-पिटी युक्तियों के माध्यम से किया था। वान्या के अभिनय में भी सौभाग्य से बहुत-सी वैसी ही युक्तियाँ देखने को मिली थीं।''

"सौभाग्य से क्यों?" वान्या ने जिज्ञासा प्रकट की। उसे समझाया गया कि इस प्रकार अनजाने आ गईं युक्तियों से लड़ना यांत्रिक अभिनय की मज़बूती से जड़ पकड़ चुकी युक्तियों से कहीं अधिक आसान होता है।

वान्या ने तब कहा था कि उसे यह लगा था कि कभी वह अच्छा अभिनय कर रहा है तो कभी उसका अभिनय बहुत ही बुरा हो गया है। वस्तुतः यह अभिनय उस नये प्रशिक्षार्थी का-सा था, जिसके अभिनय को सुधारा जा सकता है। इसके विपरीत अनेक अभिनेताओं के अभिनय को सुधारने की कोई गुंजाइश ही नहीं होती। ऐसे अभिनेता वस्तुतः कला का शोषण ही करते हैं।

प्रदर्शन के इस निकृष्ट स्वरूप के विषय में तोर्त्सोव ने एक अन्य प्रशिक्षार्थी सोन्या वेलियामिनोवा का नाम लिया था। उनका कहना कि उसने वास्तव में केवल अपने सुकोमल हाथों, छोटे-छोटे पैरों और अपने संपूर्ण शरीर के विन्यास का प्रदर्शन किया था। शेक्सपियर ने 'दि टेमिंग ऑफ़ दि श्र्यू' की रचना इसलिए नहीं की थी कि कोई अभिनेत्री कैथरीन की भूमिका में उतरकर, अपने हाथों, पैरों और रूप-वैभव का प्रदर्शन करे। सामान्यतः सस्ती लोकप्रियता हालिस करने के लिए ही लोग इस प्रकार के आत्म-प्रदर्शन का सहारा लेते हैं।

इसके बाद तोर्त्सोव ने कहा था कि रंगमंच अपने प्रचार और दर्शनीयता के कारण बहुत से लोगों को अपनी ओर आकर्षित करता है। उनमें से बहुत से ऐसे होते हैं, जो मात्र अपनी सुन्दरता का मूल्य चाहते हैं अथवा उनमें अपना व्यावसायिक जीवन बनाने की इच्छा होती है। वे जन-साधारण के अज्ञान, उनकी विकृत अभिरुचि, पक्षपात की भावना, षड्यंत्र की प्रवृत्ति तथा अन्य

भी बहुत से उपायों से फ़ायदा उठाना चाहते हैं, जिनका रचनात्मक कला से कोई भी संबंध नहीं है। ये स्वार्थ-साधक कला के घातक होते हैं। इनके साथ बड़ी सख़्ती से व्यवहार किया जाना चाहिए। अगर वे सुधारे नहीं जा सकते तो उन्हें संस्थान से निकाल दिया जाना चाहिए। नाट्य-संस्थान कला की सेवा के लिए होता है और इसीलिए वह संपूर्ण समर्पण और बलिदान की अपेक्षा रखता है।

इस बिंदु तक स्तानिस्लाव्स्की ने अभिनय के विभिन्न प्रकारों की चर्चा मात्र सैद्धांतिक दृष्टि से की है। व्यावहारिक रूप से तो अभिनय के सभी संप्रदाय एक-दूसरे से गुंथे हुए हैं। स्तानिस्लाव्स्की ने इस बिंदु पर यह दुःख भी प्रकट किया है कि अक्सर महान कलाकार भी मानवीय कमज़ोरियों के कारण यांत्रिक अभिनय का सहारा लेने लगते हैं। दूसरी ओर यह भी उतना ही सच है कि यदा-कदा यांत्रिक अभिनेता भी अनेक क्षणों में कला की ऊँचाइयों का स्पर्श करने में समर्थ हो जाते हैं। प्रायः यह भी देखने में आता है कि भूमिका में जीने के क्षण, पुनः प्रदर्शन, यांत्रिक अभिनय, अतिनाटकीयता और कला का शोषण—सब कुछ अलग-बगल है। इसलिए अभिनेता के लिए यह बहुत ज़रूरी है कि वह अभिनय के वास्तविक स्वरूप को पहचाने, उसे भली प्रकार समझे और यथासंभव स्वयं को उससे संपृक्त करने की कोशिश करे।

# 2

# नाटकीय कार्य-व्यापार

## 1

स्तानिस्लाव्स्की ने मूक-अभिनय की विवेचना करते हुए तोर्त्सोव से छात्रों को कहलवाया कि वे मंच पर जाकर बिना कुछ बोले, अभिनय के एकल, युगल और सामूहिक रूपों को उपस्थित करें। उनके कुछ प्रदर्शन देखने के बाद तोर्त्सोव स्वयं मंच पर गए और उनके साथ अभिनय के इन विभिन्न रूपों में भाग लिया। उसके बाद उन्होंने कहा कि रंगमंच पर नाटकीय कार्य-व्यापार का उनका मूल-सूत्र है : जो कुछ भी किया जाना है, वह किसी न किसी उद्देश्य को लेकर ही होना चाहिए, मात्र दर्शकों की नज़र में आने के लिए नहीं। किसी स्थान पर बैठना भी, किसी उद्देश्य को लेकर ही होना चाहिए। इसके लिए भी यह आवश्यक है कि पहले वहाँ बैठने का अधिकार प्राप्त किया जाए और यह कोई आसान काम नहीं है। रंगमंच पर चुपचाप बैठे रहना भी बड़ा जीवन्त होना चाहिए।

ग्रीशा ने यह जानना चाहा कि चुपचाप बैठे रहने से भी सक्रियता की अभिव्यक्ति कैसे हो सकती है?

तोर्त्सोव ने समझाया कि मंच पर एक व्यक्ति की निष्क्रियता का आशय क्रियाहीनता नहीं है। बिना किसी गतिविधि के मंच पर बैठे हुए भी व्यक्ति पूर्णतः क्रियाशील हो सकता है...। अक्सर भौतिक निष्क्रियता, आन्तरिक सघनता का सीधा परिणाम हो सकती है। ये आन्तरिक क्रियाएँ कला की दृष्टि से कहीं अधिक महत्त्वपूर्ण होती हैं। कला का सार-तत्त्व उसके बाहरी रूप में नहीं, वरन् उसकी आध्यात्मिक विषयवस्तु में होता है।

स्तानिस्लाव्स्की इसी आधार पर यह स्थापना देते हैं कि अभिनय का यह मूल-सूत्र है कि रंगमंच पर कुछ-न-कुछ करना आवश्यक है, वह चाहे बाह्य हो अथवा आंतरिक।

# 2

स्तानिस्लाव्स्की इस बात में विश्वास करते हैं कि रंगमंच पर दौड़ने के लिए ही नहीं दौड़ना चाहिए, स्वयं को दुःखी दिखाने के लिए भी दुःखी नहीं बनना चाहिए; रंगमंच पर कुछ भी सामान्य नहीं होता, वहाँ होने वाली सभी गतियों के पीछे, सभी कार्य-व्यापारों के पीछे कोई-न-कोई उद्देश्य निहित होता है। इसलिए रंगमंच पर जो कुछ भी किया जाए, उसका कोई उद्देश्य चाहिए, उसके पीछे कोई सच्चाई होनी चाहिए।

तोर्त्सोव ने सदा की भाँति व्यावहारिक रूप से सिद्धांत का निरूपण किया है। उन्होंने मारीया को एक स्थिति प्रदान की : उसकी माँ की नौकरी छूट गई है, आय का साधन समाप्त हो गया है, नाट्य संस्थान का शुल्क भरने के लिए भी उसके पास पैसे नहीं हैं, मारीया को विवश नाट्य-संस्थान छोड़ना होगा, तभी अप्रत्याशित रूप से एक मित्र सहायता के लिए आती है। लेकिन उसके पास भी नगदी नहीं है, वह मारीया को रत्न-जड़ित ब्रोच देती है। मारीया शशोपंज में है कि लूँ या न लूँ। मित्र एक पर्दे पर ब्रोच टांगकर बाहर चली जाती है। मारीया उसके पीछे दौड़ती है, बरामदे में काफ़ी ना-नुकर और मान-मनौवल के बाद मारीया भेंट स्वीकार करती है, लेकिन...ब्रोच तो परदे में लटका हुआ है ही नहीं! क्या हुआ उसका? बंद कमरे में कौन आ सकता है? मारीया को ब्रोच ढूँढ़ना है।

मारीया मंच पर ऐसे दौड़कर गई जैसे कोई पीछा कर रहा हो और ब्रोच ढूँढ़ने का अभिनय करने लगी। वह फ़्लड लाइटों तक आई और फिर पीछे गई; उसने अपना सिर दोनों हाथों में थाम रखा था, वह दुःख से दोहरी हुई जा रही थी। वह फिर मंच के अग्र भाग में आई, फिर पीछे की ओर लौटी—लेकिन इस बार विपरीत दिशा में। उसने परदों को जोर-जोर से हिलाया और फिर अपना सिर उनमें छिपा लिया। ब्रोच नहीं मिला, वह सिर और छाती पीटती हुई मंच से उतर आई।

"कैसा लग रहा है?" निर्देशक ने प्रश्न किया।

"बढ़िया, बहुत बढ़िया! इतना कि मैं बयान नहीं कर सकती।" मारीया की आँखों में चमक और गालों पर सफलता की खुशी थी।

"अच्छा ब्रोच कहाँ है? मुझे दे दो।"

"अरे, वह तो मैं भूल ही गई!"

"तो जाओ और दोबारा ढूँढ़ो। और हाँ, मिल जाए तो कक्षा में आ जाना, वरना घर जाने के लिए तैयार रहना।"

निर्देशक की चेतावनी सुनकर वह तनाव से भर गई, उसका चेहरा खिंच आया। इस बार उसने परदों की ऊपर से नीचे तक एक-एक परत खंगाल डाली। 'ओह! कहाँ गया? कैसे खो गया?'' उसके चेहरे पर दुःख और वेदना की गहरी रेखाएँ खिंच गईं। पहली बार वह उत्तेजित थी, दूसरी बार उसके अभिनय में विश्वसनीयता थी।

उसके बाद इस स्थिति के जो प्रदर्शन किए गए, उनकी समीक्षा करते हुए तोर्त्सोव ने कहा कि इस बात को पूरी तरह से मन में जमा लेना चाहिए कि मंच पर किसी भी परिस्थिति में कोई ऐसा कार्य नहीं होना चाहिए, जो तत्काल सीधे किसी भावना को आत्मभाव के लिए जगा दे। इस नियम की अवहेलना खीझ उत्पन्न करने वाली होगी। इसलिए जब किसी कार्य को चुना जाए तो उसकी भावना, उसकी आध्यात्मिक चेतना को छोड़ दिया जाना चाहिए। सभी भावनाएँ पहले घटित हो चुके का परिणाम होती हैं। इसलिए प्रतिफल अपने आप उत्पन्न हो जाएगा। भावावेगों का झूठा प्रदर्शन, या उनका बने-बनाए रूप में उद्घाटन, अथवा मात्र पारम्परिक चेष्टाओं का प्रयोग—ये सभी रंगमंच पर अक्सर हो जाने वाली भूलें हैं। इन भूलों से बराबर बचते रहना चाहिए। कभी किसी भावना की नकल नहीं की जानी चाहिए। भावावेगों को उनके सुनिश्चित रूपों में जीना चाहिए। उनका प्रदर्शन, उनमें जीने से, अपने आप विकसित हो जाएगा।

उन्होंने इस बात को भी रेखांकित किया है कि मंच पर यदि यथावश्यक सामग्री, जैसे फ़र्नीचर, दीवार-अंगीठी, राखदानी आदि हो तो अभिनय में अधिक स्वाभाविकता पैदा हो सकती है।

## 3

छात्र जब अगले दिन कक्षा में आए तो उन्होंने देखा कि मंच पर एक भवन खड़ा हुआ है, जिसमें स्वागत, भोजन, शयन आदि के अनेक कमरे हैं। उन्होंने कमरों का निरीक्षण किया और फिर बातचीत करने लगे। तोर्त्सोव ने उनसे कहा कि वे वही सब कुछ करें, जो उन्होंने पहले दिन किया था।

इस पर एक छात्र ने प्रश्न किया कि इस प्रकार का प्रदर्शन क्या केवल अभिनय मात्र के लिए ही अभिनय नहीं होगा?

तोर्त्सोव ने उत्तर दिया : ''नहीं, अब से किसी उद्देश्य को लेकर ही अभिनय होना है। आज तुम्हारे चारों ओर वैसा ही परिवेश है, जिसकी तुमने माँग की थी। क्या तुम अब कोई ऐसा आंतरिक उत्प्रेरक नहीं जगा सकते, जिसे लेकर

कुछ सीधी-सादी भौतिक चेष्टाएँ हों। उदाहरण के लिए अगर तुमसे यह दरवाज़ा बंद करने के लिए कहा जाए, तो क्या तुम उसे नाटकीय ढंग से बंद कर दोगे?''

कई छात्रों ने कोशिश की, लेकिन वे कुछ कर नहीं पाए। तोर्त्सोव ने उनके सामने दूसरी परिस्थिति रखी : ''एक दीवार-अँगीठी है। उसके पास कुछ लकड़ियाँ रखी हैं। जाओ, आग जलाओ।''

एक छात्र ने आग जलाने के लिए दियासलाई खोजने की कोशिश की, लेकिन वह उसे मिली नहीं, और वह आग नहीं जला सका। तोर्त्सोव ने तब उसे समझाते हुए कहा कि उसे आग जलाना नहीं, मात्र उसका अभिनय करना था। इसके लिए वह अपने पास माचिस होने का, उससे एक तीली निकालने और उससे आग जलाने का दिखावा कर सकता था। उन्होंने उसके बाद सभी छात्रों को समझाते हुए कहा, ''इस कार्य में कुछ भी आश्चर्यजनक नहीं है। अगर किसी कार्य का काई आंतरिक आधार नहीं होगा, तो वह ध्यान को बाँधकर नहीं रख सकता। कुछ कुर्सियों को इधर-उधर करने में अधिक वक़्त नहीं लगता, लेकिन यदि किसी कार्य का आंतरिक आधार न हो, तो वह ध्यान को नहीं बाँध सकेगा। अगर कुछ विशेष प्रकार की कुर्सियों को, उन पर बैठने वाले व्यक्तियों के सामाजिक स्तर एवं आयु की दृष्टि से लगाना है, तो उसके लिए कुछ अधिक ध्यान देना होगा।''

तभी एक छात्र ने कहा कि उसे तो लग रहा है जैसे उसकी कल्पना-शक्ति ही खो गई है।

यह सुनकर तोर्त्सोव ने कहा कि अगर कोई अपनी कल्पना-शक्ति को नहीं जगा सकता या अपने भीतर कुछ करने के लिए एक चिन्गारी नहीं उत्पन्न कर सकता, तो उससे कहा भी क्या जा सकता है। हर आदमी, जो वास्तव में कलाकार है, वह चारों ओर जो कुछ हो रहा है उससे कहीं अधिक अपने भीतर रोचक जीवन जगाना चाहता है। ग्रीशा तब बोल पड़ा कि अगर पर्दा उठा होता और दर्शक सामने होते, तो उसके मन के भीतर कुछ करने की इच्छा अवश्य जाग गई होती।

तोर्त्सोव ने उसे समझाया कि अगर कोई वास्तव में कलाकार है, तो उसके मन में तो इन उपकरणों के बिना भी कुछ करने की इच्छा जाग उठेगी। उसके बाद उन्होंने जानना चाहा कि वास्तव में वह क्या था, जिसने उसे प्रदर्शन करने से रोका था।

ग्रीशा ने कहा कि जो भी काम उसे करने थे, वे एक-दूसरे से जुड़े हुए नहीं थे। अगर एक काम दूसरे की और फिर तीसरे की दिशा में अग्रसर हो,

तो उत्तेजना उत्पन्न हो जाएगी और स्वाभाविक गतिशीलता आ जाएगी।

तोर्त्सोव ने यह सुनकर पहले दिए गए प्रसंग में कुछ और बारीकियाँ जोड़ी, और फिर कहा कि 'अगर' सभी तथ्य सही हों, तो वह क्या करेगा?

उस छात्र ने तब प्रसंग के अनुसार बड़े ही उत्साह के साथ प्रदर्शन किया था। उन्होंने फिर कहा कि मुझे लगता है कि ग्रीशा छात्र ने अब यह सीख लिया है कि रंगमंच पर सारे कार्य औचित्यपूर्ण, तर्कपूर्ण, सामंजस्यपूर्ण और वास्तविक रूप में होने चाहिए। इसके साथ उसने यह भी समझ लिया है कि 'अगर' एक लीवर (उत्तोलक) के रूप में कार्य करते हुए, हमें वास्तविकता के संसार से ऊपर उठाकर कल्पना के लोक में पहुँचा देता है।

## 4

स्तानिस्लाव्स्की ने इसके बाद 'अगर' की मायावी शक्ति, इन्द्रजाल खड़ा करने की क्षमता, जादुई संसार के निर्माण की सामर्थ्य का निरूपण किया है।

'अगर' की विलक्षण रचनाशीलता की विवेचना करते हुए उन्होंने कहा है कि एक तो वह कलाकार को सक्रिय करने के लिए भय अथवा किसी प्रकार के बल का प्रयोग नहीं करता। वह वस्तुतः उसमें एक निष्ठा की भावना को जगाता है और फिर उसे आश्वस्त करके, कुछ करने के लिए प्रोत्साहित करता है। वह आग्रह करता है कि जो परिस्थिति प्रस्तावित की गई है, उसे वास्तविक मान लिया जाए। उसी के द्वारा वह आंतरिक और वास्तविक क्रियाशीलता को जगाता है। 'अगर' की यही सामर्थ्य स्तानिस्लाव्स्की के अभिनय-दर्शन का आधारभूत सिद्धान्त है उसकी सबसे बड़ी विशेषता यह है कि वह रचनाशीलता को सक्रिय करता है, जिसके फलस्वरूप कला की सृष्टि होती है।

इस स्थापना से प्रभावित होकर सभी छात्रों ने 'अगर' के विलक्षण प्रभावों को व्यावहारिक रूप में देखना चाहा : उन्हें जो प्रसंग बताया गया उसे उन्होंने उठाया तो, लेकिन कोई भी उसे भली प्रकार चरितार्थ नहीं कर पाया।

तोर्त्सोव ने तब उन्हें समझाया कि नाट्य-लेखक भी वस्तुतः 'अगर' की मायावी सामर्थ्य को लेकर ही कार्य करता है और हर अभिनेता को उसके कार्य-व्यापार से कुछ सीखना चाहिए। लेखक सोचता है कि अगर वह इस चरित्र, उस चरित्र अथवा किसी और चरित्र के रूप में हो तो क्या करेगा? तभी उसमें अपने विभिन्न चरित्रों को रूपायित करने की सामर्थ्य आयेगी। अभिनेता को भी इसी प्रकार अपने भीतर अपने चरित्र विशेष की संभावना जगाकर सक्रिय होना चाहिए।

# 5

इसी विचार-परंपरा को आगे बढ़ाते हुए स्तानिस्लाव्स्की ने यह विचार प्रकट किया है कि ''अभिनेता और उसके द्वारा स्थापित चरित्र के बीच आत्मीयता स्थापित करने के लिए कुछ मूर्त विवरण जोड़ो, जो नाटक के 'खाली' स्थानों को भर दें और उसे एक लक्ष्य और मन को बाँधने वाला कार्य-व्यापार प्रदान कर दें। वे परिस्थितियाँ जो 'अगर' के साथ मिलकर संभाव्य बनती हैं, तुम्हारी अपनी भावनाओं के निकट के स्रोतों से प्राप्त होती हैं और अभिनेता के आंतरिक जीवन पर उनका बहुत ही सशक्त प्रभाव होता है। एक बार जब तुम अपने और भूमिका के बीच सम्पर्क बना लेते हो, तो तुम्हें आंतरिक दबाव या उत्प्रेरणा मिल जाती है। अब उसमें स्वयं अपनी ज़िंदगी के अनुभव पर आधारित संभावनाओं की शृंखलाओं को पूरी तरह से जोड़ो, तुम्हें यह देखने को मिलेगा कि रंगमंच पर जो कुछ भी तुम्हें मिलता है, उसकी संभावना पर विश्वास करना बड़ी ईमानदारी का कार्य हो गया है।''

उनका कहना है कि इस प्रक्रिया से पूरी भूमिका का निर्माण हो जाएगा और फिर अभिनेता रंगमंच पर एक पूरी और नई ज़िंदगी की रचना कर सकेगा। इस प्रकार जब वह उस काल्पनिक मूल-चरित्र के जीवन की परिस्थितयों में गुज़रेगा, तो उसकी भावनाएँ उसमें अपने आप आ जाएँगी। कैसे सम्पन्न होती है यह प्रक्रिया—चेतन रूप से अथवा अचेतन रूप से?

स्तानिस्लाव्स्की का उत्तर है : ''खुद ही अनुभव करके देखो। इस प्रक्रिया की हर बारीकी में जाओ और तब यह निर्णय करो कि क्या तुममें चेतना के साथ और क्या अचेतन रूप में सम्पन्न हुआ है? लेकिन यह पहेली तुम सुलझा नहीं पाओगे।''

इसी विवेचना को आगे बढ़ाते हुए निष्कर्ष रूप में उन्होंने कहा है कि 'अगर' के संबंध में जो कुछ अब तक कहा गया है, उसमें 'प्रदत्त परिस्थितियों का एक तत्त्व और जुड़ जाता है। पुश्किन ने उसके संबंध में लिखा है कि प्रदत्त परिस्थितियों के साथ भावों की, भावनाओं की जो सच्चाई प्रकट होती है, नाटककार अभिनेता से उसी की माँग करता है। दर्शक भी अभिनेता से इसी की माँग करता है।

लेकिन 'प्रदत्त परिस्थितियों' का वास्तव में आशय है क्या? स्तानिस्लाव्स्की इसे स्पष्ट करते हुए कहते हैं कि उनका आशय है—नाटक की कथा, उसकी घटनाएँ, युग विशेष का परिवेश, स्थान और काल, जीवन की परिस्थितियाँ, निर्देशक और अभिनेताओं की दृष्टि में उनकी व्याख्या, दृश्य-विधान,

रंग-व्यवस्था, वेशभूषा, मंच-सामग्री, प्रकाश-योजना, ध्वनि-प्रभाव, प्रस्तुति का स्वरूप अर्थात् वे सारी परिस्थितियाँ जिन पर अभिनेता को अपनी भूमिका की रचना करते हुए ध्यान देना होता है। 'अगर' प्रस्थान बिन्दु बनता है, और ये सारी 'प्रदत्त परिस्थितियाँ' नाटक का विकास संभव बनाती हैं। एक के बिना दूसरे का होना संभव ही नहीं है। फिर भी उनके कार्य एक-दूसरे से कुछ अलग-अलग होते हैं, 'अगर' निश्चल पड़ी कल्पना को सक्रिय करता है; 'प्रदत्त परिस्थितियाँ' 'अगर' के लिए आधार-भूमि बनाती हैं, और फिर ये दोनों अलग-अलग और एक साथ (अभिनेता में) आंतरिक उत्प्रेरणा उत्पन्न करते हैं।" भावों की ईमानदारी की अवधारणा को स्पष्ट करते हुए उन्होंने कहा है कि "मेरा मतलब स्वयं वास्तविक भावनाओं से नहीं, वरन उनसे निकट से मिलती-जुलती, अभिनेता की अपनी भावनाओं से है, जिनकी प्रेरणा से प्रकारान्तर से प्रसंग के अनुसार भावना उत्पन्न हो जाती है।

स्वभावतः सवाल उठता है कि यह मनोवैज्ञानिक प्रक्रिया सम्पन्न कैसे होगी? तोर्त्सोव ने समझाया है कि अभिनेता को पहले नाटककार और निर्देशक द्वारा उपस्थित परिस्थितियों की अपने ढंग से संकल्पना करनी होगी। यह सामग्री रूपायित होने वाले चरित्र के जीवन और परिस्थितियों की सामान्य रूपरेखा उसके मन में जगा देगी। यह आवश्यक है कि अभिनेता उन परिस्थितियों की संभावनाओं पर विश्वास करे और अपने को उसका अभ्यस्त बनाए। उसे लगना चाहिए कि वह उन्हीं परिस्थितियों में जी रहा है। अगर वह इस प्रयास में सफल होगा तो मूल-चरित्र की भावनाएँ, उसकी अपनी भावनाएँ बन जाएँगी। इसके लिए यह परमावश्यक है कि अभिनेता अपने को पूरी तरह से भूल जाए और 'प्रदत्त परिस्थितियों' में अपने को पूरी तरह से तन्मय कर दे।

तोर्त्सोव ने अपने इस वक्तव्य को पूरा करते हुए कहा है कि 'अगर' की शक्ति केवल उसकी अपनी सामर्थ्य पर नहीं, वरन् 'प्रदत्त परिस्थितियों' की प्रखरता पर ही निर्भर करती है।

ग्रीशा ने आपत्ति उठाई कि प्रदर्शन में जब सब कुछ औरों पर ही निर्भर करता है तो अभिनेता के लिए तो मात्र छोटी-मोटी बातें ही बच रहती हैं।

तोर्त्सोव ने कुछ नाराज़ होकर कहा, "छोटी-मोटी बातों से तुम्हारा क्या मतलब है? क्या तुम समझते हो कि स्व्यं अपने मन द्वारा किसी व्यक्ति की तुलना में, किसी दूसरे द्वारा संकल्पित व्यक्ति पर विश्वास करना और फिर उसे जीवंत बनाना कुछ ज़्यादा मुश्किल नहीं है? हम जानते हैं कि शेक्सपीयर ने दूसरों की कहानियों को लेकर उन्हें फिर से लिखा है। यही तो हम नाटककार

की रचना के साथ करते हैं। उसे हम जीवंत बनाते हैं, लेखक की पंक्तियों में स्वयं अपने को रख देते हैं। नाटक के अन्य चरित्रों से, उनके जीवन की अनेक परिस्थितियों से हम अपना संबंध बनाते हैं। लेखक और निर्देशक से जो सामग्री हमें मिलती है, हम अपने व्यक्तित्व से उसे छानते हैं, हम उन पर कार्य करते है और स्वयं अपनी कल्पना से उन्हें चरितार्थ करते हैं। वह सामग्री आध्यात्मिक और भौतिक दोनों ही रूपों में हमारा भाग बन जाती है। हमारी भावनाएँ पूरी सच्चाई लिये हुए होती हैं। फलस्वरूप हमारी क्रियाशीलता वास्तव में रचनात्मक होती है। यह सब नाटक के मूल-अभिप्राय से पूर्णतः अंतर्गुम्फित होता है। इतने व्यापक कार्य को तुम छोटा-मोटा कैसे कह रहे हो?"

एक छात्र ने अभिभूत होकर कहा : 'नहीं, वास्तव में यही तो रचनाशीलता है, कला है।'

# 3

# कल्पना की क्रीड़ा

## 1

स्तानिस्लाव्स्की ने इसके बाद यह बिंदु उठाया है कि नाटक का कार्य वस्तुतः 'अगर' के प्रयोग से आरंभ होता है, जो हमें प्रतिदिन के परिवेश से ऊपर उठाकर कल्पना के लोक में पहुँचा देता है। नाटक का सारा विन्यास भी लेखक द्वारा सोची गई, 'अगर' की अनेक मालाओं और 'प्रदत्त परिस्थितियों' पर आधारित उसकी कल्पना की ही उपज होता है। रंगमंच पर कुछ भी वास्तविक नहीं होता। कला के विभिन्न रूप वस्तुतः कलाकार की कल्पना की सृष्टि ही तो होते हैं। रंगमंच पर नाटक का प्रदर्शन भी कुछ ऐसा ही होना चाहिए। अभिनेता का लक्ष्य होना चाहिए कि वह अपनी कल्पना और उसके साथ अपनी रचनाशीलता को जगाकर नाट्यालेख को रंगमंचीय यथार्थ में बदल दे। रंगमंच पर अभिनय में इस प्रकार कल्पना की सर्वाधिक महत्त्वपूर्ण भूमिका होती है।

कल्पना को मन की रचनात्मिका-शक्ति कहा गया है, जो हमारे मनोजगत में अनेक प्रकार की इन्द्रिय-संवेदनाओं के अचल और सचल बिम्बों की रचना करती है। नाट्य-प्रदर्शन में वह कैसे सक्रिय होती है, यह समझाने के लिए तोर्त्सोव ने छात्रों को अपने निवास पर आमंत्रित किया। उन्होंने छात्रों को जिस कमरे में बिठाया, उसकी दीवारों पर अनेक नाटकीय दृश्यों की संकल्पनाओं के चित्र लगे हुए थे। उन्होंने छात्रों का ध्यान एक विशेष चित्र की ओर आकर्षित किया, जिसमें आर्कटिक क्षेत्र का परिदृश्य था। उसे दिखाते हुए उन्होंने कहा कि कौन विश्वास करेगा कि इसका चित्रकार मास्को के बाहर कभी गया ही नहीं था। उसने तो उस क्षेत्र की कहानियों, वैज्ञानिक विवरणों, छायाचित्रों तथा स्वयं अपने क्षेत्र के सर्दी के दिनों के परिवेश को लेकर कल्पना के सहारे यह चित्र बना दिया था। उन्होंने स्पष्ट किया कि इस प्रकार का चित्रांकन मात्र कल्पना के सहारे नहीं चलता, इसके लिए फ़न्तासी का सहारा भी लेना होता है।

एक छात्र ने यह जानना चाहा कि कल्पना और फ़न्तासी में क्या अन्तर होता है?

तोर्त्सोव ने कहा, "कल्पना उन वस्तुओं की रचना करती है, जो होती हैं अथवा हो सकती हैं, फ़न्तासी उन वस्तुओं की खोज करती है, जो न होती हैं और न कभी हो सकती हैं; फिर भी कौन जाने शायद कभी वे हो जाएँ! जब फ़न्तासी ने उड़नखटोले की संकल्पना की थी, तो कौन सोचता था कि हम एक दिन अंतरिक्ष में उड़ान भरेंगे। कल्पना और फ़न्तासी दोनों ही चित्रकार के लिए अनिवार्य होते हैं।"

पॉल ने यह जानना चाहा कि क्या फ़न्तासी अभिनेता के लिए ही आवश्यक होती है?

तोर्त्सोव ने समझाया, "क्या तुम्हारे विचार में नाटककार हर वह बात कह देता है, जो अभिनेता के लिए, उसके प्रदर्शन के लिए जाननी ज़रूरी होती है? क्या तुम सौ पृष्ठों में नाटकीय चरित्रों के जीवन का पूरा परिचय दे सकते हो? उदाहरण के लिए क्या लेखक नाटक आरंभ होने के पहले जो कुछ हुआ था, उसका काफ़ी विवरण दे देता है? क्या वह यह बताता है कि नाटक के समाप्त होने के बाद क्या होगा? अथवा दृश्यों के पीछे क्या होता रहा है? नाटककार अपने विवरणों में प्रायः बड़ा ही कंजूस होता है...क्या जो कुछ दिया गया है, वह नाटकीय चरित्रों के भीतर और बाहर के रूपांकन के लिए पर्याप्त होगा; और क्या वह उनके विचारों, भावनाओं, अन्तःवृत्तियों और आंगिक चेष्टाओं की सभी भंगिमाओं को तुम्हें दिखा देगा?"

उनका मानना है कि जो कुछ दिया गया है, वह अपर्याप्त होगा और अभिनेता को उसे अपनी ओर से पूरा एवं गहरा करना ही होगा। इस रचनात्मक प्रयास में कल्पना ही उसका मार्गदर्शन करेगी।

पॉल ने कुछ शर्माते हुए यह जानना चाहा कि कल्पना की यदि अभिनेता के कार्य में इतनी महत्त्वपूर्ण भूमिका है, तो अगर उसमें कल्पनाशक्ति का अभाव है, तब वह क्या करे? तोर्त्सोव ने बहुत ज़ोर देकर कहा कि तब वह या तो उसे विकसित करे अथवा रंगमंच छोड़ दे। इसी विषय को आगे बढ़ाते हुए उन्होंने कहा कि कल्पना वस्तुतः तीन प्रकार की होती है : एक तो अन्तःप्रेरित, जो बड़े ही सहज रूप में जागकर सक्रिय हो जाती है, दूसरे प्रकार की कल्पना, सहज रूप में तो नहीं जागती, लेकिन थोड़ा उकसाने से ही सजग और सचेष्ट हो जाती है। कल्पना के तीसरे प्रकार को जगाने के लिए बड़ा परिश्रम करना पड़ता है, फिर भी यह ज़रूरी नहीं, वह जाग जाए और फिर सक्रिय भी हो उठे।

## 2

एक छात्र ने कल्पना के संबंध में जो कुछ सुना था उसके आधार पर अभ्यास करने का प्रयत्न किया। तब उसे लगा कि नाट्य-प्रदर्शन के लिए कल्पना का प्रयोग किसी निश्चित उद्देश्य को लेकर ही होना चाहिए। लेकिन उसके बाद भी जब उसे सफलता नहीं मिली, तो उसने अपनी समस्या तोर्त्सोव के सामने रखी। उन्होंने उसे सलाह दी कि एक तो कल्पना को कभी बलपूर्वक नहीं, वरन् सम्मोहन के सहारे बहलाकर या फुसलाकर जगाना चाहिए; दूसरे रोचक विषय को लेकर ही कार्य होना चाहिए, और तीसरे कल्पना को जगाने का कार्य निश्चेष्ट नहीं, वरन् सचेष्ट होकर किया जाना चाहिए। कल्पना के लिए सक्रियता की विशेष अपेक्षा है। इस प्रक्रिया में पहले आंतरिक और फिर बाहरी सक्रियता की सृष्टि होती है।

तोर्त्सोव ने उसके बाद यह स्पष्ट किया है कि कल्पना कभी भौतिक सामग्री, यथार्थ तत्त्वों, स्थूल वस्तुओं, प्राकृतिक परिवेश अर्थात् जीवन की ठोस वास्तविकताओं को लेकर जागती है और कभी वह सीधे अन्तःप्रेरणा से सचेष्ट हो उठती है। उन्होंने यह भी समझाया है कि इस संदर्भ में हम कभी तो जानी-पहचानी भूमि पर होते हैं और कभी अनदेखी-अनजानी पृष्ठभूमि भी हमें सचेष्ट कर देती है। लेकिन यह कार्य बिना समझे-बूझे सामान्य ढंग से अपूर्ण चेतना के साथ नहीं किया जाना चाहिए। उन्होंने फिर यह भी समझाया है कि कल्पना को जगाने का यह व्यापार बड़ी ज़िम्मेदारी के साथ सभी बारीकियों का ध्यान रखते हुए, बड़ी सतर्कता और सामंजस्य की भावना से होना चाहिए।

## 3

एक सम्पूर्ण और सक्रिय रंगकर्मी के नाते स्तानिस्लाव्स्की की दृष्टि इस ओर भी गई है कि अभिनेता को उन चीज़ों को भी पकड़ना चाहिए जो लेखक-निर्देशक से छूट गई हैं। अभिनेता इस दिशा में भली प्रकार अग्रसर हो सके, इसके लिए यह आवश्यक है कि जिन अनुमानित परिस्थितियों के बीच उसका अभ्यास चल रहा है, उनकी अविच्छिन्न माला वह अपने मनोजगत् में जगाए। जब वह कार्य कर रहा हो, तब यह चित्रावली उसके मनोजगत् में फिल्म की तरह चलती रहनी चाहिए। यह चित्रावली जितनी विषद होगी, उतनी ही वह उसके अनुरूप मनोदशा बनाने में सफल होगी, और अभिनेता को वह प्रसंग के अनुरूप सापेक्ष भावनाओं में बाँधे रहेगी। यह प्रक्रिया केवल चाक्षुष अर्थात् दिखाई देने वाले प्रसंगों को लेकर ही नहीं, उनके साथ चलने वाले ध्वनि-विन्यास

के साथ चलनी चाहिए। अभिनेता को अपने भीतर के कानों से वे काल्पनिक आवाज़ें पकड़नी चाहिए, लेकिन उसे यह लगना चाहिए कि वे उसके मन के भीतर से नहीं, वरन् अधिकांश में बाहर से आ रही हैं।

अभिनेता के द्वारा अपने मनोजगत् में प्रसंग के अनुरूप चलचित्रों का निर्माण कोई आसान काम नहीं है। तोर्त्सोव ने यह देखते हुए, इस दिशा में कल्पना को सक्रिय करने की प्रक्रिया की विवेचना करते हुए कहा है :

"कल्पना को सक्रिय करने का जो मेरा ढंग है, उसके कुछ विशेष बिंदु हैं, जिन्हें नोट कर लिया जाना चाहिए। अगर अभिनेता की कल्पना निष्क्रिय है, तो मैं उससे कुछ आसान से सवाल पूछता हूँ। उसे जवाब देना ही होगा क्योंकि उसी को सम्बोधित किया जा रहा है। अगर वह बिना सोचे-समझे कुछ कहता है, तो मैं उसका जवाब स्वीकार नहीं करता। एक संतोषजनक उत्तर देने के लिए, तब उसे या तो अपनी कल्पना को जगाना चाहिए अथवा बुद्धि के सहारे तर्क-परंपरा से आगे बढ़ते हुए विषय तक पहुँचना चाहिए। कल्पना पर प्रायः बौद्धिक चेतना के साथ इसी रूप में कार्य किया जाता है। अभिनेता या तो अपने स्मृति जगत् में या अपनी कल्पना में कुछ देखता है। वह कुछ समय के लिए स्वप्न में जीता है। तभी वह पूछे गए सवाल का जवाब दे पाता है। यही प्रक्रिया उस क्षण तक दूसरे, तीसरे और चौथे सवालों तक चलती रहती है, जब तक कि वह प्रसंग के अनुरूप पूर्ण चित्रमाला नहीं बना लेता। एक बार जब यह चित्रमाला निर्मित हो जाती है, तो वह उसके बुलाने पर दूसरी बार, तीसरी बार, बार-बार आती रहती है। इस बार-बार बुलाने पर जितनी बार ही वह आती है, उसके स्मृति-पटल पर वह उतनी ही गहराई से अंकित होती जाती है और फिर अभिनेता उसे उतनी ही गहराई से रंगमंच पर जीता है।

## 4

कल्पना-शक्ति के विकास के अभ्यास के लिए तोर्त्सोव ने पॉल को एक स्थिति चुनने के लिए कहा था—वह कौन है, कहाँ है और उसने अपनी आंतरिक आँखों से क्या देखा है। पॉल ने उस सबका वर्णन किया था। अगले अभ्यास के लिए तोर्त्सोव ने उससे यह कल्पना करके कि वह एक बूढ़ा बलूत का पेड़ है, वह सब बताने के लिए कहा, जो उसके मन के कान सुन रहे हैं।

पॉल के चुप रहने पर निर्देशक ने पूछा, "क्या तुम्हें अपने आस-पास के बांगर से कोई आवाज सुनाई नहीं दे रही?"

पॉल को लगा कि भेड़ों और गायों की आवाजें घास चरने, गायों की घंटियां, मैदान में काम कर रही औरतों की बातचीत सुनाई पड़ रही है।

"कौन-सा समय है, जब तुम्हें यह सब सुनाई दे रहा है?" फिर प्रश्न हुआ।

"सामंतों का काल," पॉल का उत्तर था।

तोर्त्सोव ने जानना चाहा कि क्या वह अकेला पेड़ है वहाँ?

पॉल ने इस पर बताया कि वहाँ पहले घना जंगल था, लेकिन वहाँ के सामन्त को लगातार हमलों का ख़तरा बना रहता था। इस भय से कि कहीं दुश्मन के सैनिकों को जंगल में पनाह न मिल जाए, उसने इसे कटवा दिया। सिर्फ़ यही बलूत का पेड़ रहने दिया गया क्योंकि इसके पास एक झरना था, जिससे सामंत के जानवरों को पानी मिलता था।

सामन्य दृष्टि से यह सवाल—यह सब क्यों हो रहा है?—बड़ा ही महत्त्वपूर्ण है। यह अभिनेता को चिन्तन का विषय स्पष्ट करने को मजबूर करता है। वह भविष्य की ओर भीं संकेत देता है, और उसे सक्रिय होने की प्रेरणा भी देता है।

स्तानिस्लाव्स्की ने तोर्त्सोव के रूप में इसे और स्पष्ट करते हुए कहा है कि जब कल्पना काफ़ी संख्या में प्रदत्त परिस्थितियाँ क्रमशः इकट्ठी कर लेती है, तब हमें बस एक और कदम आगे बढ़ना होता है। बस एक और नई परिस्थिति की खोज करनी होती है जो अभिनेता को भावात्मक रूप में आंदोलित कर और कुछ करने को उत्तेजित करती है।

इस स्पष्टीकरण और व्याख्या के बाद पॉल ने स्वयं को असमर्थ अनुभव करते हुए विवशता प्रकट कि मैं इस पर कुछ भी सोच नहीं पा रहा। तोर्त्सोव ने तब उसे समझाया कि उपस्थित समस्या को किसी और ढंग से सुलझाने की कोशिश करो। पहले यह देखो कि तुम्हारी जिंदगी में वह क्या है, जिसे लेकर तुम अत्यधिक संवेदनशील हो? वह क्या है जो तुम्हें कभी दुःखी और कभी प्रसन्न कर देता है। इसी मनः प्रक्रिया को आगे बढ़ाते हुए उसके अनुरूप किसी नयी परिस्थिति की कल्पना की जाए तो नकारात्मक और सकारात्मक, दोनों ही प्रकार के विषय सामने आ जाएँगे और वे फिर कुछ करने की चुनौती खड़ी कर देंगे।

## 5

तोर्त्सोव का अगला पाठ था कि कल्पना किस प्रकार अभिनेता के द्वारा एकत्र हुई सामग्री को ताजगी प्रदान कर देती है। उन्होंने यह बताया कि प्रस्तावित

प्रसंग के साथ किस प्रकार नई संभावना जोड़ी जाती हैं और वह फिर कैसे नए सुझाव देती हैं।

कल्पना के संबंध में अपने विचारों का समाहार करते हुए स्तानिस्लाव्स्की ने कहा है :

"अभिनेता की कल्पना में हर खोज को पूरी तरह से क्रियान्वित किया जाना चाहिए और तथ्यों के आधार पर उसे समुचित आकार देना चाहिए। उसे हर एक सवाल (कब, कहाँ, क्यों और कैसे) का जवाब देने में समर्थ होना चाहिए, जिन्हें वह अपने से उस समय पूछता है, जब वह अपनी खोज की प्रवृत्तियों को सक्रिय करते हुए अपने कल्पित जीवन को अधिक से अधिक सुव्यवस्थित चित्र का स्वरूप देने में प्रयत्नशील होता है। ऐसे अवसर भी आएँगे जब उसे इस सब के लिए सचेतन, बौद्धिक प्रयास की ज़रूरत नहीं होगी, उसकी कल्पना अन्तःप्रेरणा से सक्रिय हो सकती है, लेकिन तुमने यह स्वयं देखा है कि इस पर पूरी तरह से निर्भर नहीं किया जा सकता। सामान्य रूप में और बिना किसी सुपरिचित एवं व्यापक आधार के विषय को लेकर कल्पना करना एकदम निरर्थक होता है।"

इसी प्रसंग को और आगे बढ़ाते हुए उन्होंने कहा कि इसके अतिरिक्त कल्पना का चेतना के साथ सतर्क प्रयोग अक्सर जीवन का बड़ा स्पन्दनहीन और बनावटी स्वरूप उपस्थित करता है। रंगमंच के लिए वह किसी प्रकार ठीक नहीं होता। हमारी कला अभिनेता की संपूर्ण नैसर्गिक क्षमता के रचनात्मक प्रयोग की माँग करती है। वह चाहती है कि अभिनेता अपना मन और शरीर दोनों को ही अपनी भूमिका को समर्पित कर दे। वह भौतिक और बौद्धिक दोनों ही प्रकार की सक्रियता के लिए अपनी भूमिका को समर्पित करे। क्योंकि कल्पना का वास्तविक रूप या शरीर नहीं होता, इसलिए वह हमारी भौतिक प्रकृति को वैचारिक रूप से प्रभावित करती है और उसे कुछ करने के लिए भी मजबूर करती है। स्तानिस्लाव्स्की ने इसके बाद यह स्पष्ट किया कि उन्होंने जिस मनोवैज्ञानिक तकनीक का प्रतिपादन किया है, उसमें कल्पना का विशेष महत्त्व होता है। इसीलिए अभिनेता रंगमंच पर जो कुछ भी करता है और हर एक शब्द जो बोलता है, वह उसकी कल्पना के समुचित जीवन का प्रतिफल होता है।

"अगर तुम यह पूरी तरह से समझे कि तुम कौन हो, कहाँ से आए हो, क्यों आए हो, क्या चाहते हो, कहाँ जा रहे हो और जब तुम वहाँ पहुँचोगे तो क्या करोगे, यांत्रिक रूप से संवाद बोलते हो, तो तुम बिना कल्पना के ही

अभिनय कर रहे होगे। वह समय चाहे छोटा हो या लम्बा, अवास्तविक होगा, और तुम चाभी भरी हुई मशीन या एक यंत्र-मानव के अतिरिक्त कुछ और नहीं होगे।" तोर्त्सोव ने उसके बाद छात्रों से बड़ा सामान्य-सा सवाल पूछा था कि क्या बाहर आज ठंडक है? जवाब में उन्होंने खुद ही कहा था कि इस संदर्भ में अगर 'हाँ' या 'न' या 'मैंने ध्यान नहीं दिया कहा' जाए तो उत्तर देने वाले को पहले अपनी कल्पना में पीछे की ओर जाना होगा। उसे याद करना होगा कि वह पैदल चला था या कि घोड़े पर सवार था। उसे अपनी संवेदनाओं को जगाना होगा कि वे 'कैसे कपड़े पहने हुए थे, उनके कॉलर किधर घूमे हुए थे, उनके पैरों के नीचे की बर्फ़ क्या अनुभव जगा रही थी और तभी इस सवाल का जवाब दिया जा सकेगा। उन्होंने अभिनेताओं को सभी अभ्यासों में इस नियम का पूरी दृढ़ता के साथ बिना यह सोचे कि कार्यक्रम के किस भाग से उनका संबंध है पालन करने का परामर्श दिया है। उनके अनुसार भी उन्हें लगेगा कि उनकी कल्पना विकसित हो रही है और उसकी शक्ति निरंतर बढ़ती जा रही है।

# 4

# ध्यान का केंद्रीकरण

## 1

बिना ध्यान और मनोयोग के कोई सामान्य कार्य भी हो पाना संभव नहीं है, फिर रंगकार्य तो विशेष कार्य है। उसके लिए तो ध्यान के विशिष्ट रूप की अपेक्षा है, इसीलिए स्तानिस्लाव्स्की ने अभिनेता की तैयारी के प्रश्न के संदर्भ में ध्यान के केंद्रीकरण पर कुछ विस्तार से विचार किया है। इस संदर्भ में उनका पहला विचार यह है कि रंगमंच पर जब परदा उठता है, तो जैसे चौथी दीवार हटा दी जाती है। तब उस काली दीवार वाले प्रोज़ीनियम में यह ज़रूरी हो जाता है कि अभिनेता अपने को बराबर सुव्यवस्थित अवस्था में रखे। दरअसल उसे महसूस होता है कि लोग उसे देख रहे हैं; फिर उसे लगता है कि वे उसे अब देखने के साथ-साथ सुनेंगे भी। इसलिए उसे सुव्यवस्थित दिखाई देना चाहिए; अच्छे ढंग से बोलना चाहिए। इस चेतना के साथ वह यह भी भूल जाता है कि रंगमंच के उस खेल में और कौन लोग उसके साथ हैं; लेकिन जब तक वह अपने को इस चेतना से मुक्त नहीं कर लेता कि बहुत से लोग उसे देख और सुन रहे हैं, वह अपने नाटकीय कार्य को पूरे मनोयोग से कर नहीं सकता। इसीलिए स्तानिस्लाव्स्की उससे कहते हैं कि वह अपने को दर्शकों के सामने होने की भावना पूर्णतः से मुक्त करे, तभी वह उपस्थित नाटकीय प्रसंगों में अपना ध्यान भली प्रकार लगा सकेगा। दर्शकों का चुम्बक जैसा आकर्षण बहुत सशक्त होता है, और उससे बचने के लिए खासी कोशिश करनी पड़ती है।

स्तानिस्लाव्स्की का कहना है कि रंगमंच पर दर्शकों के प्रभाव से मुक्त होकर पूरे मनोयोग से कार्य करने का एकमात्र साधन रंगमंच की किसी वस्तु में विशेष रुचि लेना और उसे पूरे ध्यान से देखना है। अभिनेता रंगमंच पर पूरे मनोयोग से कार्य कर सके, उसके लिए वहाँ ध्यान का कोई विशेष बिंदु होना चाहिए और वह बिंदु दर्शकों के बीच नहीं, वरन् मंच पर होना आवश्यक

है। लेकिन रंगमंच पर तो बहुत सारी वस्तुएँ होती हैं, जो अभिनेता के ध्यान को अपनी ओर खींचतीं और बँटाती रहती हैं। इसीलिए किसी वस्तु को विशेष ध्यानस्थ होकर देखने के लिए अभिनेतों में गहरी और सही समझ होना ज़रूरी है। इसके लिए यह भी ज़रूरी है कि वह अपने भीतर विभिन्न वस्तुओं को देखना मात्र की नहीं, वरन् किसी विशेष वस्तु को विशेष ध्यान से देखने की क्षमता विकसित करे।

## 2

रंगमंच पर अपने छात्रों का ध्यान केंद्रित करने का प्रशिक्षण देने के लिए निर्देशक तोर्त्सोव ने अंधेरे में तेज़ी के साथ चमक रहे एक छोटे-से लैंप का सहारा लिया। उसे ही उन्होंने सबसे पास की और ध्यान को विशेष रूप में बाँधने में समर्थ वस्तु के रूप में प्रस्तुत किया। उन्होंने कहा कि जब यह ज़रूरी है कि दूर और पास की चीज़ों की ओर भटकती हुई दृष्टि को, पूरी तरह से किसी वस्तु विशेष के साथ बाँधा जाए, तो चारों ओर फैले अंधेरे के बीच एक प्रकाशबिंदु पर ध्यान केंद्रित करना अपेक्षाकृत आसान होता है। इस संबंध में उन्होंने इस बात की ओर ध्यान आकृष्ट किया है कि वस्तु-विशेष में ध्यान का यह केंद्रीकरण उसी वस्तु तक सीमित रहना चाहिए, किसी अन्य वस्तु या व्यापार की ओर उसे उन्मुख नहीं होना चाहिए। जब एक वस्तु में ध्यान केंद्रित करने के प्रयास के साथ-साथ कुछ और भी किया जाने लगता है, तो स्वभावतः ध्यान बँटता है। अभिनेता जब प्रकाश के किसी बिंदु विशेष पर ध्यान केंद्रित करने का स्वभाव बना लेता है, तो उसमें धीरे-धीरे अंधेरे में रखी हुई किसी वस्तु पर भी ध्यान केंद्रित करने की क्षमता उत्पन्न हो जाती है।

ध्यान के केंद्रीकरण के विषय में अपनी विचार-परंपरा को समेटते हुए तोर्त्सोव ने कहा है, "स्पष्टतः इसके पहले कि तुम बीच की अथवा बहुत दूर की किसी वस्तु पर अपना ध्यान केंद्रित करने का निश्चय करो, तुम्हें यह सीखना होगा कि रंगमंच पर किस प्रकार किसी वस्तु पर सामान्य दृष्टि डाली जाती है और फिर किस प्रकार वस्तु विशेष को बड़े ध्यान के साथ देखा जाता है। दर्शकों के बीच और रंगमंच पर लगी यवनिका की मेहराब के बीच किसी वस्तु पर ध्यान केंद्रित रखना कोई सरल कार्य नहीं है।

"सामान्य जीवन में हम चलते हैं, बैठते हैं, बोलते हैं और देखते हैं, लेकिन मंच पर हमारी ये सारी क्षमताएँ खो जाती हैं। हम दर्शकों की निकटता का अनुभव होता है और तब हम खट से कहते हैं, "ये लोग मुझे क्यों देख रहे

हैं?" तब हमारे लिए यह सीखना बहुत ज़रूरी हो जाता है कि हम दर्शकों के बीच, यह ज़रूरी कार्य कैसे करें?"

इस वस्तुस्थिति को और अधिक स्पष्ट करते हुए तोर्त्सोव ने कहा है, "यह याद रखो कि हमारे सभी कार्य—आसान से आसान भी—जो प्रतिदिन के जीवन में हमारे परिचय की सीमा में होते हैं, (रंगमंच पर) हमारे लिए बड़े तनावपूर्ण हो जाते हैं। हम अग्रिम प्रकाश-पंक्तियों के पीछे हज़ारों लोगों के दर्शक-समुदाय के सामने प्रकट होते हैं; इसीलिए यह ज़रूरी हो जाता है कि हम स्वयं को सुधारें और (मंच पर) चलना, इधर-उधर जाना, बैठना या लेटना, फिर से सीखें। यह अनिवार्य है कि हम रंगमंच पर सामान्य रूप से और फिर यह प्रशिक्षण लें कि विशेष रूप से कैसे देखें, सुनें तथा अन्य कार्य करें।"

**3**

तोर्त्सोव ने रंगमंच पर बैठे हुए छात्रों से किसी एक़ वस्तु को चुनने और उसे बड़े ध्यान से देखने के लिए कहाः अब मान लो तुम ने वहाँ टँगे उस विशेष कशीदाकारी वाले कपड़े को चुना है। क्योंकि उसका डिज़ाइन बड़ा आकर्षक है, इसलिए वह तुम्हारे ध्यान को बाँधेगा भी। सभी छात्र उसके बाद बड़े ध्यान से उस वस्तु को देखने लगे। तोर्त्सोव ने उनके देखने के ढंग को देखना नहीं वरन् आँखें गड़ाना कहा। छात्रों ने अपनी दृष्टि को थोड़ा शिथिल किया, लेकिन निर्देशक को यह विश्वास नहीं दिला पाए कि हम जिस पर नज़र टिकाए थे, उसे वास्तव में देख भी रहे थे।

''और ध्यान से।'' उन्होंने आदेश दिया, छात्र उस परदे की ओर और झुक गए।

"यह तो बड़ी यांत्रिक दृष्टि है, और इसमें ध्यान थोड़ा ही है।" छात्रों ने यह सुनकर अपनी भौंहें समेटीं तथा कुछ और अधिक ध्यान से देखने का प्रदर्शन किया।

तोर्त्सोव ने स्पष्ट किया कि ध्यान से देखना और ध्यान से देखने का प्रदर्शन करना दोनों अलग-अलग चीज़ें हैं। वास्तव में देखने का क्या तरीक़ा है और क्या उसकी नक़ल है, यह पहचान पाने के लिए उन्होंने छात्र अभिनेताओं को स्वयं परीक्षा करने का परामर्श दिया। छात्रों ने प्रयत्न-पूर्वक अपने को व्यवस्थित करते हुए बड़ी शांति के साथ देखना आरंभ किया।

अचानक तोर्त्सोव बड़ी ज़ोर-ज़ोर से हँसने लगे और एक छात्र की ओर देखते हुए उन्होंने कहा, "अगर मैं इसी मुद्रा में तुम्हारी फ़ोटो खींच लूँ और

तुम्हें दिखाऊँ, तो तुम विश्वास नहीं करोगे कि कोई इतने अनर्गल रूप में अपना स्वरूप बिगाड़ भी सकता है! तुम्हारी आँखें तो लगभग अपने कोटरों से निकली ही पड़ रही हैं। क्या तुम्हारे लिए यह ज़रूरी है कि किसी चीज़ को देखते हुए तुम इतना अधिक परिश्रम करो? कम, और भी कम मेहनत करो; आराम से देखो। क्या यह वस्तु तुम्हें अपनी ओर खींच रही है, जो तुम उसके आगे झुके जा रहो हो? अपने को पीछे हटाओ! कुछ और पीछे हटाओ!"

यह छात्र अपने शरीर का तनाव कुछ कम करने में सफल हुआ।

निर्देशक ने उसे समझाते हुए कहा, "यह चटर-पटर करती जीभ, ये यांत्रिक रूप में हिलते-डुलते हाथ और पैर ध्यानस्थ आँखों की जगह नहीं ले सकते। एक अभिनेता की आँखें जो किसी वस्तु की ओर उन्मुख होकर उसे देखती हैं, दर्शकों के ध्यान को अपनी ओर आकर्षित करती हैं और उस मुद्रा से उन्हें यह कहती हैं कि वे भी उस वस्तु को देखें। ठीक इसके विपरीत खाली, कुछ न देखती हुई आँखें दर्शकों के ध्यान को मंच से दूर ले जाती हैं।"

रंगमंच पर आने के पहले अभिनेता को यह समझ आ जाना चाहिए कि रंगालेख में, अपनी भूमिका में और दृश्यबंध में किस वस्तु पर अपना ध्यान केंद्रित करना है? यह कठिन समस्या है और इसका समाधान प्रत्येक अभिनेता को अपने आप ही खोजना होगा।

## 4

तोर्त्सोव ने अगले दिन अपने सहायक निर्देशक रख़्मानव को भेजा। उन्होंने कक्षा में प्रवेश करते ही बड़े दृढ़ स्वर में छात्रों से कहा, "पहले तुम रोशनी में किसी एक वस्तु को देखो और फिर अंधेरे में उसका विवरण दो। यह विवरण अच्छी तरह से देने के लिए तुममें अनुमान लगाने की अच्छी सामर्थ्य होनी चाहिए...तथा उसके साथ ही उड़ती हुई वस्तु को देखने की भी सामर्थ्य अपेक्षित हैं।''

रख़्मानव ने उसके बाद, एक-एक कर सभी छात्रों से, अपनी-अपनी चुनी हुई वस्तु को ध्यान से देखने, उसकी बारीकियों को समझने और उसका विवरण उपस्थित करने का अभ्यास कराया। और उसके लिए उन्होंने निरीक्षण की अवधि को उत्तरोत्तर कम करते-करते मात्र दो सैकंड तक सीमित कर दिया।

## 5

इस विवेचन तक स्तानिस्लाव्स्की ने प्रकाश-बिंदुओं के रूप में वस्तुओं पर बात की है। इसके बाद उन्होंने ध्यान-वृत्त की बात उठाई है। इसमें छोटे-बड़े आकारों

की पूर्ण वस्तुएँ और वस्तुओं के स्वतंत्र बिंदु सम्मिलित हैं। दृष्टि एक बिंदु से दूसरे की ओर घूम सकती है, लेकिन ऐसा करते समय वह वृत्त की निश्चित सीमा से बाहर नहीं जानी चाहिए।

इस बात की प्रस्तुति के समय मंच पर बिल्कुल अंधेरा था। उसके बाद एक बड़ा-सा लैंप लाया गया, और फिर उसे उस मेज़ पर रखकर जलाया गया, जिसके पास एक छात्र बैठा हुआ था। प्रकाश की किरणों ने उस छात्र के चारों ओर एक घेरा बना दिया। वह छात्र अपने हाथ-पैरों सहित उस घेरे से घिरा हुआ था। उसके पास कुछ और चीज़ें भी थीं, वे सभी आलोकित हो रही थीं; उन सबके ऊपर अनेक रंगों की किरणें उतर रही थीं। मंच के शेष भाग पर और दर्शक-दीर्घा में अंधेरा था।

तोर्त्सोव ने उसके बाद कहा कि यह प्रकाशित क्षेत्र प्रकाश का एक छोटा-सा वृत्त या घेरा बना रहा है। वह छात्र और उसका संपूर्ण शरीर, जिस पर प्रकाश पड़ रहा है, उस घेरे का केंद्र है।

उनके इस कथन का प्रभाव उस छात्र के ऊपर बड़ा ही ज़ादुई हुआ। मेज़ के ऊपर जो छोटी-छोटी चीज़ें थीं, वे बिना किसी दबाव या निर्देश के उसके ध्यान को आकर्षित करने लगीं। अंधेरे के बीच प्रकाश के वृत्त में उसे लग रहा था, जैसे वह बिल्कुल अकेला है। उस घेरे के भीतर वह अपने को घर में, अपने ही कमरे में उपस्थित अनुभव कर रहा था।

तोर्त्सोव ने उस छात्र से कहा, "इस वृत्त या घेरे के भीतर, इतनी थोड़ी-सी जगह में विभिन्न वस्तुओं को अधिक से अधिक बारीकी के साथ देखने में, उनके परीक्षण में तुम अपना ध्यान केंद्रित कर सकते हो; तुम और भी बहुत से उलझे हुए काम कर सकते हो, जैसे कि अपने भावों और विचारों की विभिन्न भंगिमाओं को, उनके रंगों को परिभाषित करना।"

फिर मंच के एक कोने में आगे की ओर आकर उन्होंने बात को आगे बढ़ाया, "अपनी मनोदशा की ओर ध्यान दो। यह वही है जिसे हम 'सार्वजनिक एकांत' कहते हैं। तुम जन-समुदाय के बीच हो, क्योंकि हम बहुत-से लोग यहाँ हैं; फिर भी एकांत है क्योंकि तुम ध्यान के एक छोटे-से घेरे में हम से अलग हो। हज़ारों दर्शकों के बीच प्रदर्शन करते हुए तुम अपने को हमेशा सीप के भीतर बैठे घोंघे जैसा बंदी अनुभव कर सकते हो।"

यह सुनने के बाद वे छात्र अपने को इसी अवस्था में होने का अनुभव करने लगे।

तोर्त्सोव ने कुछ देर मौन रहने के बाद, ताकि अपने एकांत के अनुभव

में तन्मय हो सकें, घोषणा की कि अब मैं मध्यम आकार के वृत्त या घेरे को दिखाऊँगा। पहले चारों ओर अंधेरा हो गया, उसके बाद स्थानीय प्रकाश-व्यवस्था ने एक काफ़ी बड़े क्षेत्र में रोशनी फैला दी। उसके बीच फ़र्नीचर था, यथा—मेज़, कुछ कुर्सियाँ, उन पर कुछ छात्र बैठे हुए, एक कोने में पियानो, एक दीवार-अंगीठी और उसके सामने रखी हुई एक बड़ी बांहों वाली आरामकुर्सी। उन सबके बीच था एक छात्र। उसे लग रहा था कि जैसे वह उन सभी चीज़ों के केंद्र में है। निश्चय ही वह उन सभीं चीज़ों को, जो उसके चारों ओर थीं, एक बार में नहीं देख पा रहा था। लेकिन उसे तो उस क्षेत्र के प्रत्येक भाग की सभी वस्तुओं को एक-एक कर देखना था, जो पूरे घेरे में अपने स्वतंत्र केंद्रबिंदु बना रही थीं। इस परिदृश्य में सबसे बड़ा व्यवधान यह था कि प्रकाश का वह बड़ा क्षेत्र विभिन्न वस्तुओं की आधी-आधी छायाएँ उपस्थित कर रहा था, जो उन वस्तुओं पर पड़ती हुई, उस घेरे के बाहर जा रही थीं, जिससे अंधेरे की वह दीवार अभेद्य नहीं लग रही थी।

तोर्त्सोव ने उसके बाद कहा कि अब मैं तुम्हारे सामने प्रकाश का और भी बड़ा घेरा प्रस्तुत करने जा रहा हूँ। उस कमरे में प्रकाश अब पूरी तरह से उमड़ पड़ा, लेकिन उसके साथ के अन्य कमरों में अभी अंधेरा था। जल्दी ही उन सब में भी लैंप जला दिए गए।

उन्होंने स्पष्ट किया, "यह बहुत ही बड़ा घेरा है। इसकी सीमाएँ तुम्हारी दृष्टि के विस्तार पर निर्भर करती हैं। यहाँ, इस कमरे में, जहाँ तक संभव था, इस घेरे को बढ़ा दिया गया है, लेकिन अगर तुम किसी विस्तृत मैदान या सागर के तट पर खड़े हो, तो क्षितिज ही उस घेरे की सीमा होगी। रंगमंच पर इतने विस्तार का दृश्यविधान, पीछे के पर्दे को चित्रित करके उपस्थित किया जाता है।"

उसके बाद उन्होंने अपने छात्रों से उन्हीं अभ्यासों को दोहराने के लिए कहा, जो उन्होंने अब तक किए थे, लेकिन अब उन्हें अंधेरों के बीच प्रकाश के घेरों में नहीं, वरन् पूर्णतः प्रकाशित क्षेत्र में कार्य करना था।

सभी छात्रों ने ये नये प्रकार के अभ्यास करने की कोशिश की, लेकिन कोई भी सफल नहीं हुआ। तोर्त्सोव ने तब उन्हें समझाया, "जब तुम्हारे आगे अंधेरे से घिरा प्रकाश का क्षेत्र होता है, तो उसके बीच की सभी चीज़ें तुम्हारा ध्यान आकर्षित करती हैं। इस स्थिति में क्योंकि उसके बाहर की कोई चीज़ दिखाई ही नहीं देती, इसलिए वहाँ कोई आकर्षण नहीं होता। उस घेरे की बाहरी रेखाएँ इतनी सबल होती हैं और उन्हें घेरने वाली छाया इतनी ठोस होती है

कि तुम्हारे मन में उन सीमाओं से बाहर जाने की इच्छा ही नहीं होती।

"जब रोशनी होती है तो तुम्हारे सामने, पूरी तरह से एक अलग क़िस्म की समस्या, खड़ी हो जाती है। क्योंकि तुम्हारे घेरे की कोई स्पष्ट सीमा-रेखा नहीं होती, इसलिए तुम्हें मजबूर होकर मानसिक रूप से उसे बनाना पड़ता है; और फिर अपने को उसके बाहर जाने से रोकना भी पड़ता है। तुम्हारे ध्यान को अब प्रकाश का स्थान लेना होगा, जो तुम्हें निश्चित सीमाओं में रोके रहे; और यह तुम्हें उस दिखाई देने वाली सीमा-रेखा में, जहाँ हर प्रकार की वस्तुएँ दिखाई दे रही हों, उनकी आकर्षण-शक्ति को नकारते हुए करना होगा। यह इसलिए क्योंकि प्रकाश में और उसके न होने की स्थितियों में भी वस्तुस्थिति एक-दूसरे की विरोधी होती है, तो ध्यान के वृत्त को बनाए रखने की रीति भी बदल जानी चाहिए।"

इस प्रक्रिया को समझाने के लिए स्तानिस्लाव्स्की ने व्यावहारिक पद्धति अपनायी है। उन्होंने रंगमंच पर प्रकाश के विस्तार में ध्यान के वृत्त को स्पष्ट करने के लिए छोटा, मध्यम सीमा और व्यापक विस्तार वाले तीन वृत्त बनाए : एक तो मात्र मेज़ के चारों ओर का वृत्त था; दूसरा, मेज़ के घेरे से बड़ा, रंगमंच के कुछ और बड़े भाग में क़ालीन पर बनाया गया; और तीसरा बड़ा घेरा उन्होंने कमरे में सबसे बड़े क़ालीन पर बनाया।

उसके बाद उन्होंने रंगमंच के पूरे परिसर अर्थात् सबसे बड़े घेरे को लिया है। छात्रों को उस व्यापक विस्तार में कहीं अपना ध्यान केंद्रित करना है। इस प्रयास में जब कोई भी सफल नहीं हुआ, तब उन्होंने उन्हें प्रोत्साहित करने के लिए कहा, "समय और धीरज ही तुम्हें यह सिखायेंगे कि जो युक्ति अभी मैंने तुम्हें बताई है, उसका उपयोग कैसे किया जाएगा? इसी बीच मैं तुम्हें एक और तकनीकी दृश्य दिखाऊँगा, जो ध्यान को केंद्रित करने में तुम्हारी मदद करेगा। तुम्हारे चारों ओर का घेरा जैसे-जैसे बढ़ता जाता है, तुम्हें अपने ध्यान के क्षेत्र को भी बढ़ाते रहना चाहिए। बहरहाल, यह क्षेत्र उसी सीमा तक बढ़ता रह सकता है, जहाँ तुम उसे एक काल्पनिक रेखा के भीतर, अपने ध्यान में बाँधे रह सकते हो। तुम्हारी सीमा जैसे ही हिलने-डुलने लगती है, तुम्हें जल्दी ही उस छोटे वृत्त में लौट आना चाहिए जो अपने में तुम्हारे दृश्यात्मक ध्यान को बाँधे रह सकता हो।"

इसके बाद उन्होंने सावधान करते हुए कहा, "(ध्यान के) इस बिन्दु को प्राप्त कर लेने पर भी, तुम अक्सर झंझट में फँस जाओगे, तुम्हारा ध्यान फिसलेगा और सारे क्षेत्र में बिखर जाएगा। तुम्हें उसे फिर से इकट्ठा करना

होगा; और जितनी जल्दी हो सके एक बिंदु या वस्तु में, उदाहरण के लिए उस लैंप में, उसे पुनः संपुंजित कर देना होगा। वह लैंप (अब) उतना प्रकाशमय नहीं दिखाई देगा, जितना उस समय था, जब उसके चारों ओर अंधेरा था; फिर भी अभी उसमें सामर्थ्य तो होगी ही कि वह तुम्हारे ध्यान को बाँधे रख सके।

"जब तुम वह बिंदु स्थापित कर लो, तो लैंप को केंद्र में रखकर, उसके चारों ओर छोटा-सा घेरा बना लो, तब उसे मध्यम आकार से घेरे तक बढ़ाओ, जिसके भीतर कुछ छोटे-छोटे घेरे भी आ जाएँ; लेकिन तुम्हें उन्हें, केंद्रबिंदु देकर, फिर से सबल नहीं बनाना होगा। अगर तुम्हें ऐसे बिंदु की ज़रूरत लगती हो, तो एक नई वस्तु चुनो और फिर उसके चारों ओर एक छोटा-सा वृत्त बना लो।"

तोर्त्सोव ने मध्यम और अन्य आकारों के लिए घेरों के साथ भी इसी युक्ति के प्रयोग का निर्देश दिया है।

## 6

तोर्त्सोव ने इस बात पर, विशेष ज़ोर दिया कि छात्र जहाँ भी जाएं, वे मंच पर हों या उसके बाहर, ध्यान के छोटे वृत्त को हमेशा अपने साथ ही रखें। अपने इस निर्देश को और स्पष्ट करने के लिए उन्होंने एक भारतीय लोककथा भी सुनाई थी "एक भारतीय राजाधिराज ने, जिन्हें अपने राज्य के लिए एक महामात्य का चुनाव करना था, यह घोषणा कराई कि वे उसी व्यक्ति को उस कार्य के लिए चुनेंगे जो शहर के चारों ओर के परकोटे की दीवारों पर अपने हाथ में किनारे तक भरा हुआ दूध का कटोरा लिये हुए बिना एक भी बूँद गिराए चल सकेगा। कई लोग आए, लेकिन ध्यान टूट जाने, मन के भटकने अथवा किसी प्रकार के भय के कारण कोई उस दूध को गिरने से नहीं बचा सका। तब एक व्यक्ति आया, जिसे कोई भी आवाज़, किसी भी प्रकार का शोर, कोई भी डर, उसके ध्यान को तोड़ने की कोई भी कोशिश, विचलित नहीं कर सकी। वह बराबर दूध के कटोरे को अपने हाथों में लिये हुए चलता रहा।

"एक सैनिक को आदेश दिया गया, 'गोली चलाओ।'

"बंदूक से कई गोलियाँ चलाई गईं, लेकिन उस पर किसी प्रकार का कोई असर नहीं पड़ा और उसने बिना एक भी बूँद गिराए सारा रास्ता तय कर लिया।

"महाराज ने कहा, 'यही वास्तव में हमारा महामात्य है।'

"उस व्यक्ति से पूछा गया : 'तुमने कोई शोर सुना?'

" 'नहीं।'

" 'तुम्हें डराने की जो कोशिशें की गईं; उन्हें भी तुमने नहीं देखा?'

" 'नहीं।'

" 'तुमने गोलियों की आवाजें सुनीं?'

" 'नहीं। मैं तो दूध को देख रहा था।'

ध्यान को किस प्रकार केंद्रित रखा जा सकता है, उसका यह बड़ा अच्छा उदाहरण है।"

## 7

हमारे बाहर स्थित उन भौतिक वस्तुओं पर, जिनके बारे में हमें बाहर से ध्यान जोड़ना पड़ता है, बातचीत करने के बाद तोर्त्सोव ने उस आंतरिक ध्यान के विषय में बातचीत शुरू की, जो मनोजगत् में, कल्पनालोक में देखी-सुनी हुई या अनुभव की जाने वाली वस्तुओं पर केंद्रित होता है। इस संबंध में उन्होंने कल्पना के विषय में जो कुछ कहा था, उसे दोहराया। कल्पना में, हमारे मनोजगत् में, हमारी पहले देखी-सुनी अथवा अन्य किसी प्रकार इन्द्रियगोचर हुई वस्तुओं के बिंबों के बोध जागते हैं। ये बिंब, जो कुछ हमारे बाहर होता रहता है, वस्तुतः उसी के प्रतिबिंब होते हैं; और वे हमें उस बिंदु तक ले जाते हैं, जहाँ जो कुछ हमारे बाहर हुआ था, वह फिर से हमारे मन के भीतर होने लगता है। ये बिंब अथवा मनःचित्र, हमारी भीतर की आँखों से दिखाई देने के अतिरिक्त, हमारे भीतर के कानों, नाक, जीभ तथा त्वचा अर्थात् सभी ज्ञानेन्द्रियों के बोधों को जगा देते हैं।

निष्कर्षतः उन्होंने कहा कि रंगमंच पर अभिनेता, बाहरी और भीतरी, दोनों ही प्रकार की ज़िंदगियों को जीता है। बाहर की ज़िन्दगी की तरह, भीतर की ज़िंदगी, हमारे ध्यान को बाँधने के लिए प्रचुर सामग्री प्रदान करती है। उसके इस्तेमाल में सबसे बड़ी कठिनाई यह होती है कि वह बड़ी क्षणभंगुर होती है, अर्थात् ज़ल्दी ही मिट जाती है। रंगमंच पर दृश्यमान् स्थूल वस्तुएँ काफ़ी प्रशिक्षित ध्यान की माँग करती हैं; लेकिन ये काल्पनिक वस्तुएँ उससे भी कहीं अधिक प्रशिक्षित और समझ से भरा ध्यान चाहती हैं।

बाहरी ध्यान के लिए जो कुछ कहा गया है, आंतरिक ध्यान उससे कुछ और अधिक करने की माँग करता है। अभिनेता के लिए यह आन्तरिक ध्यान

इसलिए बहुत ही ज़रूरी है, क्योंकि उसकी बहुत सारी ज़िंदगी कल्पना की दुनिया में ही गुज़रती है। इसीलिए यह आवश्यक हो जाता है कि वह रंगमंच के अतिरिक्त इस ज़िंदगी को जीने का अभ्यास अपने प्रतिदिन के जीवन में भी करे। इस संदर्भ में स्तानिस्लाव्स्की ने सलाह दी है कि जब अभिनेता रात को अपने बिस्तर पर लेटता है, बत्तियाँ गुल कर देता है, तो उसने उस दिन सुबह उठने से लेकर लेटने तक, जो कुछ भी किया है, उसे बड़ी बारीकी के साथ अपने मन में जगाए। उसने जो कुछ भी देखा सुना, जाना या समझा है, उसे उसके साथ जगाने वाले भावों, विचारों, कल्पनाओं, फ़ंतासियों, स्वप्नों और दिवास्वप्नों आदि को भी जगाए। इस तरह का अभ्यास रोज़-ब-रोज़ किया जाना चाहिए और इसके लिए बहुत सबल इच्छाशक्ति, दृढ़-निश्चय और अटूट लगन की अपेक्षा है।

## 8

बाह्य और आंतरिक ध्यान के विवेचन में स्तानिस्लाव्स्की ने वस्तुओं का प्रयोग यांत्रिक और फ़ोटोग्राफ़ी के रूपों में किया है। इस प्रकार का ध्यान, अनिवार्य होते हुए भी, मूलतः बौद्धिक होता है। अभिनेता के लिए यह ध्यान बड़ा ज़रूरी होता है, लेकिन प्रत्येक वस्तुस्थिति में नहीं। यह विशेष रूप से उस समय ज़रूरी होता है, जब ध्यान भटक रहा हो, और उसे केंद्रित करना हो। ऐसी स्थिति में मात्र एक वस्तु को देखना ही ध्यान को स्थिर कर देगा। लेकिन इस प्रकार का ध्यान बहुत देर तक केंद्रित नहीं रहता। जब अभिनेता को अपनी वस्तु को पकड़े रहने का प्रदर्शन करना होता है, तब एक और प्रकार का ध्यान अनिवार्य होता है, जो भावात्मक प्रतिक्रिया जगाता है। इसके लिए उसके पास कोई ऐसी चीज़ होनी चाहिए, जो उसके ध्यान की वस्तु के प्रति मन में रुचि उत्पन्न करे, और फिर रचनात्मक उपकरण को सक्रिय करने में भी योग दे। निश्चय ही यह आवश्यक नहीं है कि प्रत्येक वस्तु को जीवन प्रदान किया जाए। लेकिन उन वस्तुओं को तो सजीव बनाना ही होगा, जिनमें अभिनेता की रचनाशीलता को जगाने की सामर्थ्य होती है।

तोर्त्सोव ने इस विषय को आगे बढ़ाते हुए कहा है, "मान लो तुम उस चौथी दीवार को देख रहे हो, जो वास्तव में है नहीं। फिर भी तुम्हें लगता है कि वह पास ही है, और तुम्हारी दृष्टि उस पर पुंजीभूत होती है। यह संपुञ्जन लगभग उस कोण पर होता है, जैसे तुम अपनी नाक की नोक से देख रहे हो। केवल यही एक उपाय है, जिससे तुम उस चौथी दीवार पर एक काल्पनिक

वस्तु में अपना ध्यान स्थिर कर सकते हो।

"रंगमंच पर प्रदर्शन के लिए यह वांछनीय तो है, लेकिन अभिनेता वास्तव में करते क्या हैं, उस काल्पनिक दीवार को देखने का बहाना करते हुए वे अपनी आँखों को ऑर्केस्ट्रा की किसी वस्तु पर केंद्रित करते हैं। इस प्रयास में उनकी दृष्टि का कोण, उससे बिल्कुल भी अलग होता, जो किसी निकट की वस्तु को देखने के लिए होना चाहिए। इस प्रकार की मनोवैज्ञानिक भूल से क्या आप सोचते हैं कि अभिनेता को स्वयं, उसके साथ जो व्यक्ति अभिनय कर रहा है उसे, अथवा दर्शक को, कोई वास्तविक संतोष मिलता है? क्या वे इस असामान्य कार्य के द्वारा स्वयं को अथवा दर्शकों को सफलता के साथ बेवक़ूफ़ बना सकते हैं?

"मान लो तुम्हारी भूमिका की माँग है कि तुम सागर के ऊपर क्षितिज की ओर देखो, जहाँ एक जहाज़ का पाल दिखाई दे रहा है। क्या तुम्हें याद है कि तुम्हारी दृष्टि उसे देखने में कैसे संपुंजित होगी? वह लगभग समानांतर रेखाओं में देखेगी। जब तुम मंच पर उपस्थित हो, तब उन्हें उस अवस्था में पाने के लिए तो तुम्हें सभागार की सबसे पीछे की दीवार को मानसिक रूप से हटा देना होगा और उसके और भी आगे जाकर तुम्हें एक काल्पनिक बिंदु की खोज करनी होगी, जहाँ तुम अपना ध्यान जमा सको। यहाँ अभिनेता को फिर से सामान्य रूप से अपनी दृष्टि को इस प्रकार संपुंजित करना होगा कि जैसे वह आर्केस्ट्रा के किसी सदस्य को देख रहा हो।"

तोर्त्सोव ने उसके बाद सभी छात्रों को सावधान करते हुए कहा : "जब अपेक्षित तकनीक की सहायता से अभिनेता यह सीख लेगा कि किसी वस्तु को सही स्थान पर कैसे रखा जाए, जब दूरी से दृष्टि के संबंध की उसे समझ आ जाएगी, तभी उसके लिए सभागार की ओर देखना सुरक्षित हो सकेगा। तभी वह दर्शकों को पार करके अपनी दृष्टि को ले जाने में अथवा उसको इस पार ही समेटे रहने में समर्थ होगा।

तोर्त्सोव ने इस प्रशिक्षण से पूर्व तो अभिनेता द्वारा अपना मुख दाएं-बाएं अथवा ऊपर-नीचे घुमाने पर आपत्ति नहीं जताई। इस स्थिति में अभिनेता को यह भय भी नहीं होना चाहिए कि दर्शकों को उसकी आँखें दिखाई नहीं देंगी। अभिनेता जब वास्तव में यह ज़रूरत अनुभव करने लगेगा तो वह पाएगा कि उसकी इच्छा-शक्ति अपने आप, अग्रिम प्रकाश-व्यवस्था के उस पार जो वस्तु है, उसकी ओर घूम गई हैं। जब यह होगा, तो स्वभावतः होगा, अंतःप्रेरणा से होगा और सही ढंग से होगा। जब तक अभिनेता अपनी

उपचेतना में इसकी आवश्यकता अनुभव न करने लगे, उसे तब तक उस अनुपस्थित चौथी दीवार अथवा दूर दिशा में देखने से अपने को रोकना चाहिए, जब तक उस तकनीक पर उसका अधिकार न हो जाए, जिससे कि यह प्रक्रिया पूर्ण की जा सकती है।

ध्यान के भावात्मक स्वरूप को स्पष्ट करने के लिए उन्होंने उदाहरण के रूप में ऊपर से लटक रहे एक झाड़-फानूस की ओर इशारा किया है। उन्होंने कहा है कि यह पुराना झाड़-फानूस बादशाहत के ज़माने का है। यह उस सैनिक अधिकारी के महल से है, जिसने कभी इसी की छाया में नेपोलियन का स्वागत किया था। हो सकता है कि यह फ़्रांस के उस राजमहल के उस कमरे की शोभा रहा हो, जिसमें उन्होंने रंगमंच से संबंधित अपने विशेष आदेश पर हस्ताक्षर किए थे।

छात्रों ने जब यह सुना तो वह झाड़-फानूस तो वैसा ही बना रहा, लेकिन उसके संबंध में जो कुछ कहा गया था, उसने काल्पनिक परिस्थितियों का एक पूरा इन्द्रजाल खड़ा कर दिया, जिसने बड़ी तीव्र भावात्मक प्रतिक्रियाओं को जन्म दिया।

## 9

अगले दिन कक्षा आरंभ होते ही एक छात्र ने यह सवाल उठाया कि उसे एक ही समय अपनी भूमिका में एक साथ तकनीकी पद्धतियों, मूल-चरित्र के संवादों, अपने सांकेतिक शब्दों, ध्यान की अनेक विधियों की चेतना रखना मुश्किल ही नहीं, असंभव लगता है।

तोर्त्सोव ने उसे समझाते हुए कहा, "तुम इस प्रकार के काम को आसान पाकर अपने को बहुत कमज़ोर अनुभव करते हो; लेकिन सर्कस का एक छोटा-सा, साधारण-सा बाज़ीगर इससे भी कहीं ज़्यादा उलझी हुई चीज़ों को (एक साथ) सुलझाने में अपने भीतर किसी प्रकार की हिचक अनुभव नहीं करता; बहुत कुछ एक साथ करते हुए वह अपनी जान को जोखिम में डाल देता है। उसके लिए यह इसलिए संभव हो पाता है क्योंकि वह इस प्रकार के उलझे हुए कार्य में ध्यान के विभिन्न तलों में से किसी को दूसरे के आड़े नहीं आने देता। यह सही है कि इस प्रकार के प्रदर्शन को सीखने में शुरू में बड़ी मुश्किलें आती हैं, लेकिन बार-बार का अभ्यास स्वभाव बन जाता है और फिर सब-कुछ अपने आप होने लगता है।"

इस वस्तुस्थिति को और अधिक स्पष्ट करते हुए उन्होंने आगे कहा है,

"निश्चय ही अगर तुमने अब तक यह सोचा है कि अभिनेता मात्र अपनी अंतःप्रेरणा पर विश्वास करता है, तो तुम्हें अपने विचार को बदलना होगा। प्रतिभा बिना अभ्यास के कच्चे माल के अलावा और कुछ नहीं होती।"

उनके इस वक्तव्य के विषय में प्रतिभा और अभ्यास के पारस्परिक संबंध को लेकर बहस में पड़ने के स्थान पर एक प्रसिद्ध सूक्ति अवतरित करना चाहूँगा: जीवन में सफलता के लिए 95 प्रतिशत परिश्रम और केवल 5 प्रतिशत प्रतिभा की अपेक्षा होती है। तभी तो बड़े-से-बड़ा कलाकार भी अपनी प्रतिभा को जीवित रखने के लिए प्रतिदिन रियाज़ अर्थात् लंबे समय तक अभ्यास पर ही विश्वास करता है।

## 10

स्तानिस्लाव्स्की ने अच्छा कलाकार बनने के लिए अभिनेता में निरीक्षण की क्षमता का होना परमावश्यक माना है। उनका कहना है कि अभिनेता को अपनी निरीक्षण की प्रवृत्ति को केवल मंच पर ही नहीं, वास्तविक जीवन में भी जाग्रत रखना चाहिए। इस जगत् के जीवन-प्रवाह में जो कुछ भी उसे आकर्षित करता है, उसे उसको बड़े ही ध्यान से देखना चाहिए। इस प्रयास में उसे बहुत गहरे उतरने की कोशिश करनी चाहिए; अन्यथा पूरी रचनात्मक प्रक्रिया उलट-पुलट जाएगी और उसका जीवन से कोई संबंध नहीं रह जाएगा।

उन्होंने इस संबंध में अभिनेता के लिए कुछ परामर्श भी दिए हैं। उनका कहना है कि उन्हें सबसे पहले जो कुछ भी सुन्दर है, उसे देखना, सुनना और उसे हर प्रकार से गहराई के साथ अनुभव करना सिखाया जाना चाहिए। यह स्वभाव उनकी मानसिक शक्ति को ऊपर उठाएगा, उनमें गहरी अनुभूतियाँ जगाएगा, जो उनकी भावात्मक स्मृतियों में अपनी गम्भीर छापें बनाएँगी। इस जीवन में प्रकृति से बढ़कर और कुछ भी अधिक सुन्दर नहीं है। इसलिए कलाकार को प्रकृति का अवलोकन करते रहना चाहिए। उन्होंने कहा है कि शुरुआत में 'एक छोटा-सा फूल, अथवा एक दल, अथवा मकड़ी का जाला अथवा खिड़की के शीशे पर कोहरे से बनाई गई, आकृति को लो; अपने शब्दों में यह कहने की कोशिश करो कि इन वस्तुओं में क्या है, जो तुम्हें अच्छा लगता है। इस तरह की कोशिश, उस वस्तु को तुम्हें अधिक पास के और अधिक प्रभावपूर्ण रूप में देखने की प्रेरणा देगी, जिससे तुम उसकी विशेषताओं को समझने और उन्हें परिभाषित करने में समर्थ हो सकते हो।' इसी संदर्भ में उन्होंने आगे कहा है कि मनुष्य को केवल जीवन की सुन्दरता को ही नहीं,

वरन् असुन्दरता को भी देखना चाहिए और उसे भी समझने और परिभाषित करने में समर्थ होना चाहिए; अन्यथा सौन्दर्य के संबंध में उसकी धारणा अपूर्ण, कृत्रिम, पथराई हुई तथा अत्यधिक भावात्मक होगी।

स्तानिस्लाव्स्की ने इसके अतिरिक्त अच्छा दृष्टा बनने के लिए कलाकारों को, मानव-जाति ने अब तक कला, साहित्य, संगीत आदि के क्षेत्र में जो कुछ भी किया है, उसके अध्ययन की सलाह दी। यह सारा कार्य भावना के शील के साथ होना चाहिए क्योंकि प्रत्येक रचनात्मक कार्य की प्रक्रिया में जो मूलभूत सामग्री होती है, वह भावात्मक होती है। फिर भी भावना का यह शील, रचनात्मक कार्य में बुद्धि की अत्यधिक भूमिका का स्थान नहीं ले सकता। "संभवतः तुम्हें यह डर लगता है कि जीवन से जो सामग्री तुमने ग्रहण की है, तुम्हारी बुद्धि अपनी ओर से उसमें कुछ जोड़कर उसे कुछ बिगाड़ देगी, लेकिन ऐसा कोई ख़तरा नहीं है। अक्सर बुद्धि के ये मौलिक योग, अगर उन पर तुम्हारा ईमानदारी के साथ विश्वास है तो उसकी शोभा को और अधिक बढ़ा देगा।"

उन्होंने इसके बाद लिखा है कि कलाकार ने जब अपने चारों ओर के जीवन को भली प्रकार देखना और उससे अपने कार्य के लिए सामग्री एकत्र करना सीख लिया हो, तो उसे सर्वाधिक आवश्यक और महत्त्वपूर्ण भावनात्मक सामग्री के अध्ययन की ओर अग्रसर होना चाहिए, जिस पर उसकी रचनाशीलता मूलतः आधारित होती है। उनका आशय उन प्रभावों को एकत्र करने से है जो उन्हें अन्य लोगों के साथ व्यक्तिगत संपर्क से सीधे मिलते हैं। इस सामग्री को प्राप्त करना बहुत मुश्किल है क्योंकि अधिकांश वह अगोचर, अपरिभाषेय होती है और केवल भीतर की आँखों से ही देखी जा सकती है। फिर भी निश्चयात्मक रूप से यह कहा जा सकता है कि अनेक अदृश्य, आध्यात्मिक अनुभव, हमारे मुख की मुद्रा, हमारी आँखों, वाणी, वाचन, अंग-भंगिमाओं में प्रतिबिंबित होते हैं। लेकिन दूसरे व्यक्ति की चेतना को ग्रहण करना इतना आसान नहीं है क्योंकि लोग प्रायः अपनी अंतरात्मा के द्वार को नहीं खोलते और अपने वास्तविक रूप को देखने की अनुमति नहीं देते।

स्तानिस्लाव्स्की का परामर्श है कि जब किसी व्यक्ति के भीतर का संसार, उसके कार्यों, विचारों और भावावेगों के माध्यम से अभिनेता के आगे स्पष्ट हो जाए, तो उसके क्रिया-कलापों का निकट से अनुसरण करना चाहिए और उन परिस्थितियों का अध्ययन करना चाहिए, जिनके बीच वह अवस्थित है। उसने ऐसा या वैसा क्यों किया? उसके मन में क्या था? इस प्रकार के प्रयास में स्तानिस्लाव्स्की का कहना है कि अभिनेता जिस व्यक्ति के आंतरिक जीवन

का अध्ययन कर रहा हो, उसके संबंध में कोई सुनिश्चित सामग्री नहीं इकट्ठी कर पाएगा; केवल उसके अंतर्दर्शन के प्रयास से उसकी बस थोड़ी-बहुत जानकारी हो पाएगी। स्तानिस्लाव्स्की यह बात ध्यान के अत्यन्त सूक्ष्म केंद्रीकरण के विषय में कही है। इस प्रकार की निरीक्षण की क्षमता का उद्भव हमारी उपचेतना में होता है। हमारे सामान्य प्रकार के ध्यान में इतनी गहरे उतरने वाली सामर्थ्य ही नहीं होती कि दूसरे व्यक्ति की अंतरात्मा में प्रवेश की प्रक्रिया को भली प्रकार संपन्न किया जा सके।

स्तानिस्लाव्स्की ने स्पष्ट कहा है कि इस कार्य-पद्धति से बहुत कुछ पाया जा सकता है, यह कहना वस्तुतः धोखा देना होगा। फिर भी इस दिशा में अभिनेता जैसे-जैसे आगे बढ़ेगा उसे अपनी उपचेतना को जगाने की और उन्हें अपनी रचनात्मक प्रक्रिया में आकर्षित करने की और अधिक रीतियाँ मिलेंगी। फिर भी यह तो स्वीकार किया ही जाना चाहिए कि किसी दूसरे व्यक्ति के आंतरिक जीवन के अध्ययन के लिए कोई वैज्ञानिक तकनीक विकसित कर पाना संभव नहीं है।

# 5

# माँसपेशियों की तनाव-मुक्ति

## 1

रंगमंच पर बड़े ध्यान और मनोयोग के साथ कार्य करते हुए भी कभी बेध्यान होने के कारण मांसपेशियों में तनाव उत्पन्न हो जाता है। इस तनाव की स्थिति में जब कोई कार्य किया जाता है, तो अक्सर कोई दुर्घटना घटने का ख़तरा उत्पन्न हो जाता है। निर्देशक ने जब छात्रों से एक विशेष प्रसंग प्रदर्शित करने के लिए कहा, तो एक छात्र के साथ ऐसा ही दुर्योग घटित हो गया। उसे अचानक लगा कि जैसे उसके भीतर कुछ टूट गया है। उसे तेज़ दर्द भी होने लगा और एक गरम तरल पदार्थ से उसका हाथ भीग गया। उसे सहसा बहुत कमज़ोरी लगने लगी। उसकी आँखों के आगे धुंधलका छा गया और वह अचेत हो गया।

निर्देशक तोर्त्सोव ने इस दुर्योग को देखकर अध्यापन का अपना व्यवस्थित कार्यक्रम छोड़ दिया और फिर यह बताने लगे कि अभिनय के पथ पर आगे बढ़ने के लिए यह परमावश्यक है कि अभिनेता अपनी मांसपेशियों को तनाव से मुक्त करना सीखे। इस संदर्भ में उन्होंने कहा कि हमारे कार्य के दौरान मांसपेशियों के तनाव तथा शारीरिक सिकुड़न के क्या दुष्परिणाम हो सकते हैं, इसके विषय में कोई सुनिश्चित धारणा नहीं बना सकते। यह वस्तुस्थिति, जब वात-अवयव के साथ उत्पन्न होती है, तो उस व्यक्ति का स्वर बड़ा कर्कश हो जाता है, जो अन्यथा स्वाभाविक रूप में बड़े अच्छे कंठस्वर में बोलता है। और कभी-कभी तो वह अपनी वाचन शक्ति तक खो बैठता है। अगर ऐसा खिंचाव पैरों में हो जाए तो वह अभिनेता ऐसे चलने लगता है, जैसे उसे फ़ालिज मार गया हो। अगर यह आक्रमण उसके हाथों पर होता है, तो वे सुन्न हो सकते हैं और फिर उंगलियाँ जकड़ सकती हैं। इसी प्रकार का खिंचाव कभी मेरुदंड, कभी गर्दन और कभी कंधों में भी हो जाता है। उन स्थितियों में, प्रायः हर अभिनेता अपने को अपंग अनुभव करने लगता है और उसका अभिनय बाधित हो जाता है।

स्तानिस्लाव्स्की का कहना है कि सबसे ख़राब अवस्था वह होती है जब अभिनेता का मुख प्रभावित होता है और उसके चेहरे का आकार बिगड़ जाता है। उसको मुख जकड़ जाता है और फिर वह या तो बोल नहीं पाता अथवा उसका कंठस्वर एकदम कर्कश हो जाता है। उसकी आँखें बाहर निकलने को हो आती हैं। मांसपेशियों का तनाव उसके चेहरे को बिगाड़ देता है। उस अभिनेता के मन में जो कुछ होता है, अपने बाहरी रूप में वह उसके विरुद्ध आचरण करने लगता है। उसके विचार और व्यवहार में कोई सामञ्जस्य नहीं रह जाता। उसके मुख की मांसपेशियों का यह तनाव उसके शरीर के मध्य भाग, उसके वक्षस्थल को भी प्रभावित करता है। उसकी श्वास-प्रक्रिया से संबद्ध अंगोपांग भी प्रभावित होते हैं। उसके शरीर की मांसपेशियों का यह तनाव उसके मनोजगत् को भी प्रभावित करता है।

स्तानिस्लाव्स्की ने इस संबंध में स्पष्ट कहा है कि मांसपेशियों का तनाव आंतरिक भावात्मक अनुभूतियों को भी प्रभावित करता है। जब हम शारीरिक तनाव से ग्रस्त होते हैं, तो भली प्रकार सोच-विचार भी नहीं सकते; और इसीलिए अपनी भूमिका के अंतरंग जीवन की भाव-भंगिमाओं के संबंध में सोचना-विचारना भी मुश्किल हो जाता है। इसलिए अभिनेता के लिए किसी प्रकार की रचनाशीलता की ओर अग्रसर होते समय यह ज़रूरी है कि वह अपनी मांसपेशियों को उनकी स्वाभाविक अवस्था में लाए ताकि वे उसकी चेष्टाओं को किसी प्रकार बाधित न करें।

अपनी आत्मकथा के एक विशेष स्थल का संदर्भ देते हुए उन्होंने लिखा है कि उनके एक सहयोगी अभिनेता की मांसपेशियों में तनाव विशेष रूप से उत्पन्न हो जाया करता था। लेकिन कुछ विशेष आदतों की सहायता और निरंतर नियंत्रण के कारण जैसे ही वह मंच पर उतरता था, उसकी मांसपेशियों का तनाव कम हो जाता था। अपनी भूमिका की रचना में संलग्न होने पर अपनी भूमिका के अत्यधिक संघर्षशील क्षणों में भी कुछ वैसा ही हो जाता था। उसकी मांसपेशियों की सारी जकड़न अपने आप ढीली हो जाती थी।

मांसपेशियों के तनाव को कैसे कम किया जा सकता है? इस संदर्भ में स्तानिस्लाव्स्की ने अपनी एक परिचित अभिनेत्री का भी उल्लेख किया है। वह स्वभाव से बड़ी ही खुशमिज़ाज़ थी, लेकिन अपनी इस विशेषता को वह यदा-कदा ही प्रकट कर पाती थी। अभिनय करते समय वह जल्दी ही तनाव से ग्रस्त हो जाती थी और उससे मुक्ति पाना उसके लिए कठिन हो जाता था। तनाव के कारण उसकी दाहिनी भौंह कुछ संकुचित हो जाती थी; और

उससे उसका प्रदर्शन बिगड़ जाता था। स्तानिस्लाव्स्की ने उसे सलाह दी थी कि किसी भूमिका का निर्वाह करते हुए जब यह कठिनाई उत्पन्न हो जाए, तो वह अपने चेहरे से तनाव को हटाने की कोशिश करे और अपने मानसिक प्रयास से उससे पूर्णतः मुक्त होने का प्रयास करे। जब वह इसमें सफल हो जाती थी, तो उसके अन्य अंगों की मांसपेशियाँ भी तनाव से मुक्त हो जाती थीं। उसका रूपांतरण हो जाता था। उसे लगता था कि उसका शरीर हल्का हो गया है। उसका चेहरा जीवंत हो उठता था और फिर वह प्रसंग के अनुसार विभिन्न भावनाओं को बड़े विशद् रूप में अभिव्यक्त करने लगती थी तथा उसकी अनुभूतियाँ स्वच्छंद रूप में प्रकट होने लगती थीं। यह प्रसंग सिद्ध करता है कि एक मांसपेशी के एक बिंदु पर से दबाव हटा लिया जाए तो भौतिक और आध्यात्मिक, दोनों ही रूपों में पूरा शरीर जीवंत हो उठता है।

स्तानिस्लाव्स्की ने इसके बाद यह स्पष्ट किया है कि शरीर को उसके सभी अनावश्यक तनावों से मुक्त कर पाना पूरी तरह से संभव नहीं है। इस वस्तुस्थिति को पूरी तरह स्वीकार करते हुए भी इस दिशा में प्रयत्नशील रहना चाहिए। यह परमावश्यक है कि केवल रंगमंच पर ही नहीं, सामान्य जीवन में भी स्वयं को यथासंभव तनावों से मुक्त रखने की कोशिश चलती रहनी चाहिए। स्वभावतः सवाल उठता है कि इन दोनों परस्पर-विरोधी वस्तु-स्थितियों में सामंजस्य कैसे स्थापित किया जाए? तनाव को पूरी तरह से हटा पाना तो संभव नहीं है, लेकिन उसे हटाने का संघर्ष बराबर चलते रहना चाहिए। उसका एक सुनिश्चित उपाय है—एक विशेष प्रकार का प्रयास और उसके लिए ज़रूरी है कि हम अपने व्यवहार का निरंतर निरीक्षण करते रहें। हमारा आत्मनिरीक्षण ही यह सुनिश्चित करेगा कि हमारी मांसपेशियों में अतिरिक्त संकुचन न हो। आत्मनिरीक्षण की यह प्रक्रिया और स्वयं को अनावश्यक तनाव से मुक्त करने की कोशिश कुछ ऐसे विकसित की जानी चाहिए कि वे हमारी उपचेतना में समाहित हो जाएँ और एक प्रकार से हमारे यांत्रिक स्वभाव का रूप ग्रहण कर लें। लेकिन इतना ही काफ़ी नहीं है। उसे हमारी स्वाभाविक आवश्यकता और प्रकृति बन जाना चाहिए। यह स्वभाव भूमिका के केवल शान्त क्षणों में ही आवश्यक नहीं है, वरन् भौतिक उत्तेजना एवं स्नायविक तीव्रता के समय भी बहुत ज़रूरी है।

तोर्त्सोव के इन शब्दों को सुनकर एक छात्र ने सवाल उठाया कि उत्तेजना के क्षणों में भी किसी प्रकार का तनाव न हो, यह कैसे संभव है? उसे समझाया गया कि इस प्रकार के क्षणों में केवल अपने को तनाव से मुक्त करना ही

आवश्यक नहीं है, वरन् अपने को विश्रांत अर्थात् अपने को पूरी तरह से विश्राम की अवस्था में पहुँचाने का उद्योग भी बड़ा ज़रूरी है। प्रदर्शन की सफलता के लिए यह परमावश्यक है कि अभिनेता अपने को तनाव से मुक्त रखने और विश्रांत अवस्था में होने के अभ्यास कर ले। तोर्त्सोव ने उसके बाद स्पष्टतः यह स्वीकार किया कि अत्यधिक उत्तेजना के क्षणों में तनाव तो होगा ही, लेकिन तुरन्त अभिनेता के नियंत्रक को आगे बढ़कर उसे दूर करने की दिशा में तत्पर हो जाना चाहिए। यह प्रक्रिया नियंत्रण के पहले उसका यांत्रिक और फिर सहज स्वभाव बन जाने तक चलती रहनी चाहिए।

तोर्त्सोव ने इसके बाद अपने सभी छात्रों को समझाया कि अपनी मांसपेशियों को तनाव से मुक्त रखने का यह प्रयास उनका सहज स्वभाव बन जाना चाहिए। इस स्वभाव को विकसित करने के लिए सभी छात्र अभिनेताओं को प्रतिदिन विद्यालय में निश्चित समय पर अभ्यास करना चाहिए। यह अभ्यास घर पर भी चलते रहना चाहिए। यह उस समय भी जारी रहना चाहिए जब हम उठ-बैठ रहे हों, चल-फिर रहे हों, भोजन कर रहे हों, आराम कर रहे हों, सोने जा रहे हों, आदि-आदि। यह प्रयास सुख और दुःख दोनों ही प्रकार के प्रसंगों में बराबर चलते रहना चाहिए। यह केवल तभी संभव है जब रचनात्मक कार्य करते समय हमारी मांसपेशियों का तनाव हमें बाधित न करे। अगर हम अपने जीवन के कुछ विशिष्ट क्षणों में अपने को तनावों से मुक्त रखने की कोशिश करेंगे, तो उसका कोई सुफल हमें नहीं मिलेगा क्योंकि वह स्वभाव नहीं बनेगा।

यह सुनने के बाद पॉल ने कहा कि अभी मैं इस बात को समझ नहीं पाया हूँ; मुझे विश्वास नहीं हो रहा है कि इस तरह की कोशिश से मुझे तनाव से सचमुच मुक्ति मिल जाएगी। तोर्त्सोव ने तब स्वयं अपने को उदाहरण के रूप में उपस्थित किया। उन्होंने कहा कि रंगमंच पर अपनी सक्रियता के प्रारंभिक वर्षों में मांसपेशियों का तनाव इतना बढ़ जाता था कि उनमें ऐंठन होने लगती थी। फिर भी, क्योंकि उन्होंने नियंत्रण की एक यांत्रिक विधि विकसित कर ली थी, इसलिए स्नायविक उत्तेजना के क्षणों में भी वे अपने को शिथिल कर लेने में सक्षम हो जाते थे।

## 2

सहायक निर्देशक रख़्मानव ने दूसरे दिन मांसपेशियों को तनाव से मुक्त कराने के लिए छात्रों से एक विशेष प्रकार की कसरत करवाई। उन्होंने छात्रों को

पहले कठोर और समतल फ़र्श पर लिटाया और फिर कहा कि यह महसूस करने की कोशिश करो कि शरीर के किन अंगों में ज़रूरत से ज़्यादा तनाव है। कोस्त्या को अपने कंधों, गरदन, कंधों के पुट्ठों और रीढ़ में कुछ दर्द अनुभव हुआ था। रख़्मानव ने उसे उन अंगों को शिथिल करने के लिए कहा। कोस्त्या गद्देदार बिस्तर पर लेट गया। कुछ देर में उसका दर्द काफ़ूर हो गया। उसके बाद रख़्मानव ने कहा कि अब तुम वैसा करो जैसा कोई छोटा बच्चा या जानवर करता है–किसी बच्चे या बिल्ली को बालू पर लिटाओ और फिर उसे सावधानी के साथ उठाओ तो तुम देखोगे कि उस कोमल सतह पर उसके शरीर की छाप बनी गई है। लेकिन अगर तुम किसी ऐसे व्यक्ति को लिटाओगे, जो स्नायविक दुर्बलता से ग्रस्त हो, तो तुम्हें उसके पूरे शरीर की छाप बालू में देखने को नहीं मिलेगी, वरन् उन्हीं अंगों की मिलेगी, जिनमें दर्द हुआ हो।

रख़्मानव ने उसके बाद यह स्पष्ट किया कि अगर व्यक्ति तनाव से मुक्त हो, तो बालू पर उसकी छाप स्थापत्य कला की छाप जैसी होगी। इस प्रकार की छाप बनाने के लिए यह आवश्यक है कि लेटने की जगह की सतह सुकोमल हो; और जब वह लेटे तो उसके शरीर की मांसपेशियों में किसी प्रकार का तनाव न हो।

## 3

कोस्त्या ने घर पहुँचने पर कक्षा में पढ़े हुए पाठ को प्रयोग करके देखना चाहा। उसने बिल्ली के एक बच्चे को पकड़ा और उसे फिर अपनी बगल में सुकोमल बिस्तर पर लिटाया। उसे उठाने पर उसने देखा कि उसके शरीर के प्रायः सभी अंगों की छाप उसके बिछौने में बनी हुई है। उसके बाद उसने प्रयत्न किया कि वह अपने शरीर के विभिन्न अंगों को भी उसी प्रकार अपने बिछौने के संस्पर्श में लाए, जैसा कि बिल्ली के बच्चे के साथ पहले किया था; लेकिन इस प्रयोग में उसे कोई विशेष सफलता नहीं मिली। जब उसने आत्म-विश्लेषण किया तो पाया कि वह विभिन्न स्नायविक तनावों के बीच भ्रमित हो रहा था। वह अपने शरीर को उन तनावों से मुक्त नहीं कर सकता, इसीलिए उसका शरीर उसके बिछौने पर अपनी स्पष्ट छाप नहीं छोड़ सका।

कोस्त्या जब यही सब सोच रहा था, तो उसे याद आया कि एक दिन तोर्त्सोव ने उससे कहा था "अभिनेता को हर चीज़ आरंभ से ही एक बच्चे की तरह सीखनी चाहिए। हम सभी जानते हैं कि सामान्य जीवन में देखना, सुनना, चलना, बोलना तथा इसी प्रकार की अन्य क्रियाएँ कैसे की जाती हैं।

लेकिन दुर्भाग्य से हम सभी लोग उन्हें ग़लत ढंग से ही करते हैं (रंगमंच पर भी यही होता है, लेकिन वह आसानी से पकड़ में आ जाता है)। इसका एक कारण यह है कि कोई भी दोष अग्रिम प्रकाश-पंक्ति की पूरी चमक में साफ़-साफ़ दिखाई देने लगता है; दूसरा यह कि अभिनेता की सामान्य अवस्था पर रंगमंच का बहुत बुरा प्रभाव पड़ता है।"

**4**

रख़्मानव ने अगले दिन सभी छात्रों से सर्वथा फ़र्श पर निश्चल लेटने के लिए कहा और फिर उन्हें निर्देश दिया कि वे खड़ी और पड़ी दोनों तरह की अनेक मुद्राएँ बनाएँ, यथा—सीधे बैठना, आधे बैठना, खड़ा होना, आधा खड़ा होना, झुकना, दुबकना। ये सभी चेष्टाएँ कभी अकेले और कभी मिल-जुलकर करनी थीं। इन मुद्राओं को उन्होंने कभी कुर्सी, कभी मेज़ और कभी किसी और वस्तु के साथ संपन्न करवाया। इन सभी मुद्राओं में छात्रों को यह देखना था कि उनका कौन-सा अंग तनावग्रस्त है, और फिर उन्हें उस अंग का नाम लेना था तथा उस मांसपेशी की ओर संकेत भी करना था। प्रायः हर एक मुद्रा में, कहीं-न-कहीं तनाव उत्पन्न हो जाता है। छात्रों ने इस बात को स्वयं अनुभव भी किया।

रख़्मानव ने यह अभ्यास कराते हुए निर्देश दिया था कि सभी छात्र प्रत्येक मुद्रा में आत्म-नियंत्रण के रूप में अपना सघन निरीक्षण करें। यह काम कुछ आसान नहीं था। इसके लिए प्रथमतः यह आवश्यक था कि ध्यान से देखने का अच्छा अभ्यास हो, जिससे कि उस मुद्रा को जल्दी ही व्यवस्थित किया जा सके; और उसके विभिन्न भौतिक स्पंदनों के पारस्परिक विभेद को भी भली प्रकार समझा जा सके। इस अभ्यास में छात्रों ने यह अनुभव किया कि किसी जटिल मुद्रा में यह समझना बड़ा मुश्किल है कि कौन-सी मांसपेशी संकुचित हो गई है और कौन यथासंभव शिथिल है।

**5**

कोस्त्या ने घर पहुँचने के बाद फिर अभ्यास आरंभ कर दिया। उसने फिर बिल्ली के एक बच्चे को लिया और उसे अनेक रूपों में अपने बिछौने पर बिठाया। उसने देखा कि वह पहले अपने एक-एक पंजे को लटकाता है और फिर चारों को धरती पर व्यवस्थित कर लेता है। हर बार वह कमानी की तरह एक क्षण को झुकता है और फिर बड़ी ही असाधारण सरलता से अपनी उन मांसपेशियों

को व्यवस्थित करता है। जिनकी उसे अपेक्षा होती है उन्हें कस लेता है और जिनकी ज़रूरत नहीं होती उन्हें ढीला कर देता है। उस बिल्ली के बच्चे का अनुकूलन का यह प्रयास उसे बड़ा ही विस्मयजनक लगा। यह अनुकूलन कैसे संभव हो जाता है, यह समझने की उसने बड़ी कोशिश की, लेकिन इसका समाधान उसे दूसरे दिन कक्षा में ही मिला। तोर्त्सोव ने मांसपेशियों को तनाव से मुक्त करने के संबंध में छात्रों को अपना एक अनुभव सुनाया। उन्होंने बताया कि रोम में एक घर में उन्होंने एक अमरीकी महिला को अपने शरीर को संतुलन की परीक्षा करते हुए देखा था। उसे एक पुरानी भूर्ति को पुनर्व्यवस्थित करना था। उसने मूर्ति के टूटे हुए टुकड़ों को इकट्ठा करके उसे मूल मुद्रा में फिर से व्यवस्थित करने की कोशिश की थी। इस कार्य के लिए उसे मानव-शरीर के विभिन्न भागों के अध्ययन के माध्यम से यह खोज करनी थी कि किस मुद्रा में गुरुत्वाकर्षण का केन्द्र कहाँ होता है? यह जानने के लिए उन्होंने स्वयं अपने शरीर को वही मुद्रा प्रदान करने का निर्णय लिया था। इस प्रयास में उन्होंने बड़ी ही जल्दी अपने शरीर के उन केन्द्रों की खोज कर ली थी, जो संतुलन की स्थापना करते हैं। इस प्रयोग में एक बार वे किसी के धक्के से गिर भी पड़ी थीं; इस दुर्योग से उन्होंने यह समझा था कि शरीर के कौन-से ऐसे बिंदु हैं जो संतुलन को बिगाड़ देते हैं।

तोर्त्सोव ने यह सब सुनाने के बाद कहा था कि यह सब देखकर मैं यह तो नहीं समझ पाया कि उस महिला की कला का वास्तविक रहस्य क्या था, लेकिन यह समझ लिया कि मनुष्य के शरीर में गुरुत्वाकर्षण के कौन-से केन्द्र हैं और उनका महत्त्व क्या है? मैंने यह भी जान लिया था कि मानव-शरीर को स्फूर्ति, नमनशीलता स्वयं संतुलन प्रदान करने के लिए उसे किस प्रकार प्रशिक्षित किया जा सकता है।

वही प्रशिक्षण अब वे अपने छात्र अभिनेताओं को देना चाहते थे। उन्होंने कहा कि हर मुद्रा चाहे वह खड़ी हुई स्थिति में हो अथवा लेटी हुई या किसी और में, उसे केवल आत्मनिरीक्षण के नियंत्रण के अधीन ही नहीं, वरन् अन्य किसी काल्पनिक विचार पर भी आधारित होना चाहिए; फिर यह भी आवश्यक है कि प्रदत्त परिस्थितियाँ भी उसका संवर्द्धन करें। यह सब होने पर वह मात्र एक शारीरिक भंगिमा ही नहीं रह जाती, वरन् एक सुनियोजित कार्य-व्यापार बन जाती है।

स्तानिस्लाव्स्की ने इसके बाद छात्र-अभिनेताओं को समझाया है कि जब प्रदत्त परिस्थितियों के अनुरूप वे अपने को संतुलित करने का प्रयास करते हैं,

उससे स्वयं उनकी प्रकृति सक्रिय हो जाती है। उनका शरीर और आंगिक चेष्टाएँ जीवनमय हो उठती हैं। उन्होंने इस संदर्भ में यह भी कहा है कि अभिनेता जब रंगमंच पर सक्रिय होता है तो क्रमशः तीन क्रियाएँ संपन्न होती हैं :

(1) अतिरिक्त तनाव, जो हर नई मुद्रा के साथ और दर्शकों के आगे कुछ करने की उत्तेजना में अनिवार्यतः आ जाता है;
(2) अतिरिक्त तनाव से यांत्रिक रूप में मुक्ति, जो अभिनेता के आत्मनियंत्रक के निर्देश पर संपन्न होती है; और
(3) उस मुद्रा के औचित्य की प्रतिष्ठा—अगर वह अपने आप में अभिनेता को आश्वस्त करने वाली नहीं है तो।

इन तीनों प्रक्रियाओं को व्यावहारिक रूप में अपनाने के बाद एक छात्र-अभिनेता ने निष्कर्षतः कहा कि एक जीवंत लक्ष्य और वास्तविक कार्य (वह वास्तविक भी हो सकता है और काल्पनिक भी बशर्ते वह अभिनेता की विश्वास सीमा के भीतर प्रदत्त परिस्थितियों पर समुचित रूप में आधारित हो) में प्रकृति को स्वाभाविक एवं अनजाने रूप में सक्रिय कर देते हैं; यह केवल प्रकृति ही है जो हमारी मांसपेशियों को पूर्णतः नियंत्रण के साथ उचित रूप में और तनावपूर्ण अथवा तनावरहित बना सकती है।

## 6

तोर्त्सोव ने स्थिर मुद्राओं के बाद आंगिक चेष्टाओं के विषय में बातचीत की है। इसके लिए उन्होंने पहले छात्रों को एक पंक्ति में खड़ा किया और फिर उनसे कहा कि अपना दाहिना हाथ ऊपर उठाएं। सभी ने अपना दाहिना हाथ उठा तो लिया, लेकिन वह वैसे ही था, जैसे चौराहे पर खड़ा पुलिस का आदमी उठाता है। रख़्मानव ने उनकी बाँहों की मांसपेशियों को छुआ और कहा कि उसकी मांसपेशियों में बड़ा तनाव है। उन्होंने बाँह का तनाव दूर करने का लिए गरदन और पीठ को कुछ ढीला छोड़ने की सलाह दी।

सामान्य दृष्टि से यह लगता है कि हाथ को ऊपर उठाना बड़ा ही आसान-सा काम है लेकिन कोई भी विद्यार्थी उसे सही ढंग से नहीं कर सका। उनसे आशा की गई थी कि वे मात्र अपने हाथ को ही सक्रिय करेंगे, जससे उनकी मांसपेशियों में भी तनाव आएगा, लेकिन उन्होंने जिस ढंग से यह कार्य किया था कि हाथ से संबद्ध अन्य अंगों की मांसपेशियों में भी तनाव पैदा हो गया था। यह वस्तुस्थिति क्यों उत्पन्न हुई थी, यह समझाने के लिए उन्होंने

उस पियानो को उदाहरण के रूप में लिया, जिसकी कई कुंजियाँ टूटी हुई थीं और उसकी एक कुंजी को झंकृत करने से अनेक कुंजियाँ बेढंगे तरीके से साथ बज उठती थीं। उन्हें यह समझाया गया कि उनका एक हाथ उठाने का यह प्रयास किसी वाद्ययंत्र से उठने वाले एकल स्वर जैसा होना चाहिए था। लेकिन कोई भी छात्र इस दिशा में सावधान नहीं रहा था, इसीलिए उनकी गतिविधि, भीतर और बाहर अपने दोनों ही रूपों में उलझ गई थी तथा अनिश्चित ओर अकलात्मक हो गयी थी। वस्तुतः प्रसंग के अनुरूप भावना जितनी ही सुव्यवस्थित होती है, उतनी ही सटीक, सुस्पष्ट तथा रूपात्मक और भौतिक अभिव्यक्ति वह ग्रहण करती है। छात्रों को समझाया गया कि जब केवल मांसपेशियों के एक अकेले समूह का प्रयोग किया जाता है, वह चाहे कंधा हो या बाँह, पैर अथवा पीठ, तो शरीर के अन्य सभी अंग बिना तनाव के सर्वथा उन्मुक्त रहने चाहिए।

छात्र अभिनेताओं ने इस निर्देश को समझ तो लिया था, लेकिन वे उचित रूप में उसका प्रयोग नहीं कर पा रहे थे; फिर भी उन्होंने यह जान लिया था कि अगर उन्हें अभिनय के क्षेत्र में सफल होना है, तो उनका अपने शरीर के सभी अंगों पर पूरा अधिकार हो जाना चाहिए। अगर वे ऐसा नहीं कर पाते तो आंगिक चेष्टाओं के जो दोष सामान्य जीवन में चल जाते हैं, वे रंगमंच पर अग्रिम प्रकाश-पंक्ति की चमक से साफ़ दिखाई देने लगेंगे और दर्शकों पर बुरा प्रभाव डालेंगे। दर्शक जब रंगमंच पर किसी कार्य को देखते हैं, तो कैमरे का लेंस जैसे सामने की हर चीज़ को पकड़ता है, वैसे ही वे सामने के हर दृश्य की हर बारीकी में जाते हैं। वे रंगमंच के जीवन को ठीक वैसे ही देखते हैं जैसे किसी लघु आकार के चित्र को आतिशी शीशे से देखा जाता है। नतीजा यह होता है कि छोटे-से-छोटा दोष भी दर्शकों की दृष्टि से नहीं बच पाता। रंगमंच पर मशीन की तरह उठाए गए हाथ बिल्कुल निर्जीव लगते हैं और प्रसंग के अनुरूप भावना को अभिव्यक्त करने में सर्वथा असमर्थ हो जाते हैं।

## 7

कोस्त्या ने घर पहुँचने के बाद फिर बिल्ली के बच्चे को लेकर अभ्यास किया था। उसने पहले यह अध्ययन किया कि बिल्ली का बच्चा छेड़े जाने पर किस प्रकार का आचरण करता है। उसने देखा कि वह बिल्ली का बच्चा जब अपना पंजा उठाता है या नाखून बाहर निकालता है, तो लगता है कि वह मांसपेशियों के उस

समूह का प्रयोग कर रहा है जिसका उस गति के लिए अनुकूलन हो चुका है। कोस्त्या को लगा कि उसमें वह अनुकूलन नहीं है। कोस्त्या ने देखा कि जब बिल्ली का बच्चा उसकी उंगली पर झपटता है, तो वह उसी क्षण शांत मुद्रा से बिजली की-सी चपलता ग्रहण कर लेता है, फिर उसमें कितनी कम ऊर्जा खर्च होती है। उस गति का अनुकरण बहुत कठिन है। उसके सभी कार्य बड़े ही सानुपातिक होते हैं। वह अपनी सारी शक्ति इस दृष्टि से सुरक्षित रखता है कि प्रदत्त क्षण में अपेक्षित सीमा तक वह उसका उपयोग कर सके। इसीलिए उसकी सारी गतिविधियाँ स्पष्ट, भली प्रकार परिभाषित और सशक्त हो उठती हैं।

निष्कर्षतः यह कहा जा सकता है कि अभिनेता को रंगमंच पर आते समय यथासंभव अपने सभी अंगों को तनाव से मुक्त रखना चाहिए। प्रसंग के अनुसार जिस अंग को सचेष्ट होना है, केवल उसी में तनाव आने देना चाहिए। अगर प्रसंग के अनुसार अनेक अंगों में एक साथ तनाव आना है तो अभिनेता में ऐसी सामर्थ्य होनी चाहिए कि केवल उन्हीं अंगों में तनाव आए। उसमें यह भी सामर्थ्य होनी चाहिए कि प्रसंग के अनुरूप भाव को अभिव्यक्त कर लेने के बाद सुगमता से तनाव से पूर्णतः मुक्त होकर सहज हो जाए।

# 6

# इकाइयाँ और उद्देश्य

## 1

छात्र उस दिन प्रेक्षागृह पहुँचे तो उन्होंने देखा कि तोर्त्सोव जिस ओर खड़े होकर पढ़ाते थे, उस ओर की दीवार पर लिखा था—'इकाइयाँ और उद्देश्य'। कालांतर में स्तानिस्लाव्स्की के उस समय विचारणीय ग्रंथ 'ऐन ऐक्टर प्रिपेयर्स' का जब संशोधित और परिवर्द्धित संस्करण रूसी भाषा में प्रकाशित हुआ था, तो उसमें शीर्षक बदल दिया गया था—'विभाग और समस्याएँ'। तोर्त्सोव ने आरंभ करते हुए कहा कि अभिनेताओं को अपने को मांसपेशियों के तनाव से मुक्त करने के बाद जब वे रिहर्सल आरंभ करें तो उन्हें नाट्य रचना को विभिन्न विभागों और अनेक इकाइयों में बाँट लेना चाहिए। यह विभाजन नाटक के मूल उद्देश्य की ओर अग्रसर होने में विशेष रूप से सहायक होता है। इस दिशा में बढ़ते हुए इस प्रकार के विभाग मील-स्तंभ अथवा आलोक-स्तंभ का कार्य करते हैं।

विभाजन के फलस्वरूप जो इकाइयाँ बनती हैं, आइए, पहले उनका आशय समझ लिया जाए। जब किसी विस्तृत जलधारा का सतंरण करना होता है, तो मांझी जैसे थोड़ी-थोड़ी दूरी पर विश्राम-स्थल निश्चित करता है, स्तानिस्लाव्स्की कथा-प्रवाह को उसी प्रकार अनेक खंडों में बाँट लेने की सलाह देते हैं। उनका परामर्श है कि यह कार्य आरंभ करते समय बहुत बारीकियों में नहीं जाना चाहिए। पहले बड़ी दूरी की इकाइयाँ निश्चित की जाएं; फिर प्रत्येक बड़ी गहराई को छोटी इकाइयों में बाँटा जाए और फिर उन छोटी इकाइयों को और भी छोटी इकाइयों में विभाजित किया जाए। इस विभाजन की प्रक्रिया में नाटककार जो अपने आलेख को अनेक अंकों में बाँटता है और फिर प्रत्येक अंक को कई दृश्यों में वितरित करता है, उससे थोड़ी-बहुत सहायता ली जा सकती है।

स्तानिस्लाव्स्की ने इसके बाद लिखा है कि विभाजन के फलस्वरूप प्राप्त

ये खंड अस्थायी होते हैं। नाट्य-रचना को इस प्रकार विभाजित नहीं रहना है, और न उसके किसी खंड को। मूर्ति-खंड या कैन्वस के अलग-अलग टुकड़े, अपने में चाहे कितने ही सुन्दर क्यों न हों, कलाकृति नहीं बन सकते। अभिनेता अपने मूल चरित्र को इस दृष्टि से विभाजित करता है कि उसे भली प्रकार समझकर फिर पूर्णता के साथ प्रस्तुत कर सके। नाट्यालेख भी इसी दृष्टि से अलग-अलग इकाइयों में विभाजित किया जाता है कि वास्तविक प्रस्तुति के समय उन्हें सम्यक् रूप से जोड़कर, जीवन का एक समन्वित रूप उपस्थित किया सके। इसलिए यह आवश्यक है कि नाट्य-रचना अथवा मूल चरित्र का विभाजन बस उतने ही खंडों में किया जाए, जिन्हें भली प्रकार संवारा जा सके और फिर उन्हें जोड़कर एक समायोजित कृति उपस्थित की जा सके।

स्तानिस्लाव्स्की ने विभाजन की इस प्रक्रिया के संबंध में लिखा है कि एक नाट्य-रचना को, जितना आवश्यक हो, उससे अधिक विभाजित नहीं किया जाना चाहिए और न अपने मार्गदर्शन के लिए बड़ी छोटी-छोटी बारीकियों में जाना चाहिए। बड़े-बड़े विभागों को लेकर, एक ऐसी धारा बनानी चाहिए, जो आदि से अंत तक सुव्यवस्थित रूप से प्रवहमान और अपने अंतिम अंश तक भरी-पूरी हो।

उन्होंने इसके बाद विभाजन के शिल्प-विधान की विवेचना करते हुए कहा है, "तुम अपने से पूछो, नाटक का बीज या मूल अंश क्या है, वह वस्तु, जिसके बिना उसका अस्तित्व ही संभव नहीं है उसके बाद तुम बिना बारीकियों में गए, उसके मुख्य-बिंदुओं में जाओ।"

इस प्रक्रिया को व्याख्यायित करने के लिए उन्होंने गोगोल के नाटक 'इंस्पेक्टर जनरल' को विभाजित किया है और उसके बाद लिखा है, "तुमने नाटक को, उसके मुख्य जीवंत आख्यानों में—बड़ी-बड़ी इकाइयों में—विभाजित कर लिया है। अब इन इकाइयों में से उसकी आवश्यक विषयवस्तु निकालो। हर बड़ी इकाई को क्रमशः मध्यम और छोटे-छोटे भागों में विभाजित करो। इन विभागों को रूपायित करते हुए, अक्सर कई छोटी-छोटी इकाइयों को एक साथ जोड़ना भी आवश्यक हो जाता है।"

## 2

स्तानिस्लाव्स्की का मानना है कि नाटक के रंगमंच पर प्रस्तुतीकरण के लिए उसकी संरचना के अध्ययन तथा उसके अनेक इकाइयों में विभाजन का एक सुनिश्चित प्रयोजन है। उनसे रंगमंच पर नाटक का एक सुसंयोजित विधान

खड़ा करने में विशेष सहायता मिलती है। प्रायः प्रत्येक इकाई के मूल में एक रचनात्मक उद्देश्य अंतर्निहित होता है। प्रत्येक उद्देश्य उस इकाई का जीवंत भाग होता है; उलटकर कहा जाए तो वही उस इकाई की रचना करता है जो उसे चारों ओर से घेरे होता है।

उन्होंने इसी संदर्भ में आगे लिखा है, "जैसे नाटक में बाहर से उद्देश्य डालना असंभव है, उसी प्रकार असंबद्ध इकाइयों को रखना भी संभव नहीं है, क्योंकि उद्देश्यों का तर्कसंगत और धारा में समन्वित होना आवश्यक है। उस सीधे और जीवंत बंधन की दृष्टि से इकाई के संबंध में कही गई सभी बातें उद्देश्यों के साथ भी समान रूप से लागू होती हैं।"

कोस्त्या ने इन शब्दों को सुनने के बाद यह जानना चाहा कि इसका मतलब क्या यह लिया जाए कि उद्देश्य भी प्रधान और गौण दो रूपों में विभाजित होते हैं।

उत्तर मिला, "हाँ, निश्चय ही होते हैं।"

कोस्त्या ने तब धारा के संबंध में उनकी धारणा जाननी चाही। स्तानिस्लाव्स्की ने व्याख्या करते हुए कहा कि उद्देश्य वस्तुतः वे प्रकाश-पुंज होते हैं, जो सही रास्ता दिखाते हैं।

उद्देश्य के संबंध में अपनी विचार-परंपरा को और आगे बढ़ाते हुए उन्होंने लिखा है कि प्रायः अभिनेता बिना यह विचार किए कि किस प्रकार के कार्य-व्यापार में उसकी भूमिका बनाई जा सकती है, नाट्य-प्रदर्शन के संदर्भ में और फलागम के विषय में सोचने लगते हैं। कार्य-व्यापार की उपेक्षा करके सीधे फल की ओर बढ़ने का नतीजा यह होता है कि हम हठ के साथ निर्मित प्रदर्शन प्रस्तुत करते हैं और परिणामतः नीरस अभिनय ही देखने को मिलता है। इस विषम परिस्थिति से बचने के लिए उन्हें फल के पाने पर विशेष बल न देकर सच्चाई के साथ सम्पूर्ण मन से उद्देश्य के प्रति निष्ठा को लेकर कार्य करना चाहिए। इस प्रकार के नाटकीय कार्य का विकास जीवंत उद्देश्यों के चुनाव से सहज रूप में किया जा सकता है। इसलिए अभिनेता को अपने सामने बस यही समस्या रखनी चाहिए और फिर उसके समाधान के लिए तत्पर होना चाहिए। उद्देश्यों की अन्तर्निहित क्रियाशीलता विशेष महत्त्वपूर्ण है क्योंकि वही अभिनेता को अभिनय के झूठे रूप से बचने और सही रास्ते पर बढ़ने की प्रेरणा देती है। उद्देश्य वस्तुतः अभिनेता के मन में मंच पर आने के उसके अधिकार के प्रति निष्ठा जगाता है, और फिर उसे प्रदर्शन के लिए प्रोत्साहित करता है।

सही उद्देश्य की संप्राप्ति कैसे की जा सकती है, उसके विषय में उन्होंने लिखा है कि हमें रंगमंच पर आने पर बहुत सारे उद्देश्य मिलते हैं, लेकिन न तो सभी ज़रूरी होते हैं और न अच्छे ही कहे जा सकते हैं। अभिनेता को उनकी गुणवत्ता की पहचान सीखनी चाहिए, जिससे वह व्यर्थ के उद्देश्यों से बचकर ठीक उद्देश्यों को चुन सके।

लेकिन गुणवत्ता की यह पहचान होगी कैसे? स्तानिस्लाव्स्की उस समस्या का समाधान इस प्रकार करते हैं–

1. वे फुट लाइट्स से हमारी ओर होने चाहिए। उन्हें अन्य अभिनेताओं की ओर उन्मुख होना चाहिए, दर्शकों की ओर नहीं।
2. वे व्यक्तिगत होने चाहिए, फिर भी उस चरित्र के अनुरूप हों जिसे रूपायित किया जा रहा है।
3. इन्हें रचनाशील और कलात्मक होना चाहिए, क्योंकि उनका मुख्य कार्य, हमारी कला के मुख्य प्रयोजन मानवीय आत्मा के निर्माण और उसे कलात्मक रूप प्रदान करने को पूरा करना होगा।
4. उन्हें मृत, परिपाटी-विहित अथवा नाटकीय नहीं, वरन् वास्तविक, जीवनमय तथा मानवीय होना चाहिए।
5. उन्हें सच्चाई से परिपूर्ण होना चाहिए ताकि स्वयं अभिनेताओं को और फिर उन पर दर्शकों का विश्वास जम सके।
6. वे अभिनेताओं को आकर्षित करने और सक्रिय होने की प्रेरणा देने में समर्थ हों।
7. उन्हें पूर्णतः सुस्पष्ट तथा रूपायित भूमिका के सर्वथा अनुरूप होना चाहिए उनमें किसी प्रकार की अस्पष्टता नहीं होनी चाहिए; और वे भूमिका के वस्त्र-विधान में स्पष्ट रूप में संग्रथित होने चाहिए।
8. उन्हें भूमिका के अंतःविन्यास के अनुरूप मूल्यवान् और सारगर्भित होना चाहिए। उन्हें उथला और सतही नहीं होना चाहिए।
9. उन्हें क्रियाशील होना चाहिए, जिससे कि वे भूमिका को गतिहीन न करें वरन् आगे बढ़ाए।

स्तानिस्लाव्स्की ने उद्देश्य के उन स्वरूपों से सावधान किया है, जो भयंकर होते हैं–मात्र गतिशील और रंगमंच पर सामान्यतः प्रचलित तो हैं, लेकिन प्रदर्शन को बड़ा यांत्रिक बना देते हैं। अतः वे भंयकर हैं। उन्होंने उद्देश्यों के तीन प्रकार बताए हैं : सर्वथा बाहरी और बौद्धिक; आंतरिक या मनोवैज्ञानिक; और मात्र प्रारंभिक रूप में मनोवैज्ञानिक। उन्होंने इस बात पर बल दिया है

कि नाटक विशेष का उद्देश्य इनमें से चाहे किसी भी प्रकार का हो, लेकिन वह विश्वसनीय होना चाहिए, उसमें अभिनेता को आकर्षित करने की सामर्थ्य होनी चाहिए, और फिर उसे अभिनेता को सक्रिय होने की प्रेरणा में समर्थ भी होना चाहिए। उद्देश्य में जब चुम्बकीय सामर्थ्य होती है, तभी वह अभिनेता की रचनाशीलता के आगे चुनौती के रूप में खड़ा होने में समर्थ होता है।

स्तानिस्लाव्स्की इन विशेषताओं से संपन्न उद्देश्यों को रचनात्मक मानते हैं, लेकिन उन्होंने यह भी कहा है कि उन्हें पाना आसान नहीं। पूर्वाभ्यास का उपयोग विशेष रूप से सही उद्देश्यों को पाने, उन्हें अपने नियंत्रण में लेने और फिर उन्हें जीवंत बनाने के लिए ही किया जाना चाहिए। उद्देश्य को रोचक होना ही चाहिए। दर्शकों के पहले उसे अभिनेताओं को अच्छा लगना चाहिए। उद्देश्य वैसे तो भौतिक और मनोवैज्ञानिक दोनों ही प्रकार के हो सकते हैं, लेकिन वास्तविकता यह है कि भौतिक उद्देश्य के साथ मनोविज्ञान और मनोवैज्ञानिक उद्देश्य के साथ भौतिकता कुछ-न-कुछ जुड़ी हुई अवश्य होती है। अभिनेता के लिए सामान्यतः भौतिक उद्देश्यों को लेकर कार्य करना सरल होता है, और वे उसे आसानी से दिखाई भी दे जाते हैं। उनके पकड़ में आने पर अभिनेता अपने को बनावटीपन से बचा लेता है।

## 3

तोर्त्सोव ने एक बड़ा ही महत्त्वपूर्ण प्रश्न उठाया है : कार्य की इकाई से एक उद्देश्य को कैसे प्राप्त किया जा सकता है? उन्होंने कहा कि इसका बड़ा ही आसान तरीका है। हमें उस इकाई विशेष के लिए एक ऐसी संज्ञा खोजनी चाहिए, जो उसकी अंतर्वस्तु को चरितार्थ करती हो। वह संज्ञा ऐसी होनी चाहिए कि वे इकाई के अंतर्निहित भाव को स्फटिक की भाँति उजागर कर दे और उसके अंतर्निहित उद्देश्य को भी उद्घाटित कर दे।

उन्होंने इस संदर्भ में इब्सन के एक नाटक 'ब्रैंड' की विभिन्न इकाइयों पर विचार-विमर्श करने के अनंतर कहा है कि इस प्रकार दी जाने वाली संज्ञा, वस्तुतः मनोजगत् की एक बौद्धिक अवधारण को, एक परिवेश विशेष को, एक रूप विशेष को जागरूक कर देती है। वह बिना गतिशीलता या कार्य-व्यापार की ओर संकेत किए बिंब विशेष से जो कुछ कहा जा रहा है, उसे परिभाषित कर देती है। कार्य का बीज तो वस्तुतः अंतर्निहित उद्देश्य में निहित होता है। इस संदर्भ में उन्होंने यह भी परामर्श दिया है कि इकाई के लिए तो संज्ञा शब्द का, लेकिन उद्देश्य के लिए क्रियापद का प्रयोग होना चाहिए।

उन्होंने इसके बाद उद्देश्य के लिए क्रियापद के प्रयोग पर कुछ विस्तार से विचार किया है। उनका कहना है कि इकाई के लिए प्रयुक्त संज्ञा शब्द से अलग नाटकीय उद्देश्य के लिए जब क्रियापद का प्रयोग किया जाता है तो स्वभावतः कुछ करने की इच्छा जगाता है। किसी इकाई का गहराई के साथ अध्ययन करते हुए, जब उसके अंतर्निहित उद्देश्य की खोज की जा रही हो तो यह खोज, 'मैं चाहता हूँ' से आरंभ होनी चाहिए। इस पद-विन्यास के साथ जुड़ने वाला क्रियापद कुछ ऐसा होना चाहिए, जिसमें आकर्षण हो और जो अभिनेता को उत्तेजित करके उसे विशेष रूप से सक्रिय बना दे। निष्कर्षतः यह कहा जा सकता है कि 'मैं चाहता हूँ' वाक्यांश के साथ जुड़ने वाला क्रियापद, यथा प्यार करना, बदला लेना, खुशियाँ बाँटना आदि अभिनेता को अपनी भूमिका के वास्तविक प्रयोजन का आभास ही नहीं कराए, वरन् रंगमंच पर उसे उस विशेष दिशा में सक्रिय होने की भी प्रेरणा दे।

# 7

# विश्वास तथा सच्चाई की चेतना

## 1

छात्र जब अगले दिन कक्षा में पहुँचे तो उन्होंने देखा कि मंच के पीछे के भाग में बैनर लगा हुआ है–'विश्वास तथा सच्चाई की चेतना'। तोर्त्सोव उस समय तक नहीं आए थे। छात्रों ने मारीया के खोए हुए बटुए की तलाश के अभिनय का अभ्यास शुरू कर दिया। निर्देशक महोदय ने कब प्रवेश किया, यह किसी को पता नहीं चला। उनके प्रदर्शन को देखकर उन्होंने कहा, "फ़ुट लाइट्स और मंच तुम्हारे अभ्यास-प्रदर्शन को विलक्षणता प्रदान कर रहे हैं। तुम जो कुछ भी कर रहे थे, वह पूरी ईमानदारी के साथ कर रहे थे। उसमें सच्चाई की चेतना थी और जो भौतिक लक्ष्य तुमने तय किए थे, उन सभी के प्रति तुम्हारे मन में विश्वास की भावना थी। वे स्पष्ट और सुपरिभाषित थे और तुम्हारा ध्यान उन पर पूरी तरह केंद्रित था। ये अनिवार्य तत्त्व उचित रूप में और सामंजस्य के साथ क्या उसी की रचना के लिए कार्य कर रहे थे, जिसे हम कला कहते हैं? नहीं! वह कला नहीं थी। वह वास्तविकता थी। इसलिए जो कुछ तुम कर रहे थे, उसे फिर से करो।"

तोर्त्सोव ने यह कहने के बाद सवाल-दर-सवाल की लंबी परंपरा से क्रमशः यह समझाया कि जो कुछ वे कर रहे हैं, उसमें सच्चाई और विश्वास की भावना के दो प्रकार हैं; एक तो वह सच्चाई, जो तथ्य की वास्तविकता को लेकर अपने आप बन जाती है; और दूसरी, दृश्यात्मक जो समान रूप में सच्चाई लिये हुए तो होती है, लेकिन कल्पना के तल पर जन्म लेती है और कलात्मक-मानसिक संरचना होती है। स्तानिस्लाव्स्की ने वस्तुतः सच्चाई के इसी दूसरे प्रकार को रंगमंच की सच्चाई कहा है। "इसे प्राप्त करने और उसे फिर से दृश्यात्मक रूप में प्रस्तुत करने के लिए काल्पनिक जीवन के तल पर पहुँचाने में सक्षम किसी लीवर का उपयोग करना होगा। वहाँ तुम्हें एक परिकल्पना की संरचना करनी होगी, जो ठीक वैसी होगी जैसा काम तुमने अभी किया है। प्रदत्त परिस्थितियों

की सम्यक् उद्‍भावना तुम्हें एक दृश्यात्मक सत्य का अनुभव करने एवं उसकी संरचना करने में तुम्हारी सहायता करेगी। जब तक मंच पर हो, तब तक उस पर विश्वास कर सकते हो। निष्कर्षतः सामान्य जीवन में सच्चाई वह होती है, जिसका वास्तव में अस्तित्व होता है और जिसे व्यक्ति वास्तव में जानता और समझता है। लेकिन रंगमंच पर जो कुछ होता है, उसका वास्तव में केवल वहीं तक अस्तित्व होता है यद्यपि वह संभाव्य होता है।"

ग्रीशा ने यह सब सुनने के बाद बड़ी सतर्क मुद्रा में कहा, "मुझे क्षमा करें, लेकिन मैं यह नहीं समझ पा रहा हूँ कि रंगमंच पर सच्चाई का सवाल ही कैसे उठता है। वहाँ तो चारों ओर हर वस्तु बनाई हुई होती है। शेक्सपियर के नाटकों से लेकर आरंभ करके पेपिये माशे के खंजर तक, जिससे ऑथेलो ने आत्महत्या की थी।''

तोर्त्सोव ने उसे समझाते हुए कहा, "इस संबंध में बहुत चिन्ता न करो कि खंजर लोहे के स्थान पर दफ़्ती का बना हुआ है। तुम्हें पूरा अधिकार है कि तुम उसे प्रवंचनापूर्ण कहो। लेकिन अगर तुम इसके आगे बढ़ते हो और सारी कलाओं को झूठा घोषित करते हो तथा यह कहते हो कि रंगमंच का सारा जीवन विश्वसनीय नहीं है, तो तुम्हें अपने दृष्टिकोण को बदलना होगा। रंगमंच पर इस विषय में नहीं सोचा जाता कि ऑथेलो का खंजर किस सामग्री का बना है, वह चाहे इस्पात हो अथवा दफ़्ती का, वरन् अभिनेता का आंतरिक भावना पर विचार किया जाता है, जो कि अपनी आत्महत्या को उचित बताती है। महत्त्वपूर्ण यह होता है कि अभिनेता ने यह कैसे किया होगा; वह एक मानवीय प्राणी है, और ऑथेलो को घेरे हुए परिस्थितियाँ और परिवेश वास्तविक होते तथा वह खंजर जिससे उसने आत्महत्या की, धातु का होता।"

इस प्रसंग को और व्याख्यायित करते हुए उन्होंने आगे कहा, "हमारे लिए महत्त्व का है एक भूमिका और एक मानवीय आत्मा के आंतरिक जीवन पर विश्वास, उसकी सच्चाई पर भी विश्वास। रंगमंच जो कुछ हमारे चारों ओर है, उसका वास्तविक प्रकृत अस्तित्व हमारे लिए विचारणीय नहीं है। भौतिक जगत् की वास्तविकता हमारे लिए इस सीमा तक उपयोगी है कि वह हमें हमारी भावनाओं की सामान्य वास्तविक पृष्ठभूमि प्रदान करती है।"

"रंगमंच पर हमारा आशय उस दृश्यात्मक सच्चाई से होता है, अभिनेता को अपनी रचनाशीलता के क्षणों जिसका उपयोग करना ही होता है। नाटक के तथ्यात्मक और काल्पनिक भागों और उसके दृश्यात्मक पक्ष पर भी भीतर

से कार्य करने की कोशिश करो। सभी काल्पनिक परिस्थितियों एवं कार्यों को जीवंत बनाओ, जब तक कि तुम अपनी संवेदनाओं की वास्तविकता पर विश्वास न जगा लो। इसी प्रक्रिया को हम भूमिका का औचित्य कहते हैं।"

स्तानिस्लाव्स्की इस बात पर बल देते हैं कि रंगमंच पर सच्चाई सब वही होती है, जिस पर हम ईमानदारी के साथ विश्वास कर सकें, वह चाहे हमारी अपनी हो अथवा हमारे सहयोगियों की। सच्चाई को न तो विश्वास से अलग किया जा सकता है और न विश्वास को सच्चाई से। एक-दूसरे के बिना उनका अस्तित्व सम्भव नहीं, और इन दोनों के बिना अभिनेता के लिए किसी भूमिका को जीना या कोई संरचना करना संभव नहीं है। रंगमंच पर जो कुछ भी होता है, वह स्वयं अभिनेता के लिए, उसके सहयोगियों के लिए और दर्शकों के लिए भी विश्वसनीय होना चाहिए। रंगमंच पर अभिनेता जिन भावनाओं का अनुभव कर रहा है, उनके समान भावनाएँ वास्तविक जीवन में संभाव्य हैं, यह विश्वास उन्हें जगाना ही चाहिए। अभिनेता जिन भावनाओं का अनुभव कर रहा है और जो कुछ भी कर रहा है, उनकी सच्चाई पर हर क्षण और प्रत्येक पल उसका भरपूर विश्वास होना ही चाहिए।

**2**

स्तानिस्लाव्स्की रचनात्मक प्रक्रिया के लिए, सत्य की साधना के साथ यदा-कदा झूठ के प्रयोग की भी अपेक्षा करते हैं। उनका कथन है कि "सत्य की भावना के साथ, उसके अंतर में असत्य की भावना भी निहित होती है। तुम्हें दोनों चाहिए। लेकिन ये दोनों अनेक अनुपातों में होंगी। कुछ के लिए हम कह सकते हैं, 75 प्रतिशत सच्चाई की भावना और केवल 25 प्रतिशत झूठ का भाव चाहिए, यह अनुपात उल्टा भी हो सकता है, अथवा 50-50 प्रतिशत भी। तुम्हें विस्मय हो रहा है कि मैं इन दोनों ही भावनाओं में अंतर और तुलनात्मक विरोध की बात कह रहा हूँ,? मैं इसी के लिए यह कह रहा हूँ।"

उन्होंने कहा है कि कुछ अभिनेता ऐसे भी होते हैं, जो सच्चाई की भावना को बिना यह समझे कि सच्चाई की अधिकता झूठ बन जाती है, इतनी दृढ़ता के साथ पकड़ लेते हैं कि उस दृष्टिकोण को बहुत आगे तक ले जाते हैं, इसलिए यह आवश्यक है कि सच्चाई के प्रति लगाव को और झूठ के प्रति अभिनेता के विरोध को, बहुत अधिक बढ़ावा न दिया जाए—क्योंकि वह सच्चाई को अपने लिए ही अतिनाटकीय बना लेता है, और वह अपने में सबसे बड़ा झूठ होता है, इसलिए शांति के साथ और निष्पक्ष होकर कार्य करने की अपेक्षा

है। रंगमंच पर सच्चाई की ज़रूरत तो है, लेकिन उसी सीमा तक जिस पर विश्वास किया जा सकता है।

निर्देशक ने इसके बाद यह स्पष्ट किया कि रंगमंच पर झूठ की अवतारणा की भी अपेक्षा होती है, लेकिन बड़ी सतर्कता के साथ। इस वस्तुस्थिति में अभिनेता द्वारा छोटी-सी भूल का उपयोग किया जा सकता है, यह निश्चय करने के लिए कि एक रेखा का उल्लंघन नहीं किया गया है।

रंगमंच पर जब अभिनेता रचनात्मक प्रक्रिया में लगा हुआ हो, तो उसके लिए इस प्रकार का प्रतिबंध आवश्यक हो जाता है। दर्शकों को बहुत बड़ी संख्या के कारण अभिनेता अपने को प्रतिबंधित अनुभव करता है। अभिनेता के पास इस बात का विकल्प नहीं है कि वह भावनाओं की अभिव्यक्ति के लिए अतिरिक्त परिश्रम और चेष्टा न करे। जब तक वह फुट-लाइट्स के सामने खड़ा है, उसे लगता है कि यह सब पर्याप्त नहीं है। नतीजा यह होता है कि अभिनय का आधिक्य 90 प्रतिशत तक बढ़ जाता है। इसीलिए स्तानिस्लाव्स्की पूर्वाभ्यास का समय 90 प्रतिशत काट देने की सलाह देते हैं।

इस प्रसंग को आगे बढ़ाते हुए वे कहते हैं, "काश, तुम इतना समझ जाते पाते कि आत्मानुशील कितना महत्त्वपूर्ण है। यह अभिनेता की जानकारी में आए बिना भी स्वतः चलती रहनी चाहिए—उसे अपने प्रत्येक कार्य की परीक्षा करते रहना चाहिए। जब तुम उसे किसी स्पष्टतः झूठे कार्य की अनर्गलता के विषय में बताते हो, तो वह उसे जी-जान से दूर करने की कोशिश करेगा। लेकिन उस स्थिति में क्या कहे, जब उसकी अपनी भावनाएँ, उसके मन में विश्वास जगाने में सफल न हो रही हों? कौन यह आश्वासन दे सकता है कि एक झूठ दूर होने के बाद दूसरा तुरन्त ही उसका स्थान नहीं ले लेगा? नहीं, और भी अच्छे ढंग से काम करने की अपेक्षा है। झूठ के नीचे सच्चाई का एक दाना बो देना चाहिए जो अंततः उसे दबाकर उठ खड़ा हो जैसे कि बच्चे के पहले दाँतों के स्थान पर दूसरे निकल आते हैं।

निर्देशक ने इसके बाद एक कालांतर का उदाहरण दिया जिसमें सच्चाई के प्रति उसमें असाधारण और अगाध निष्ठा थी। उसी को लेकर वह दूसरे अभिनेताओं की आलोचना किया करता था। लेकिन जब वह स्वयं अभिनय करता था, तो उस चेतना को वह सर्वथा खो देता था। यह विश्वास करना मुश्किल हो जाता था कि यह वही व्यक्ति है, जो अभी कुछ देर पहले अपने साथियों के अभिनय में सच्चाइयों की प्रशंसा और झूठे प्रदर्शनों की निन्दा कर रहा था, और अब स्वयं मंच पर जाकर उससे भी बड़ी भूलें कर रहा है। इस

प्रसंग से यह स्पष्ट है कि दर्शक के रूप में तो सच और झूठ की समझ उसमें अच्छी है, लेकिन जब वह स्वयं अभिनय करता है तो उसकी यह समझ पूरी तरह से गायब हो जाती है। सामान्य जीवन में यह प्रवृत्ति बड़े व्यापक रूप में देखने को मिलती है।

दोष-द्रष्टा एवं छिद्रान्वेषी आलोचक के संबंध में स्तानिस्लाव्स्की का कहना है कि इस प्रकार का आलोचक अच्छे अभिनेता को भी विक्षिप्त और कुछ भी कर पाने में असमर्थ बना देता है। वह आलोचक अपने दुष्प्रभाव से, सत्य के स्थान पर असत्य के प्रदर्शन को प्रोत्साहित करता है। उसकी आलोचना से घबराकर अभिनेता अपने सही रास्ते से भटक जाता है और सच्चाई को इतना अतिरंजित कर देता है कि वह झूठ लगने लगती है।

निर्देशक ने इसके बाद अपने छात्रों को समझाते हुए कहा है कि अगर तुम आलोचक बनना चाहते हो तो तुम्हें व्यवस्थित मन, शांत-चित्त, सुमेधा-संपन्न और पूर्णतः समझदार बनना चाहिए। इन विशेषताओं से संपन्न आलोचक ही कलाकार का सच्चा मित्र होता है। वह इन छोटी-छोटी बातों की आलोचना नहीं करता, वरन् जो कुछ तुम कर रहे हो, उसके अंतर्निहित स्वरूप पर उसकी दृष्टि होती है।

रचनात्मक कार्य की समीक्षा के लिए उन्होंने सलाह के रूप में कहा है, "सच्चाई की चेतना का उपयोग सबसे पहले यह देखने में करो कि अच्छे बिंदु कौन से हैं। किसी अन्य के कार्य का अध्ययन करते हुए, अपनी भूमिका को दर्पण के रूप तक ही सीमित रखो और ईमानदारी से सोचो कि जो कुछ तुमने देखा या सुना है, वह विश्वसनीय है अथवा नहीं, और फिर विशेष रूप से उन क्षणों की चर्चा करो जिन्होंने तुम्हें सर्वाधिक आश्वस्त किया हो।"

इसके बाद उन्होंने कहा कि अगर रंगारंग कार्यक्रम को देखने वाला जनसमुदाय, रंगमंच पर सच्चाई के प्रदर्शन के संबंध में उतना ही सख़्त हो जाए, जितना ये तथाकथित आलोचक हो जाते हैं, तो बेचारे कलाकार अपने प्रदर्शन को प्रस्तुत करने का साहस बिल्कुल ही नहीं करेंगे। वास्तव में देखा जाए तो दर्शक इतने सख़्त नहीं होते। उनमें छिद्रान्वेषण की प्रवृत्ति नहीं होती। उनकी सर्वाधिक इच्छा होती है कि रंगमंच पर जो कुछ भी हो रहा है, उस पर वे विश्वास करें।

इसके बाद सिद्धांत के व्यावहारिक पक्ष की ओर आते हुए स्तानिस्लाव्स्की ने एक विशेष प्रसंग उपस्थित किया और छात्र उसे रूपायित करने लगे। उनके प्रदर्शनों को देखकर उन्होंने कहा कि दिए गए प्रसंग की छोटी-से-छोटी बात

पर विश्वास करने को सभी उत्सुक हो रहे हैं। लेकिन उस सब पर एक साथ ही विश्वास जमाने की कोशिश न करो। छोटी-छोटी सच्चाइयों से सहारा लेते हुए, धीरे-धीरे आगे बढ़ो। सहज रूप में संभाव्य, भौतिक आधारों पर अपने कार्यों को निर्भर करो। धीरे-धीरे बारीकियाँ ग्रहण करते जाओ और एक अच्छा अनुक्रम बनाओ। अगर हर छोटा आनुषंगिक कार्य सच्चाई के साथ किया जाएगा तो सारा कार्य-व्यापार बड़े सही रूप में उद्घाटित होगा।

इसी प्रसंग को और स्पष्ट करते हुए उन्होंने कहा, "अब तुम देख रहे हो कि किस सीमा तक तुम्हें यथार्थनिष्ठ बारीकी में जाना चाहिए, जिससे कि तुम रंगमंच पर जो कुछ कर रहे हो, उसकी सच्चाई के भौतिक स्वरूपों पर दर्शकों का विश्वास जगाया जा सके।" इसके बाद उन्होंने समझाया कि पूर्णतः और हर तरह से औचित्यपूर्ण भौतिक व्यापार ही ऐसी वस्तु है, जिस पर कलाकार अपनी संपूर्ण जीवंत निष्ठा स्थापित कर सकता है। लेकिन रंगमंच पर होने वाले व्यापार भौतिक ही तो नहीं हुआ करते, कुछ वायवी अथवा अरूप भी तो होते हैं। निर्देशक ने इस पर कहा है कि यह सही है कि रंगमंचीय कार्यव्यापार कुछ भौतिक होते हैं और कुछ कल्पना पर आधारित, लेकिन अभिनेता को काल्पनिक व्यापारों को भी अपनी भौतिक चेष्टाओं के माध्यम से जीवंत बनाना होता है। इस बात को और स्पष्ट करते हुए उन्होंने किसी तरल पदार्थ के मुख में लिये जाने का उदाहरण दिया है। उन्होंने कहा है कि यदि किसी तरल पदार्थ के पान का प्रदर्शन मात्र करना है, तो मुख की कुछ ऐसी चेष्टाएँ होनी चाहिए कि लगे जैसे कि कुछ निगला जा रहा है।

## 4

रंगमंच पर झूठ और सच दोनों के प्रदर्शन की आवश्यकता को रेखांकित करने के बाद निर्देशक महोदय ने छात्रों को एक कठिन प्रसंग प्रस्तुत करने के लिए कहा: आप अपनी पत्नी की आवाज़ सुनकर कोई महत्त्वपूर्ण कार्य छोड़कर दूसरे कमरे में पहुँचते हैं। वहाँ पत्नी को देखिए कि वह शिशु को नहला रही है। इस दृश्य को प्रस्तुत करने के लिए महत्त्वपूर्ण काम छोड़कर अचानक हलके-फुलके काम के लिए स्वयं को तैयार करना, नवजात शिशु के कमरे में जाने से पहले सुलगी हुई सिगरेट को बुझाना आदि कई संलग्न कार्य जुड़े हुए थे। छात्रों के लिए इस दृश्य का प्रस्तुतिकरण कठिन पड़ रहा था। तोर्त्सोव जान-बूझकर ऐसा प्रसंग दिया था, जो सामान्य प्रदर्शन-क्षमता से कहीं बढ़कर था। उसके माध्यम से वे यह समझाना चाहते थे कि छात्रों में क्या कमियाँ

हैं और उन्हें किस विशेष दिशा में कार्य करने की ज़रूरत है। उन्होंने अपेक्षा की कि पहले छात्र वही प्रदर्शित करें, जो उनकी सामर्थ्य-सीमा में है, अर्थात् वे केवल बाहरी भौतिक व्यापारों का प्रदर्शन करें ताकि यह देखा जा सके कि वे सच्चाई को कहाँ तक पकड़ पाते हैं।

छात्रों ने जब प्रदर्शन प्रस्तुत किया तो उन्हें लगा कि सामग्री का भली प्रकार समायोजन नहीं हो सका है और न कार्य-व्यापार की तार्किक परंपरा स्थापित हो सकी। यह इसलिए हुआ कि हर छोटे कार्य को अनावश्यक विस्तार दे दिया गया और फिर उन्हें जोड़कर एक बड़े व्यापार को रूपायित किया गया। अतः प्रदर्शन बहुत अव्यवस्थित हो गया। अनेक स्थलों पर आवश्यकता से अधिक बल भी दे दिया गया, जिससे सच्चाई छिप गई है और झूठ बृहदाकार हो गया है।

छात्रों ने उसके बाद अपने प्रदर्शन को संभालने की कोशिश की, लेकिन इस बीच उनके सामने एक नई समस्या उत्पन्न हो गई। एक छात्र को एक विशेष प्रसंग में त्रासद मुद्रा में निष्क्रिय पाषाण के रूप में खड़ा होना था। उसने इस स्थल को ठंडेपन के साथ उपस्थित किया। उसे स्वयं लगा कि वह अति नाटकीयता का सहारा ले रहा है। निर्देशक ने इस पर कहा कि "प्रदर्शन में प्रचलित बड़े पुराने लटकों का सहारा लिया गया है, जो पीढ़ियों पहले से चले आ रहे हैं; आँखों में अत्यधिक भय का भाव है; भौंहें त्रास से काँपती रही हैं; सिर दोनों हाथों से पकड़ लिया गया है, पाँचों अंगुलियाँ बालों में दौड़ रही है; दिल को छाती से दबाया जा रहा है। ये सारे लटके लगभग 300 वर्ष पुराने हैं। इस सारे कूड़े-कर्कट को छोड़ो और कोई ऐसी चेष्टा करो, जो चाहे बहुत छोटी हो, लेकिन विश्वास की भावना जगा सके।"

स्तानिस्लाव्स्की के सामने यह समस्या थी कि नाटकीय निष्क्रियता के प्रदर्शन के समय अभिनेता में गतिशीलता कैसे उत्पन्न की जाए। इसके समाधान की तलाश करते हुए उन्होंने छात्र-अभिनेताओं को संबोधित करते हुए कहा, "तुम स्वयं विचारकर देखो, क्या किसी प्रकार की निष्क्रियता के साथ भी कोई सक्रियता हो सकती है? अगर हो सकती है, तो उसमें क्या कुछ होगा।"

एक छात्र ने यह सुनने के बाद अपने स्मृतिलोक में कुछ टटोलने की कोशिश की। निर्देशक ने इस प्रसंग को स्पष्ट करने और उसकी सहायता करने के लिए आत्मकथा से एक प्रसंग अवतरित किया। एक स्त्री को यह बताया जाना था कि उसके पति का निधन हो गया है। कुछ देर सोचने-विचारने और सावधानी से तैयारी करने के बाद उसे उसके दुर्भाग्य के विषय में बताया गया।

वह बेचारी स्तंभित हो गई; फिर भी उसके चेहरे पर वह त्रासद भाव नहीं था, जिसको रंगमंच पर दिखाया जाना था। वस्तुतः उसके चेहरे पर कोई अभिव्यंजना थी ही नहीं। उस पर लगभग मृत्यु की चरम निष्क्रियता थी, लेकिन वह बहुत ही प्रभावपूर्ण थी। इसके लिए उसे दस मिनट तक पूर्णतः निष्क्रिय होकर खड़े रहना आवश्यक था, जिससे उसके भीतर चलने वाली प्रक्रिया किसी प्रकार बाधित न हो। वह खड़ी तो उसी मुद्रा में रही, लेकिन उसके मनोजगत् में अतीत और वर्तमान की घटनाओं का क्रम अनवरत चलता रहा। उसके चेहरे पर अनेक भाव आते-जाते रहे। उसके पास खड़े व्यक्ति ने दस मिनट की प्रतीक्षा के बाद जब कुछ ऐसा किया कि वह व्यामोह से मुक्त हो जाए, तो वह असमर्थता के बोध से बेहोश होकर गिर पड़ी।

निर्देशक ने इस पूरे त्रासद प्रसंग पर टिप्पणी करते हुए कहा कि त्रासद निष्क्रियता के वे दस मिनट वास्तव में सक्रियता से परिपूर्ण रहे थे। समय की उस छोटी-सी सीमा में उसने अपने अतीत को बड़ी सघनता के साथ देख लिया था। उसके बाद उन्होंने स्वयं प्रश्न किया था कि क्या इसे सक्रियता नहीं कहेंगे।

एक छात्र ने उत्तर में कहा, ''अवश्य थी, लेकिन भौतिक नहीं।''

उसके इस कथन पर निर्देशक ने कहा, 'शायद वह पूरी तरह से भौतिक नहीं थी। प्रायः हर भौतिक सक्रियता के साथ कुछ मनोवैज्ञानिक सक्रियता जुड़ी हुई रहती है, और इसी प्रकार हर मनोवैज्ञानिक व्यापार के साथ कुछ भौतिक चेष्टाओं का योग रहता है। उस स्त्री के साथ भी कुछ ऐसा ही हुआ था।''

स्तानिस्लाव्स्की ने इस संदर्भ में यह चिंता व्यक्त की है कि सामान्यतः नवयुवक बड़े ही उतावले होते हैं, वे किसी नाटक या भूमिका की आंतरिक सच्चाई को तत्काल पूरी तरह से पकड़ लेना चाहते हैं, लेकिन उनकी यह प्रवृत्ति सही नहीं है। वास्तव में सब कुछ को तत्काल अपने नियंत्रण में ले लेना क्योंकि संभव नहीं है, इसलिए हमें (सच्चाई को) खंडशः ग्रहण करना चाहिए और हर खंड को अलग से आत्मसात करना चाहिए। हर खंड की आवश्यक सच्चाई को ग्रहण करने और उस पर विश्वास उत्पन्न करने के लिए हमें वही प्रक्रिया अपनानी चाहिए, जो हमने इकाइयों और उद्देश्यों के संदर्भ में ग्रहण करने की थी। जब तुम किसी बड़े व्यापार पर विश्वास नहीं कर सकते, तो उसे तुम्हें छोटे, और छोटे अनुपातों में तब तक विभाजित करते रहना चाहिए, जब तक कि तुम उस पर विश्वास न करने लगो। यह मत सोचो कि यह कोई छोटी उपलब्धि है, यह बहुत बड़ी सफलता है...शायद तुम अभी तक यह नहीं समझते कि एक छोटी-सी सच्चाई पर विश्वास करने से अभिनेता अपने को अपनी

भूमिका में अनुभव करने लगता है और संपूर्ण नाटक की वास्तविकता पर भी उसे विश्वास होने लगता है।"

कभी-कभी रंगमंच पर कुछ अप्रत्याशित घटित हो जाता है। कोई कुर्सी गिर जाती है, कोई अभिनेत्री अपना रूमाल गिरा देती है और उन्हें उठाना आवश्यक हो जाता है। नाटक का कार्य-व्यापार बाधित तो हो जाता है, लेकिन निर्देशक का कहना है कि रंगमंच पर सत्य की प्रतिष्ठा की दृष्टि से ये घटनाएँ बड़ी उपयोगी सिद्ध होती हैं, क्योंकि ये वास्तविक जीवन की प्रेरणा से घटित होती हैं, और वास्तविक क्रिया-कलापों को प्रेरित भी करती हैं। घुटन भरे परिवेश में वे ताज़ी हवा का काम करती हैं, और अभिनय के रीतिबद्ध विधान को बड़ा ही जीवंत बना देती हैं, अभिनेता को विस्मृत लय की फिर से याद दिला देती हैं। इन घटनाओं में कुछ ऐसी शक्ति होती है कि वे आशु-अभिनय को प्रोत्साहित करती हैं। यह कार्य-विस्तार नाटकीय व्यापार को और भी अधिक विश्वसनीय बना देता है। इनके द्वारा प्रदर्शन में सानुपातिकता भी आ जाती है।

अभिनय के अभ्यास के बीच कभी-कभी ऐसा भी होता है कि बीच का कोई कार्य-व्यापार भूल जाता है। सामान्य जीवन में हम देखते हैं कि किसी मैदान को पार करने के लिए हम बीच से रास्ता बना लेते हैं। काल के प्रवाह में जब रास्ता अपने आप घास से, पौधों से या झाड़ियों से भर जाता है, तो प्रयत्न लाघव से मैदान के बीच से रास्ता निकालना मुश्किल हो जाता है; फिर भी लोग अनुमान से रास्ता निकाल लेते हैं। रंगमंच पर भी कभी-कभी ऐसा ही करना पड़ता है। इससे बचने का उपाय यह है कि सभी भौतिक क्रिया-कलापों की एक व्यवस्थित सूची बना ली जाए। स्तानिस्लाव्स्की के अनुसार इस संदर्भ में केवल भौतिक चेष्टाओं, भौतिक सच्चाइयों और भौतिक विश्वासों पर ही ध्यान दिया जाना चाहिए। उनकी भी विभिन्न प्रक्रियाओं की सानुपातिकता को समझ लेना चाहिए और फिर क्रमशः उन्हें उपस्थित किया जना चाहिए।

अभ्यास के समय कभी-कभी ऐसा भी होता है कि बीच में जब अभिनेता को बाहर निकलना पड़ता है, तो उसके मनोजगत् में नाटकीय कार्य-व्यापार की परंपरा खंडित हो जाती है। खंडित सूत्र को फिर से पकड़ने में अभिनेता को बड़ी कठिनाई होती है। निर्देशक ने सलाह दी कि अभिनेता को, बाहर निकलने पर भी नाटक की मूल-भावना का बराबर ध्यान रखना चाहिए और उसका निरंतर चिंतन-मनन करते रहना चाहिए। कार्य-परंपरा की अविरलता

तभी सम्भव होगी।

रंगमंच पर कार्य व्यापार की इस अविरल परंपरा को रंगमंचीय शब्दावली में मानवीय शरीर का जीवन कहा जाता है। नाटक का सारा कार्य-व्यापार भौतिक चेष्टाओं पर आधारित होता है। सच्चाई की अंतश्चेतना उन्हें उत्प्रेरित करती है, और जो कुछ वे कर रहे होते हैं, उस पर उनका विश्वास बना रहता है।

## 5

निर्देशक ने दूसरे दिन कहा कि अब जब तुमने भूमिका के शारीरिक स्वरूप की रचना करना सीख लिया है, तो अब तुम्हें अपने कार्य के लिए और भी महत्त्वपूर्ण अगले कदम की बात सोचनी चाहिए। वह है भूमिका की मानवीय आत्मा की रचना करना। वास्तविकता यह है कि तुम्हें इसका आभास भी नहीं होता कि तुम्हारे भीतर उसकी संरचना हो चुकी है; प्रमाण यह है कि तुमने जिस दृश्य-विशेष के विभिन्न भौतिक व्यापारों का अभी प्रदर्शन किया है, उसे तुमने बड़े ही विरस और औपचारिक रूप में नहीं वरन् आंतरिक विश्वास के साथ किया है।

एक छात्र ने यह जानना चाहा कि यह परिवर्तन की प्रक्रिया संपन्न कैसे हुई।

निर्देशक ने जवाब में कहा, "स्वाभाविक रूप में, क्योंकि शरीर और आत्मा के बीच का संबंध अविच्छिन्न है : एक की जीवंतता दूसरे में भी जीवंतता का संचार कर देती है। यांत्रिक प्रयासों को छोड़कर प्रत्येक भौतिक चेष्टा में भावना का एक आंतरिक स्रोत होता है, एक-दूसरे से संलग्न। परिमाणतः प्रत्येक भूमिका में आंतरिक और बाह्य धरातल होते हैं, जो एक-दूसरे में अंतर्निहित होते हैं। समान उद्देश्य दोनों को जोड़ देता है और उनके पारस्परिक संबंध को सुदृढ़ कर देता है।

इसे स्पष्ट करने के लिए निर्देशक ने कोस्त्या से पैसे गिनने के दृश्य को प्रदर्शित करने के लिए कहा। वह जब पैसे गिन रहा था, तो उसकी नज़र वान्या पर पड़ी, जो उसका कुबड़ा साला था। उसे देखकर उसके मन में यह सवाल पहली बार उठा कि यह हमेशा मेरे इर्द-गिर्द क्यों बना रहता है? इस बिंदु पर उसे लगा कि इस पहेली को सुलझाए बिना आगे बढ़ना संभव नहीं है! साले के साथ क्या संबंध-विशेष है, इसे स्पष्ट करना ही होगा।

उसने निर्देशक की सहायता से इस संबंध का एक आधार कल्पित किया, यह पत्नी के सौन्दर्य और स्वास्थ्य की कीमत थी, जो कुबड़े और नीमपागल साले

की संगत के रूप में चुकानी पड़ी। दोनों भाई-बहन जुड़वां थे और प्रसव के समय शल्य चिकित्सा ज़रूरी थी, मां-बेटी की जान बचाने के लिए यह निर्णय लिया गया था कि भाई को कुर्बान कर दिया जाए। तीनों बच गए, लेकिन भाई कुबड़ा और नीम पागल हो गया। इसकी छाया उस घर पर हमेशा बनी रही।

इस कल्पना ने कोस्त्या की दृष्टि को बदल दिया। वह साले के प्रति करुणा से भर उठा। इसने दृश्य में कल्पनातीत परिवर्तन उपस्थित कर दिया। नीम पागल को नोटों के जलने से असीम आनंद का अनुभव हुआ। उसका आनंद दृश्य में अनेक नए परिवर्तन का कारण बना। इसी ने अभिनेता को पत्नी के साथ अपने संबंध को पुनर्परिभाषित करने का अवसर दिया। उसे अनुभव हुआ कि नई विधि से जब वह अभिनय करता है तो उसमें जीवंत संवेदनाएँ जाग्रत होती हैं। इस नई प्रणाली से भूमिका के भौतिक और आध्यात्मिक—दोनों जीवन-रूपों का निर्माण स्वाभाविक हो जाता है। उसने यह भी अनुभव किया कि इस सफलता के मूलाधार, इस नई प्रणाली के दो प्रारंभिक सूत्र, 'जादुई अगर' (मैजिक इफ) और प्रदत्त परिस्थितियाँ हैं। उन्होंने ही वस्तुतः उसकी अंतश्चेतना को जगाया है और फिर भौतिक चेष्टाओं की तफ़सीलों अर्थात् बारीकियों में भी जाने की प्रेरणा दी है। इसलिए अब उसे भौतिक चेष्टाओं में संलग्नता के स्थान पर सीधे अन्तश्चेतना को जगाने के पथ पर ही बढ़ना चाहिए।

उस छात्र ने उसके बाद देखा कि पहले तो वह अपनी कल्पना-शक्ति को जगाकर उसे सक्रिय नहीं कर पाता था लेकिन अब तो वह जागकर व्यापक रूप ग्रहण कर लेती है। निर्देशक ने इस नयी वस्तुस्थिति को स्पष्ट करते हुए कहा है, ''हाँ, अब वह व्यापक रूप में जागरूक है, अब तुम्हें संकल्पनाओं की खोज ही नहीं, उन्हें जीना और उनकी वास्तविकता को अनुभव करना भी आसान लगता है। यह बदलाव इसलिए आया है क्योंकि पहली बार तो तुमने अपनी कल्पना के बीजों को बंजर भूमि में बोया था। बाहरी विद्रपताएँ, भौतिक उत्तेजना और गलत भौतिक जीवन सच्चाई और अनुभूतियों को जगाने के लिए बहुत ख़राब ज़मीन है। अब तुम्हारे पास सही भौतिक जीवन है। उसमें तुम्हारा विश्वास तुम्हारी स्वाभाविक अनुभूतियों पर आधारित है। तुम अब अपनी कल्पनाओं को हवा में या अन्तरिक्ष में अथवा सामान्य रूप में सक्रिय नहीं करते। वे अब अरूप नहीं होतीं। हम बड़ी प्रसन्नता से वास्तविक भौतिक चेष्टाओं और उनमें अपने विश्वास की दशा में उन्मुख होते हैं, अब वे पुकारने पर आ जाती हैं।

"हम भूमिका के भौतिक शरीर की संरचना के लिए सचेतन तकनीक का उपयोग करते हैं और उसकी सहायता से अपनी भूमिका की आत्मा के उपचेतन के जीवन की सफलता के साथ संरचना कर लेते हैं।"

## 6

स्तानिस्लाव्स्की ने अभिनय और यात्रा के समानता पायी है। इस आधार पर अपनी कार्यप्रणाली को स्पष्ट करते हुए उन्होंने कहा है, "क्या तुमने कभी लंबी यात्रा की है? अगर की है तो याद करो कि जो कुछ तुम अनुभव करते हो और देखते हो, दोनों में ही एक के बाद एक परिवर्तन होते रहते हैं। रंगमंच पर भी ठीक ऐसा ही होता है। भौतिक दिशा में आगे बढ़ते हुए हम अपने को बराबर नई और बदलती हुई परिस्थितियों, मनोदशाओं, काल्पनिक परिवेशों और रचना के बाहरी स्वरूपों में पाते हैं अभिनेता नये लोगों से मिलता है और उनकी ज़िन्दगी में सहभागी बनता है।

"भौतिक कार्यों की यह शृंखला उसे नाटक के भीतर और बाहर निर्देशित करती रहती है। उसका रास्ता इतनी अच्छी तरह तय होता है कि वह भटक नहीं सकता। लेकिन उसके भीतर के कलाकार को यह रास्ता स्वयं प्रभावित नहीं करता। उसकी रुचि तो नाटक द्वारा इंगीत जीवन की आन्तरिक परिस्थितियों में होती है। वह अपनी भूमिका के सुन्दर और काल्पनिक परिवेश तथा उससे उत्पन्न भावनाओं से प्यार करता है।

"यात्रियों की भाँति अभिनेता अपने लक्ष्य तक पहुँचने के लिए अलग-अलग रास्ते अपनाते हैं। कुछ ऐसे होते हैं, जो वास्तव में और भौतिक रूप में अपनी भूमिका का अनुभव करते हैं, कुछ बाहरी रूप मात्र को फिर से प्रस्तुत करते हैं; कुछ घिसी-पिटी तिकड़मों में ही लिप्त रहते हैं, जैसे वह कोई व्यवसाय हो; कुछ अपनी भूमिका को साहित्यिक और शुष्क व्याख्यान के रूप में प्रस्तुत करते हैं; और कुछ भूमिका का उपयोग अपने प्रशंसकों के आगे आत्मप्रदर्शन के लिए करते हैं।"

निर्देशक ने इसके बाद सवाल उठाया कि यह सब समझकर किसी अभिनेता को ग़लत रास्ते पर जाने से कैसे रोका जा सकता है? उन्होंने स्वयं जवाब दिया :

"हर जंक्शन (दोराहे, तिराहे या चौराहे) पर तुम्हें सुप्रशिक्षित, सावधान और अनुशासित दिशा-निर्देशक चाहिए। वह स्वयं तुम्हारी सच्चाई की चेतना है, जो तुम्हारे कार्यों में तुम्हारी निष्ठा की भावना को सहयोग देती है ताकि

तुम सही रास्ते पर बने रहो।"

इसके बाद उन्होंने दूसरा सवाल उठाया है कि अपने रास्ते को बनाने के लिए किस सामग्री का उपयोग किया जा सकता है? उन्होंने समाधान उपस्थित किया कि पहले हमें यह लगेगा कि इस सम्बन्ध में अपनी वास्तविक भावनाओं के प्रयोग से कुछ बेहतर नहीं किया जा सकता। फिर भी अन्तश्चेतना की वस्तुएँ पर्याप्त वास्तविकता लिए नहीं होतीं, इसीलिए भौतिक चेष्टाओं की ओर मुड़ने की आवश्यकता होती है। अपने इस विचार को और अधिक स्पष्ट करते हुए आगे कहा है, "फिर भी स्वयं, भौतिक चेष्टाओं से कहीं अधिक महत्त्वपूर्ण उनकी सच्चाई और उनमें तुम्हारा विश्वास है। जहाँ कहीं तुम्हें सच्चाई और विश्वास मिलता है, तुम्हारे मन में भावनाएँ जागती हैं और अनुभूति होती है। इसकी परीक्षा तुम उन छोटे-छोटे कामों से कर सकते हो, जिन पर तुम वास्तव में विश्वास करते हो। तुम पाओगे कि तत्काल अन्तःप्रेरणा से स्वाभाविक रूप में एक भाव जाग उठेगा।

"ये क्षण कितने भी छोटे क्यों न हों, उनमें तुम्हें विशेष रुचि लेनी चाहिए। रंगमंच पर नाटक के शान्त और उन स्थलों में भी, जब तुम उच्चतम त्रासद और नाटकीय परिस्थितियों से गुज़रते हों, ये बहुत महत्त्वपूर्ण होते हैं।'

इसके बाद उन्होंने कहा कि इस प्रकार की परिस्थितियों की खोज के लिए बहुत दूर नहीं जाना पड़ता। इस सन्दर्भ में उन्होंने कई उदाहरण दिए। एक उदाहरण लेडी मैकबेथ का है, जब वह अपने त्रासद अवसान की ओर बढ़ रही है। वह बड़ा ही सामान्य-सा कार्य कर रही है; उसके हाथ में जो खून लगा है, वह उसे धो रही है। इस प्रसंग को लेकर ग्रीशा ने आपत्ति उठायी कि मैं यह मानने को तैयार नहीं हूँ कि शेक्सपियर जैसे महान लेखक ने अपने महान नाटक की रचना इसलिए की थी कि वह अपनी नायिका को अपने हाथों को धोते हुए अथवा ऐसा ही कोई छोटा-सा स्वाभाविक कार्य करते हुए दिखाये।

निदेर्शक ने इस पर व्यंग्य के साथ कहा था, "कितनी भ्रांत धारणा है कि उसने त्रासदी के बारे में सोचा ही नहीं। अभिनेता के तनाव, उत्तेजना, त्रासद अनुभूति और अन्तःस्फुरण, इन सभी को वे कैसे भुला बैठे! सभी विलक्षण तरकीबों से भरे झोले को छोड़कर अपने को छोटी-छोटी भौतिक गतिविधियों, छोटी-छोटी सच्चाइयों और उनकी वास्तविकता पर ईमानदारी के साथ विश्वास में सीमित कर देना कितना कठिन रहा होगा!"

इतना कहने के बाद उन्होंने बड़ी गम्भीरता के साथ जोड़ा, "तुम यह समय के साथ समझोगे कि वास्तविक भावनाओं का अनुभव करने के लिए

ध्यान का केन्द्रीकरण कितना आवश्यक है! तुम्हें यह भी अहसास होगा कि वास्तविक जीवन में भी भावना के महान क्षण किन्हीं सामान्य, छोटी और स्वाभाविक गतियों से परिपूर्ण होते हैं। वन्या, इसमें तुम्हें आश्चर्य होता है! मैं तुम्हें याद दिलाता हूँ उन दुःखद क्षणों की, जो तुम्हारे किसी आत्मीय के बीमार होने और मरणासन्न होने के समय उत्पन्न होते हैं। उस मरते हुए आदमी का निकट मित्र अथवा उसकी पत्नी किन भावों से भरे होते हैं, कमरे में शान्ति बनाये रखना चाहते हैं, डॉक्टर के आदेशों का पालन करते हैं, उसका ताप मापते हैं, आत्मीयता से उसे छूते हैं। मृत्यु के साथ जो संघर्ष चल रहा है, उसमें ये सभी छोटे-छोटे काम बहुत विचारणीय महत्त्व प्राप्त कर लेते हैं।

"हम कलाकारों को इस सच्चाई को भली प्रकार समझना चाहिए कि छोटी-छोटी भौतिक गतिविधियाँ जब प्रदत्त परिस्थितियों में जोड़ दी जाती हैं, तो भावना पर अपने प्रभाव के कारण महत्त्वपूर्ण हो उठती हैं। वास्तव में खून धोये जाने ने लेडी मैकबेथ की महत्त्वाकांक्षा की संपूर्ति में बड़ी सहायता की थी। यह मात्र संयोग नहीं है कि वह अपने आत्मालाय में बराबर डंकन की हत्या से सम्बन्धित खून के धब्बे को याद करती है। एक छोटा-सा भौतिक कार्य, बहुत बड़ा अंतर्निहित अर्थ ग्रहण कर लेता है : भीतर का बहुत बड़ा संघर्ष, ऐसे बाहरी कार्य में अपने लिए निकास-द्वार पा जाता है।"

स्तानिस्लाव्स्की के सामने प्रश्न है कि नाट्यकला में रंगमंच के छोटे-छोटे व्यापारों का भावनाओं से सम्बन्ध इतना महत्त्वपूर्ण क्यों है? या हमारी भावनाओं को प्रभावित करने के लिए प्राथमिक व्यापारों पर इतना अधिक बल क्यों दिया जाता है। उन्होंने स्वयं ही इस प्रश्न का उत्तर देते हुए कहा है, "अगर तुम किसी अभिनेता से कहते हो कि उसकी भूमिका मनोवैज्ञानिक चेष्टाओं और त्रासद गहराइयों से भरी हुई है, तो वह अपने को तुरन्त विद्रूपन से भरने, अपने भावावेग को अतिरंजित करने, उसे टुकड़े-टुकड़े करने, अपनी आत्मा में उत्खनन करने और अपनी भावनाओं के साथ हिंसात्मक व्यवहार करने लगेगा। लेकिन अगर तुम उसको कोई आसान-सी भौतिक समस्या सुलझने के लिए दोगे, तो वह उसे रोचक और प्रभावपूर्ण परिस्थितियों से आवृत्त कर लेगा। फिर वह बिना किसी प्रकार की उत्तेजना अनुभव किये अथवा बिना इस पर गहराई से सोचे कि उसके काम का परिणाम मनोवैज्ञानिक होगा अथवा त्रासद या नाटकीय, वह उसे क्रियान्वित करने में तत्पर हो जायेगा।

"किसी भावना को इस तरह उठाने में तुम उसे सारी हिंसा से बचा लेते हो और तुम्हें बड़ा स्वाभाविक, अन्तःस्फुरित और परिपूर्ण परिणाम देखने को

मिलता है। महान लेखकों की रचनाओं में साधारणतम कार्य भी महत्त्वपूर्ण आनुषंगिक परिस्थितियों से घिरे हुए होते हैं और उनमें हमारी भावनाओं को जगाने के लिए हर प्रकार के प्रलोभन अन्तर्निहित होते हैं।

''सूक्ष्म, भावात्मक अनुभवों और अत्यन्त सबल त्रासद क्षणों को पाने का एक और साधारण-सा और व्यावहारिक कारण भौतिक चेष्टाओं के माध्यम से है। महान त्रासद ऊँचाइयों को पाने के लिए, अभिनेता को अपनी रचनात्मक शक्ति को चरमावस्था तक विस्तृत करना चाहिए। यह बड़ा कठिन कार्य है। अगर उसमें अपनी इच्छाशक्ति को जगा सकने की स्वाभाविक क्षमता नहीं है, तो वह अपेक्षित अवस्था तक कैसे पहुँच सकता है? इस रचनात्मक मनोदशा को तो केवल रचनात्मक उत्साह से ही प्राप्त किया जा सकता है, और उसे आसानी से सक्रिय नहीं किया जा सकता। अगर तुम अस्वाभाविक साधनों का प्रयोग करोगे, तो इस बात की पूरी संभावना है कि तुम किसी ग़लत दिशा में चले जाओगे और वास्तविक भावना जगाने के बदले अति-नाटकीय व्यवहार करने लगोगे। आसान रास्ता तो सुपरिचित, स्वाभाविक और यांत्रिक है। इस मार्ग में बहुत कम बाधाएँ हैं।

''इस भूल से बचने के लिए तुम्हें किसी ठोस जीवन्त पदार्थ को पकड़ना होगा। अत्यधिक त्रासद और नाटकीय क्षणों में इस तथ्य के आधार पर भौतिक चेष्टाओं के महत्त्व पर बल दिया जाता है कि जितने सरलतर वे होते हैं, उतनी ही सरलता से उन्हें पकड़ा जा सकता है। वे तुम्हें यांत्रिक अभिनय के प्रलोभन से दूर, तुम्हारे वास्तविक लक्ष्य की ओर आसानी से पहुँचा देते हैं।

''भूमिका के त्रासद अंश तक बिना सामयिक अनुपात, बिना साँस रोके, बिना हिंसा के पहुँचने की कोशिश करो। यह कार्य सर्वोपरि है, लेकिन अचानक नहीं होना चाहिए। अपनी बाहरी भौतिक चेष्टाओं की परम्परा का सही रूप में निर्वाह करते हुए और उस पर विश्वास करते हुए, धीरे-धीरे और सतर्कता के साथ उस अंश तक पहुँचो। जब तुम अपनी भावनाओं तक पहुँचने की इस तकनीक पर पूरा अधिकार प्राप्त कर लोगे, तो त्रासद क्षणों के प्रति तुम्हारा दृष्टिकोण पूरी तरह से बदल जायेगा और फिर तुम उनसे भयभीत नहीं होगे।

''नाटक, त्रासदी या कॉमदी, अथवा अन्य किसी रंगारंग प्रदर्शन तक पहुँचने का प्रयास उन प्रदत्त परिस्थितियों के कारण बदल जाता है, जो रूपायित होने वाले व्यक्ति के क्रिया-कलापों के चारों ओर होती हैं। उन परिस्थितियों में ही इन क्रिया-कलापों की मुख्य शक्ति और अर्थ अन्तर्निहित होते हैं। फलतः जब तुमसे किसी त्रासद अनुभव को प्रदर्शित करने के लिए कहा जाये, तो स्वयं

अपनी भावनाओं के संबंध में बिल्कुल न सोचो। यह सोचो कि तुम्हें करना क्या है?"

तोर्त्सोव ने जब अपना यह वक्तव्य पूरा किया तो कुछ क्षणों के लिए मौन परिव्याप्त हो गया, लेकिन तभी ग्रीशा, जो बहस करने के लिए सदा तैयार रहता था, बोल पड़ा, "मेरे विचार से कलाकार धरती पर सवारी नहीं गाँठते, वे तो बादलों पर सवार रहते हैं।"

"तुम्हारी यह तुलना मुझे अच्छी लगी," तोर्त्सोव ने मुस्कराते हुए कहा—"हम लोग कुछ बाद में इस विषय पर विचार करेंगे।"

**7**

अभिनय की यह मनोवैज्ञानिक तकनीक अनेक छात्रों को बड़ी अच्छी लगी थी। उसके प्रयोग के प्रभाव की देखकर वे भाव-विभोर हो उठे। एक छात्रा दाशा ने उसी पद्धति में इब्सन के नाटक 'ब्रैण्ड' के एक दृश्य का प्रदर्शन भी किया। इस नाटक में एक बालिका जब अपने निवास पर पहुँचती है तो देखती है कि कोई उसके दरवाज़े पर एक बच्चे को छोड़ गया है। पहले तो वह कुछ घबरा जाती है, लेकिन एक-दो क्षणों में ही, वह निश्चय कर लेती है कि वह उसे गोद ले लेगी। लेकिन ज्योंही वह उस बीमार बच्चे को उठाती है त्यों ही वह उसके हाथों में अन्तिम साँस लेता है। अपने उस पूरे प्रदर्शन में उसकी आँखों से आँसू गिरते रहे थे, उसकी इस सहज संवेदनशीलता ने लकड़ी के उस टुकड़े को, जिसे वह हाथों में लिये हुए थी, एक जीवन्त शिशु में बदल दिया था। वह जिस कपड़े में लिपटा हुआ था, वह भीतर से सभी को बिल्कुल शिशु ही लग रहा था। जब उस शिशु की मौत की घड़ी आ गयी तो निर्देशक ने दाशा को रुक जाने के लिए कहा क्योंकि वह बहुत गहरे भावावेग से भर उठी थी। दाशा की आँखों में उस समय सचमुच के आँसू दिखाई दे रहे थे; और उसके जीवन्त-प्रदर्शन ने सभी की आँखें गीली कर दी थीं।

दाशा के इस प्रदर्शन को लेकर जब बातचीत चली तो किसी ने यह कहा कि अभी बहुत दिन नहीं हुए दाशा ने अपने स्वयं के बच्चे को अचानक खो दिया था। यह निष्कर्ष निकाला गया था कि इस प्रसंग के प्रदर्शन में दाशा को अपने जीवन का वह दुर्योग याद हो आया था और तभी उसका अभिनय इतना प्रभावपूर्ण रहा था।

निर्देशक ने तब छात्रों से कहा कि तुम देख रही हो कि अन्तःप्रेरणा से कैसे रचनाशीलता सजग हो जाती है, और तब किसी तकनीक की आवश्यकता

नहीं रह जाती, सब कुछ हमारी कला के नियमों के अनुसार होने लगता है क्योंकि उनका निर्माण स्वयं प्रकृति ही करती है। लेकिन हर दिन यह मनोदशा उत्पन्न हो ही जाये, यह आवश्यक नहीं है। जब किसी अवसर पर यह रचनाशीलता इस रूप में सजग नहीं होती तो तुम्हें क्या करना होगा?

यह सुनकर दाशा ने उस अन्तःप्रेरणा को, जिसे लेकर उसने यह दृश्य प्रदर्शित किया था, फिर से दोहराना आरंभ किया। उसके इस बार के प्रदर्शन को देखकर निर्देशक ने समीक्षा की, "तुमने बड़ा सुन्दर प्रदर्शन किया, लेकिन यह वही दृश्य नहीं था। तुमने अपना उद्देश्य बदल लिया था। मैंने तुमसे कहा था कि उस दृश्य को वास्तव में जीवित शिशु के साथ प्रदर्शित करो और तुमने कपड़े में लिपटे हुए, एक निश्चेष्ट लकड़ी के टुकड़े के साथ दृश्य उपस्थित किया। तुम्हारी सभी चेष्टाएँ उसी के साथ संयोजित थीं। तुमने बड़े कौशल के साथ लकड़ी के उस टुकड़े को अपने हाथों में ले रखा था, लेकिन एक जीवन्त शिशु के लिए तुम्हें न जाने कितनी सूक्ष्म चेष्टाओं की अपेक्षा होती है, जिन्हें इस बार तुमने पूरी तरह से छोड़ दिया था। पहली बार जब तुमने शिशु पर विश्वास की भावना से उसे गोद में लिया था, तुमने उसकी छोटी-छोटी बाँहों को बड़े स्नेह से फैलाया था। उन्हें छूने का वास्तव में अनुभव किया था। उन्हें बड़े प्यार से चूमा भी था। स्नेहभरी वाणी में कुछ शब्द भी कहे थे। आँखों में आँसू लिये तब मुस्कराई भी थीं। तुम्हारे उस व्यवहार ने सचमुच मुझे छुआ था। लेकिन अभी तुमने इन सभी महत्त्वपूर्ण सूक्ष्म चेष्टाओं को छोड़ दिया क्योंकि लकड़ी के टुकड़े में न तो हाथ होते हैं और न पैर।"

बहुत प्रयत्न करके दाशा ने अपने पहले प्रदर्शन में, जो कुछ उसने अचेतन रूप में अनुभव किया था, उसे फिर चेतना के साथ उपस्थित किया। उसने अपने मन में जब यह विश्वास जगा लिया कि वह एक बच्चे को ही गोद में लिये हुए है, तो आँसू सहज रूप में उसकी आँखों में आ गये। जब वह प्रदर्शन पूरा हुआ तो निर्देशक ने उसकी प्रशंसा की और कहा कि अभी तक जो कुछ वे समझाते रहे थे, उसका यह प्रभावपूर्ण उदाहरण रहा है। फिर भी एक छात्र ने ज़ोर देकर कहा कि उसे प्रभावित करने में दाशा असफल रही।

निर्देशक ने उस पर कहा कि इस आलोचना पर विशेष ध्यान न दो। एक बार जब भूमि तैयार हो जाती है, और अभिनेता की भावनाएँ उठने लगती हैं, तब जैसे ही वह कोई कल्पनात्मक संकेत ग्रहण करेगा, तो उसे अपनी भावनाओं को अभिव्यक्त करने का द्वार मिल जायेगा और वह दर्शकों को प्रभावित भी कर लेगा।

इस कथन पर एक छात्र ने तर्क दिया कि दाशा को भौतिक चेष्टाओं की किसी संयोजना ने उत्प्रेरित नहीं किया था, वरन् वह उस सुझाव से सक्रिय हुई थी, जो निर्देशक ने उसे दिया था।

निर्देशक ने इस पर टिप्पणी के रूप में कहा कि वे उसके इस विचार को क्षण मात्र के लिए भी अस्वीकार नहीं करते। हर वस्तु कल्पना के सुझाव पर निर्भर करती है। लेकिन तुम्हारे भीतर यह समझ होनी चाहिए कि उससे प्रेरणा लेकर कब सक्रिय हुआ जाए? अगर दाशा से पूछा जाये तो वह साफ़ कह देगी कि अगर सुझाव उस समय दिया गया होता, जब वह मात्र यह समझ रही थी कि उसके हाथों में एक लकड़ी का टुकड़ा है, तो वह प्रभावित न होती। वह प्रभावित इसलिए हुई थी क्योंकि वह समझ रही थी कि उसकी गोद में वास्तव में एक जीवन्त बच्चा है। अगर पहले की वस्तुस्थिति में उसने सुझाव ग्रहण किया होता तो उसकी आँखों में आँसू तो आते, लेकिन उसकी गोद में जो कुछ था, उसके लिए नहीं, वरन् अपने उस बच्चे के लिए जिसको उसने खो दिया था। निर्देशक ने उसके बाद कहा कि उन्होंने सही क्षण को समझ लिया था और तभी उन्होंने सुझाव दिया था और तभी संयोग से अपने जीवन का वह प्रसंग भी याद हो आया था। फलस्वरूप जो दृश्य उपस्थित किया गया, उसने सभी के मन को बड़े गहरे में छुआ था। निष्कर्षतः निर्देशक ने कहा : ''तुम समझ रहे हो न कि किसी भूमिका को रचना करते समय ही नहीं, रचना के बाद उसे जीते समय भी भावनाओं को जगाने की यह रीति बहुत मूल्यवान है। वह तुम्हें यह अवसर देती है कि तुम पहले अनुभव किये गये संवेदनों को फिर से जगा लो। अगर ऐसा न हो तो अभिनेता के प्रदर्शन के अन्तःप्रेरित क्षण हमारे सामने बस एक बार झलक दिखाकर विदा हो जायेंगे।''

## 8

छात्रों के साथ दूसरे दिन उनकी सत्य की चेतना के सम्बन्ध में बातचीत आरम्भ हुई। इस सन्दर्भ में पहले ग्रीशा हो अपनी इच्छा से कोई प्रदर्शन करने के लिए कहा गया। उसने जो कुछ प्रस्तुत किया, उसे देखकर निर्देशक ने कहा, ''जो कुछ तुमने अभी किया है, वह तुम्हारे अपने दृष्टिकोण से सही और सराहनीय था। वह वही था, जो वे चतुर तकनीक विशेषज्ञ करते हैं, जो प्रदर्शन की केवल बाहरी परिपूर्णता में ही रुचि लेते हैं। लेकिन मेरी भावनाएँ तुम्हारे साथ नहीं चल सकीं, क्योंकि मैं कला में जो कुछ देखता हूँ वह कुछ स्वाभाविक वस्तु

होती है, कुछ जीवन्त रूप में रचनात्मक, जो निष्क्रिय भूमिका में भी मानवीय जीवन्तता की प्रतिष्ठा कर देती है।

"तुम्हारा विश्वास के योग्य बनाया गया सत्य बिम्बों और आवेगों की पुनः प्रतिष्ठा में तुम्हारी सहायता करता है। तुम्हारी और मेरी कला में जो अन्तर है, वह वही है, जो इन दो शब्दों के बीच हैं, 'दीखना और 'होना'। मुझे तो वास्तविक सत्य चाहिए। तुम तो केवल बाहरी दिखावे से ही सन्तुष्ट हो जाते हो। मुझे सच्चा विश्वास चाहिए। तुम अपने को दर्शकों का जो तुम पर विश्वास है, उसी तक सीमित रखना चाहते हो। जब वे तुम्हें देखते हैं, उन्हें इस बात का निश्चय होता है कि सभी स्थापित रूपों को तुम पूरी तरह से रूपायित करोगे। तुम्हारे कौशल पर उन्हें वैसा ही विश्वास होता है, जैसा किसी विशेष बाज़ीगर पर होता है। तुम्हारे दृष्टिकोण के अनुसार दर्शक मात्र ऊपरी दृष्टि से देखता है। मेरे लिए वह अनचाहे रचनात्मक कार्य का साक्षी और सहभागी बन जाता है। रंगमंच पर जो कुछ वह देखता है, उसमें वह बड़ी गहराई तक आकर्षित होता है, और वह उस पर विश्वास भी करता है।"

ग्रीशा ने इन शब्दों को सुनकर तर्क-वितर्क करने के स्थान पर पुश्किन का एक कथन प्रस्तुत किया :

"छोटे-छोटे सत्यों का पुंज अपने से ऊपर उठाने वाले काल्पनिक प्रसंगों से ज़्यादा मूल्यवान है।"

उत्तर में तोर्त्सोव ने कहा, "मैं तुमसे सहमत हूँ और पुश्किन से भी, वे उन काल्पनिक प्रसंगों की बात कर रहे हैं, जिन पर हम विश्वास करते हैं और जो हमें ऊपर उठाते हैं। यह इस दृष्टिकोण का ज़बर्दस्त समर्थन है कि रंगमंच पर अभिनेता के काल्पनिक जीवन में हर वस्तु वास्तविक होनी चाहिए। तुम्हारे प्रदर्शन में मुझे ऐसा अनुभव नहीं हुआ।"

उसके बाद ग्रीशा ने उसी दृश्य को पूरी बारीकियों के साथ आवश्यक सुधार करते हुए प्रदर्शित करना आरंभ किया। तभी कुछ ऐसा हुआ कि उसे लेकर एक बड़ा लम्बा शैक्षिक भाषण-सा चला। उसे सुनकर ग्रीशा ने अचानक प्रदर्शन रोक दिया। उसका चेहरा गुस्से से गहरा लाल हो उठा। उसके होंठ और हाथ काँपने लगे। कुछ देर अपने इस भावावेग से लड़ने के बाद वह फूट पड़ा, "महीनों से हम लोग कुर्सियाँ इधर-उधर घुमाते, दरवाज़े बन्द करते और आग जलाते रहे हैं।" यह कला नहीं है। रंगमंच सर्कस नहीं है। इसमें झूले के डण्डे को पकड़ने या घोड़े पर कूदकर बैठने में सफलता हासिल करना महत्त्वपूर्ण है। आपका जीवन भौतिक कौशल पर निर्भर करता है। लेकिन आप

मुझसे यह नहीं कह सकते कि संसार के महान लेखकों ने महान रचनाओं की सृष्टि इसलिए की थी कि उनके नायक भौतिक चेष्टाओं की कसरतों में लगे रहें। कला स्वच्छंद है। उसे स्थान और काल की अपेक्षा होती है, आपकी छोटी-छोटी भौतिक सच्चाइयों की नहीं। हमें कीड़ों की तरह धरती पर रेंगने के स्थान पर, ऊँची उड़ानें भरने की स्वतंत्रता होनी चाहिए।''

जब उसकी बात पूरी हुई तब निर्देशक ने कहा, ''तुम्हारे इस विरोध के स्वर को सुनकर मुझे ताज्जुब हो रहा है। अब तक मैं तुम्हें बराबर बाहरी प्रदर्शन के कौशल का विलक्षण अभिनेता मानता रहा हूँ। आज मैं अचानक देख रहा हूँ कि तुम्हारी सारी इच्छाएँ बादलों की ओर हैं। बाहरी परिपाटियाँ और झूठ हैं वे, और तुम्हारे परों को कतर रही हैं। तुम्हें जो ऊपर उठाते हैं, वे हैं कल्पना, भावना और विचार। फिर भी तुम्हारी भावनाएँ और कल्पना, यहाँ सभागार में बिल्कुल नीचे जंज़ीरों में जकड़ी हुई दिखाई दे रही हैं।

''जब तक तुम अन्तःप्रेरणा की जकड़न में बँधकर ऊपर नहीं उड़ने लगते, तब तक तुम यहाँ उपस्थित सभी व्यक्तियों से कहीं ज़्यादा उस पृष्ठभूमि की आवश्यकता अनुभव करोगे, जो हम अब तक बनाते रहे हैं। फिर भी तुम उसी चीज़ से डरे दिखाई दे रहे हो और अभ्यास को कलाकार के लिए हेय मान रहे हो।''

उन्होंने आगे कहा, ''एक बैले नर्त्तकी जब वह अपने रोज़ के अभ्यासों से गुज़रती है, तो अपने हाथ-पैर इधर-उधर हिलाती है, साँस लेती और छोड़ती है, पसीने से तर-बतर हो जाती है और इसीलिए वह अपने साध्य प्रदर्शन में मनोहर ऊँचाइयों तक उठ पाती है। एक गायक को हर सुबह श्वास-प्रक्रिया पर नियंत्रण, स्वर-लय की साधना और अपनी नोटबुक हाथ में पकड़े हुए अपने वक्षस्थल को ऊपर उठाने और अपने कण्ठ स्वर में नवीन रागात्मकता जगाने में गुज़ारनी पड़ती है। तभी शाम को वह अपने गायन में अपनी अन्तरात्मा को पूर्णतः प्रवाहित कर पाता है। कोई भी कलाकार ज़रूर तकनीकी अभ्यासों के बिना अपने भौतिक उपकरणों को सुव्यवस्थित नहीं रख सकता।

''तुम अपने को अपवाद के रूप में क्यों देखना चाहते हो? जब हम तुम्हारी भौतिक और आध्यात्मिक नैसर्गिक प्रवृत्तियों के बीच एक निकट का और सीधा सम्बन्ध बनाने की कोशिश कर रहे हैं, तो तुम उसके भौतिक पक्ष को पूरी तरह से छोड़ देने की कोशिश क्यों कर रहे हो? लेकिन प्रकृति ने उदात्त भावनाओं और अनुभवों को प्राप्त करने की तुम्हारी वांछा को पूरा नहीं

किया। इसके विपरीत उसने तुम्हें भौतिक तकनीक प्रदान की है, ताकि तुम अपनी प्रतिभा का प्रदर्शन कर सको।

"वे लोग, जो ऊँचे-ऊँचे विषयों की चर्चा करते हैं, वे अधिकाशतः वही होते हैं, जिनमें ऐसी विशेषताएँ नहीं होतीं कि वे उन विषयों को ऊँचाई पर ले जा सकें। वे कला और रचना के विषय में झूठी भावनाओं से बातचीत करते हैं, एकदम अस्पष्ट और उलझे हुए तरीके से! सच्चे कलाकार उनके स्थान पर सहज और भली प्रकार समझी जा सकने वाली शब्दावली में बोलते हैं। इस विषय में सोचो और इस तथ्य की ओर भी ध्यान दो कि कुछ भूमिकाओं में तुम अच्छे कलाकार बन सकते हो और कला को अपना महत्त्वपूर्ण योगदान दे सकते हो।"

ग्रीशा के बाद निर्देशक ने सोन्या की परीक्षा ली। उसका वह प्रदर्शन बहुत ही अच्छा रहा। निर्देशक ने उसकी तारीफ़ की, फिर उन्होंने उसके हाथ में एक काग़ज़ काटने वाला चाकू पकड़ा दिया! उससे कहा कि उससे अपने ऊपर चोट करे। उसे जैसे ही यह लगा कि वह त्रासदी की ओर बढ़ रही है, वह बैसाखियों के बल उठी और चरमावस्था में पहुँचने पर उसने इतना अधिक शोर किया कि सभी लोग हँसने लगे।

निर्देशक ने तब उससे कहा, "कॉमदी की भूमिका में तुमने बड़ा मनोरम ताना-बाना बुना था और मैंने तुम पर विश्वास कर लिया था, लेकिन सबल नाटकीय स्थानों पर तुमने ग़लत व्यवहार किया था। स्पष्ट है कि तुम्हारी सच्चाई की धारणा एकपक्षीय है। उसमें कॉमदी की संवेदना तो है लेकिन नाटकीय पक्ष अभी बना नहीं है। तुम्हें और ग्रीशा दोनों को ही रंगमंच पर अपना वास्तविक स्थान मिल जायेगा। हमारी कला में यह अत्यधिक महत्त्वपूर्ण है कि प्रत्येक अभिनेता (अपने प्रदर्शन का) प्रकार-विशेष खोज ले।

## 9

अगले दिन वान्या की परीक्षा हुई। उसने सहयोगियों के साथ जले हुए नोटों वाला प्रसंग खेला। उसके प्रदर्शन को देखकर तोर्त्सोव ने पहले तो प्रशंसा की, लेकिन बाद में आलोचना करते हुए कहा, "तुम मृत्यु के दृश्य में सच्चाई को अवांछनीय अवस्था तक अतिरंजित क्यों कर देते हो? तुम्हें ऐंठन होने लगती है, उबकाई आती है, तुम आर्त्तनाद करते हो, अंगों को भयंकर रूप से बिगाड़ते हो, और फिर धीरे-धीरे पक्षाघात की अवस्था तक पहुँच जाते हो। इस बिन्दु पर पहुँचने पर ऐसा लगता है कि तुम प्रकृतवाद के प्रदर्शन के लिए यह सब

कर रहे हो। मानव-शरीर को बिगाड़ने की बाहरी दृश्यात्मक स्मृतियों में तुम अधिक रुचि ले रहे हो।''

इसके बाद उन्होंने कहा है कि किसी नाट्रक में एक लक्ष्य-विशेष की सिद्धि के लिए इस प्रकार के साधनों का सहारा लेना स्वीकार किया जा सकता है, अन्यथा कोई आवश्यकता नहीं है कि वास्तविक जीवन की त्याज्य वस्तुओं को रंगमंच पर वास्तविक रूप में प्रदर्शित करने की कोशिश की जाये। इसी आधार पर उन्होंने निष्कर्षतः कहा कि हर प्रकार के सत्य को रंगमंच पर स्थानान्तरित नहीं किया जा सकता। हम वहाँ उसी सत्य का प्रयोग करते हैं, जो रचनात्मक कल्पना के द्वारा एक काव्यात्मक समरूप में रूपान्तरित कर दिया जाता है।

ग्रीशा ने इस वक्तव्य को सुनकर यह जानना चाहा कि उस सत्य को कैसे सटीक रूप में परिभाषित किया जा सकता है? उन्होंने उत्तर में कहा कि यह कार्य मैं विद्वानों पर छोड़ता हूँ। समझाने के लिए केवल यह बता सकता हूँ कि उसका अनुभव कैसा होता है। उसके लिए भी उन्हें धीरे से काम करना होगा और उन्हें एक पूरे पाठ्य-क्रम में लगना होगा। कुछ और भी स्पष्टता से कहा जाये तो, जब उनकी अभिनय पद्धति का अध्ययन पूरी तरह से हो जायेगा और जब छात्र स्वयं प्रतिदिन के जीवन की वास्तविकताओं को कलात्मक सत्य के स्फटिकों में रूपान्तरित करने का अभ्यास कर लेंगे तो वह अपने आप प्रकट हो जायेगा। इसके बाद स्तानिस्लाव्स्की ने समझाया है कि यह सब क्षणमात्र में नहीं हो जायेगा। जो आवश्यक है उसे ग्रहण करना होगा और जो अतिरिक्त है, उसे छोड़ना होगा। अन्तःप्रेरणा, प्रतिभा और रुचि के साथ यह सब करने पर एक सहज, सुबोध प्रतिफल प्राप्त किया जा सकेगा।

उसके बाद मारीया से एक विशेष प्रसंग प्रस्तुत करने के लिए कहा गया। उसका प्रदर्शन आदि से लेकर अन्त तक जीवन्त था। उसे वही प्रसंग दिया गया था, ग्रीशा ने पहले जिसे अपने द्वार पर पाये हुए शिशु को लेकर उपस्थित किया था। निर्देशक ने बड़े ही भावनात्मक संस्पर्श के साथ कहा था, ''इस प्रदर्शन का छोटा-से-छोटा भाग भी कलात्मक दृष्टि से बड़ी ही सच्चाई लिये हुए था। हम उस पर संपूर्ण रूप से विश्वास कर सकते हैं क्योंकि वह वास्तविक जीवन से सावधानी के साथ चयन किये गये तत्त्वों पर आधारित था। उसने थोक के भाव सब कुछ ग्रहण नहीं किया। उतना ही लिया था, जितना आवश्यक था। मारीया यह जानती है कि जो मनोरम है, उसे कैसे प्रदर्शित किया जाये। उसे अनुपात का भी ज्ञान है। ये दोनों ही बड़ी महत्त्वपूर्ण विशेषताएँ हैं।

एक छात्र ने जानना चाहा कि यह कैसे सम्भव हुआ कि एक अनुभवरहित

अभिनेत्री ने इतना परिपूर्ण प्रदर्शन प्रस्तुत कर दिया? जवाब मिला कि यह अधिकांशतः नैसर्गिक प्रतिभा से संभव हुआ, लेकिन विशेष रूप से सच्चाई की असाधारण चेतना के कारण। इस प्रसंग का समाहार करते हुए स्तानिस्लाव्स्की ने कहा है कि, "मैंने तुम्हें वह सब बता दिया है, जो मैं इस समय रंगमंच पर सत्य और असत्य की चेतना तथा निष्ठा के विषय में कह सकता हूँ। अब हम इस सवाल पर आते हैं कि प्रकृति के इस महत्त्वपूर्ण उपहार को किस प्रकार विकसित और सुव्यवस्थित किया जाये? इस प्रश्न के समाधन के हमारे आगे बहुत से अवसर आयेंगे क्योंकि यह हर कदम पर और हमारे कार्य की प्रत्येक अवस्था में, वह चाहे घर पर हो, मंच पर हो, रिहर्सल के समय हो या जनसाधारण के बीच, हमारे साथ रहेगा। इस चेतना को, हमारे अन्दर गहरे उतरना चाहिए और अभिनेता को उस सबका निरीक्षण करते रहना चाहिए जिसे वह करता है तथा दर्शक जिसे देखता है। प्रत्येक छोटा-से-छोटा अभ्यास, वह चाहे आन्तरिक हो या बाहरी, किसी के निरीक्षण में और सहमति से होना चाहिए।

हमारा सरोकार केवल इतना ही है कि हम जो कुछ करते हैं, वह इसी चेतना के निर्देश में विकसित और सुदृढ़ हो। यह बड़ा मुश्किल काम है क्योंकि रंगमंच पर सच्चाई के साथ कुछ कहने या करने की तुलना में झूठ बोलना या करना कहीं अधिक आसान है। तुम्हें बड़े ध्यान और मनोयोग की अपेक्षा होगी। यह तुम्हारी सच्चाई की चेतना को समुचित रूप में विकसित करने और उसे सुदृढ़ बनाने में सहायता देगा।

"झूठ से बचो। तुम्हारी शक्ति के बाहर की हर चीज़ को छोड़ो। विशेष रूप से उस वस्तु को छोड़ो जो प्रकृति, तर्क और सामान्य ज्ञान के विरुद्ध जाती हो। उससे विद्रूपता, हिंसा, अतिरंजना और अनेक प्रकार के झूठ उत्पन्न हो जाने का डर है। जितना अधिक इन्हें अपनी पारी मिलेगी, तुम्हारी सत्य की चेतना उतनी ही अधिक हतोत्साहित होती जायेगी, इसलिए झूठ की अवतारणा से बचो। सत्य को झाड़-झंखाड़ से ढँकने मत दो। निर्मम होकर अपने भीतर से अतिरंजना, यांत्रिक अभिनय से बचो। वेदना के चीत्कार को त्यागो।

इन ऊपरी प्रवृत्तियों का निरन्तर त्याग उस विशेष प्रक्रिया को जन्म देगा, जब मैं चिल्लाकर कहूँगा—"नब्बे प्रतिशत को अलग करो!"

# 8

# भावात्मक स्मृति

## 1

स्तानिस्लाव्स्की ने अपने अभिनय-दर्शन के मनोवैज्ञानिक व्यापारों में भावात्मक स्मृति को बड़ी महत्त्वपूर्ण भूमिका प्रदान की है। तोर्त्सोव ने उसकी विवेचना की पृष्ठभूमि बनाने के लिए छात्रों से एक पागल व्यक्ति के आने की संभावना को लेकर एक विशेष प्रसंग प्रस्तुत करने के लिए कहा। वह प्रसंग वे छात्रों से पहले भी करा चुके थे। इसलिए छात्र बड़े उत्साह से उसके प्रदर्शन में लग गए। उनका इस प्रकार सक्रिय हो उठना स्वाभाविक था क्योंकि उन्हें मालूम था कि क्या और कैसे करना है। उनका प्रदर्शन आत्मविश्वास और उत्तेजना से परिपूर्ण था।

लेकिन तोर्त्सोव और उनके सहयोगी रख़्मानव दोनों का कहना था कि उनका पहला प्रदर्शन जितना सहज, स्वाभाविक, ताजगी लिए हुए और सच्चाई से परिपूर्ण था, दूसरा उतना ही सच्चाई से दूर, अस्वाभाविक और नाटकीयता से युक्त था। इस अप्रत्याशित आलोचना को सुनकर सभी छात्र आश्चर्यचकित हो उठे थे। एक-दो छात्रों ने तो साहस करके कहा भी था कि जो कुछ वे कर रहे थे, उसमें उनका विश्वास अंतनिर्हित था, फिर उसमें अनेक दोष कैसे पैदा हो गए!

तोर्त्सोव ने तर्क दिया कि, "निश्चय ही तुम लोग सब कार्य बड़ी भावना के साथ कर रहे थे। यदि ऐसा न होता तो प्रदर्शन बड़ा निर्जीव हो गया होता। लेकिन यहाँ विचार का विषय यह है कि प्रदर्शन करते हुए तुम क्या अनुभव कर रहे थे? आओ, हम वास्तविक वस्तुस्थिति का विश्लेषण करें और यह तुलना करें कि इस प्रसंग के पहले प्रदर्शन में तुमने क्या किया था और आज क्या किया।

"इस संबंध में कोई सवाल नहीं उठाया ज़ा सकता कि तुमने पूरे प्रदर्शन में गतिविधियों, बाहरी चेष्टाओं, अनुक्रम और सम्मोहन की छोटी-से-छोटी

बारीकी का बड़ी आश्चर्यजनक सटीकता के साथ निर्वाह किया था। कोई भी बड़ी आसानी से उसे देखकर यह कह सकता था कि तुमने पूरे दृश्यबंध को फ़ोटोग्राफ़ ही बना दिया है। इस तरह तुमने यह सिद्ध कर दिया था कि नाटक के बाहरी तथ्यात्मक स्वरूप की तुम्हें बड़ी सूक्ष्म और विलक्षण स्मृति है। फिर भी तुम जिस रूप में खड़े हुए थे, और फिर जैसे अपने समूह बनाए थे, वह क्या सचमुच महत्त्वपूर्ण था? दर्शक के रूप में मेरे लिए तुम्हारे भीतर जो कुछ चल रहा था, वह कहीं अधिक रुचि का विषय था। वे भावनाएँ जो वास्तविक अनुभव से ग्रहण करके भूमिका में स्थानान्तरित की जाती हैं, वे नाटक को जीवन प्रदान करती हैं। तुमने उन्हीं अनुभूतियों को छोड़ दिया था। बाहरी प्रदर्शन भीतर से उत्प्रेरित न हो, तो बड़ा औपचारिक, ठंडा और महत्त्वहीन हो जाता है। तुम्हारे दोनों ही प्रदर्शनों में बस यही अंतर रहा है।''

तोर्त्सोव इतना कहने के बाद इस उद्देश्य से चुप हो गए कि छात्र इस विषय में स्वयं सोचें-विचारें। कुछ देर बाद उन्होंने पहले प्रदर्शन के विषय में बातचीत आरम्भ की, ''जब मैंने उस पागल आदमी के प्रदर्शन के विषय में कहा था, तो तुम बिना किसी अपवाद के ध्यानमग्न हो गए थे। हर कोई अपनी सुरक्षा के विषय में सोचने लगा था; उसके बाद ही तुमने अभिनय आरंभ किया था। वह बड़ी सही और सतर्क प्रक्रिया थी—पहले आंतरिक अनुभूति आयी थी; फिर वह बाहरी आचार-व्यवहार में रूपायित हुई थी। लेकिन आज इसके विपरीत, अपने प्रदर्शन के लिए तुम इतने भावविभोर थे कि इसके अतिरिक्त और कुछ सोचा ही नहीं है कि तुम्हें पहले के अभ्यास के बाहरी रूप का अनुकरण करना है। पहली बार हादसे की संभावना को लेकर बड़े ही भय का वातावरण बना था। आज सब-कुछ उल्लासमय और उत्तेजना से परिपूर्ण था।''

इसी प्रसंग को और आगे बढ़ाते हुए उन्होंने कहा था कि ''यह वास्तव में दुःख का विषय है कि आकस्मिकता की प्रवृत्ति को आज दोहराया नहीं जा सका। एक और विशेष बात भी छोड़ दी गई। पहले दिन के प्रयास में तुमने उस दरवाज़े से अपनी दृष्टि को हटने नहीं दिया था, जिसके पीछे उस पागल आदमी के होने की संभावना थी। आज हमारी उपस्थिति ने तुम्हें तत्काल पकड़ लिया। यह देखने के लिए तुम उत्सुक हो उठे थे कि तुम्हारा अभिनय हमारे ऊपर क्या प्रभाव उत्पन्न करता है? उस पागल हो गए व्यक्ति से अपने को छिपाने की जगह तुम अपने को हमारे आगे प्रदर्शित कर रहे थे। पहली बार तुम अपनी आंतरिक भावनाओं और अंतःप्रेरणा से अभिनय के लिए तत्पर हो उठे थे, लेकिन अभी तुम अपनी उन चेष्टाओं को बड़े यांत्रिक रूप में

उपस्थित कर रहे थे। तुमने वस्तुतः एक सफल रिहर्सल को, फिर से एक नया जीवंत दृश्य बनाने के स्थान पर दोहराया है। अपने जीवन की स्मृतियों से कुछ लेने के स्थान पर, तुमने अपने मन के नाटकीय संग्रहालय से कुछ सामग्री ग्रहण की। पहले प्रदर्शन में तुम्हारे मन के भीतर जो कुछ हुआ था, वह स्वभावतः कार्य रूप में परिणत हो गया था। लेकिन आज वह व्यापार, प्रभाव उत्पन्न करने की दृष्टि से, बड़ा ही स्फीत और अतिरंजित हो गया था।

"आज सफलता तुम्हें नहीं मिली, इसके लिए तुम्हें हतोत्साहित नहीं होना चाहिए। दिनभर काम करते-करते ऐसा हो ही जाता है। यह क्यों हो जाता है, मैं तुम्हें समझाऊँगा। रचनात्मक कार्य के लिए असंभावित प्रायः अत्यधिक प्रभावपूर्ण उत्प्रेरक होता है। तुम्हारे पहले प्रदर्शन के समय वह प्रकट हुआ था। एक पागल व्यक्ति के आने की संभावना के विचार से भरे होने के कारण तुम वास्तव में उत्तेजित थे। लेकिन अभी जब तुम उसी प्रसंग को फिर से ले रहे थे, तो वह अप्रत्याशित भावना उपस्थित नहीं थी क्योंकि तुम्हें पहले से ही सब कुछ की जानकारी थी। हर चीज़ परिचित और सुस्पष्ट थी। वे बाहरी चेष्टाएँ भी तुम्हें ज्ञात थीं, जिनमें तुम्हारी सक्रियता प्रवाहित होनी थी। इस वस्तुस्थिति में तुम्हें यह उचित नहीं प्रतीत हुआ कि पूरे परिदृश्य पर एक बार फिर से तरो-ताज़गी के साथ विचार करो और फिर खुद को अपनी भावनाओं के निर्देशन में छोड़ दो। पहले से तैयार बाहरी आचार-व्यवहार का एक स्वरूप अभिनेता के सामने बड़े प्रबल प्रलोभन के रूप में प्रकट होता है। यह विस्मयजनक नहीं है कि तुम्हारे जैसे नवप्रशिक्षित ने उसे अनुभव किया और इस प्रकार तुमने यह सिद्ध कर दिया कि बाहरी क्रिया-कलापों की तुम्हारी याददाश्त बड़ी अच्छी है। जहाँ तक भावात्मक स्मृति की बात है, आज (तुम्हारे व्यवहार में) उसका कोई संकेत तक नहीं था।"

एक छात्र ने यह जानना चाहा कि 'भावात्मक-स्मृति' का वास्तव में आशय क्या है?

उन्होंने जवाब में कहा, "मैं उसका एक बड़ा अच्छा उदाहरण उपस्थित कर सकता हूँ। रिबॉट पहले व्यक्ति थे, जिन्होंने इस प्रकार की स्मृति को परिभाषित किया था। मैं इस संबंध में तुम्हें एक कहानी सुनाता हूँ :

"समुद्र की ऊँची लहरों ने दो यात्रियों को शिलाओं के ऊपर ला पटका। जब उन्हें वहाँ से बचा लिया गया तो उन्होंने अपने-अपने अनुभवों का वर्णन किया। एक को छोटी-से-छोटी बात तक याद थी; वह कैसे, क्यों और कहाँ गया; कहाँ वह ऊपर चढ़ा और कहाँ वह नीचे उतरा; कहाँ वह उछला और

कहाँ नीचे कूदा! लेकिन दूसरे व्यक्ति को उस स्थान की बिलकुल ही याद नहीं थी। उसे तो केवल उन भावनाओं की याद थी, जिनका उसने वहाँ अनुभव किया था। क्रमशः पहले प्रसन्नता, फिर आशंका, भय, आशा, संदेह और अंततः घबराहट की भावना।

"यह दूसरे प्रकार का अनुभव, पहली बार के प्रदर्शन में तुम्हारे साथ हुआ था। तुम्हारी उस घबराहट की भावना को, तुम्हारी उस आशंका को मैं स्पष्टतः याद कर सकता हूँ जिन्होंने उस पागल के आने की संभावना की चर्चा के समय तुम्हें घेर लिया था।

"मैं तुम्हें उसी स्थान पर जड़वत खड़ा हुआ देख सकता हूँ, जब तुम यह योजना बनाने की कोशिश कर रहे थे कि तुम्हें क्या करना होगा। तुम्हारा पूरा ध्यान दरवाज़े के पीछे विश्वास के लिए बनाई गई वस्तु पर केंद्रित था; जब तुमने अपने को उससे नियोजित कर लिया था, तो वास्तविक उत्तेजना और वास्तविक क्रियाएँ फूट पड़ी थीं।

"अगर आज तुम वही कुछ करने में समर्थ हो गए होते, जैसा कि रिबॉट की कहानी में उस दूसरे व्यक्ति ने किया था—उन सभी भावनाओं को, जिनका तुमने पहली बार अनुभव किया था, फिर से जीवित कर लिया होता और बिना प्रयास के अनजाने ही अभिनय किया होता, तो मैंने कहा होता कि तुममें असाधारण 'भावात्मक स्मृतियाँ' हैं।"

स्तानिस्लाव्स्की ने उस बात को रेखांकित किया है कि दुर्भाग्य से इस प्रकार की वस्तुस्थिति यदा-कदा ही देखने को मिलती है, इसीलिए वे अपनी माँग को संतुलित करने के लिए मजबूर हैं। वे यह स्वीकार करते हैं कि छात्र उस प्रसंग का अभ्यास आरंभ करें और उसकी बाहरी योजना को अपना मार्ग-निर्देशन करने दें। लेकिन इसके बाद उसे वे अपने को पुरानी भावनाओं को याद दिलाने और फिर शेष दृश्य में उन्हें ही बराबर अपना मार्ग-निर्देशन करने दें। अगर छात्र यह कर सकते हैं, तो यह माना जाएगा कि उनकी 'भावात्मक स्मृतियाँ' विलक्षण भले न हों, अच्छी अवश्य हैं।

तोर्त्सोव ने इसी प्रसंग को और आगे बढ़ाते हुए कहा है कि अगर मैं अपनी अपेक्षा को और सीमित कर दूँ तो मैं कहूँगा कि उस प्रसंग की भौतिक योजना का ही प्रदर्शन किया जाए यद्यपि इससे पुराने संवेदन फिर से नहीं उभरेंगे और न इस प्रकार का अवसर ही मिलेगा कि प्रसंग की प्रदत्त परिस्थितियों को ताज़ी दृष्टि से देखा जाए और उनकी संवेदनाओं का अनुभव किया जाए। लेकिन तब मैं चाहूँगा कि तुम अपनी मनोवैज्ञानिक तकनीक का प्रयोग नई

कल्पनाशील प्रवृत्तियों के समावेश के लिए करो। वह तुम्हारी सोयी हुई भावनाओं को जगा देगी। अगर तुम ऐसा करने में समर्थ हो तो मैं यह मान लूँगा कि तुममें 'भावात्मक स्मृति' के कुछ प्रमाण हैं। लेकिन छात्रों ने इन विकल्पों में से किसी का भी प्रदर्शन नहीं किया था।

कोस्त्या ने इस पर पूछा था कि क्या यह मान लिया जाए कि उनमें 'भावनात्मक स्मृति' है ही नहीं।

उन्होंने कहा था कि अभी इस निष्कर्ष तक नहीं पहुँचना चाहिए क्योंकि इस संबंध में कुछ और प्रयोग अपेक्षित हैं।

## 2

तोर्त्सोव ने अगले दिन कोस्त्या से पूछा, "क्या तुम्हें याद है कि तुमने मुझे बताया था कि एक बार मोस्कविन तुम्हारे शहर आए थे और उन्होंने तुम्हारे मन पर गहरा प्रभाव छोड़ा था? क्या तुम आज छः साल बाद उनके प्रदर्शन को इतनी स्पष्टता से याद कर सकते हो कि तुम्हारे भीतर वैसा ही उत्साह पैदा हो जाए, जैसा उस समय हुआ था?"

कोस्त्या ने कहा कि शायद वे भावनाएँ आज उतनी तीव्र नहीं हैं, जितनी उस समय थीं, लेकिन आज भी वे निश्चित रूप से आंदोलित कर देती हैं।

तोर्त्सोव ने यह जानना चाहा कि क्या वह 'भावात्मक स्मृति' इतनी सबल है कि आज भी उसके मुख को लाल कर दे और उसका हृदय स्पंदित होने लगे?

कोस्त्या ने कहा कि अगर वह अपने को उनमें पूरी तरह से डुबो दे, तो हाँ!

तोर्त्सोव ने फिर उससे पूछा कि तुम जब अपने उस जिगरी दोस्त की त्रासद मौत की याद करते हो जिसके विषय में तुमने बताया था तो मानसिक एवं भौतिक रूप में कैसा लगता है? कोस्त्या ने कहा कि मैं उस याद से बचना चाहता हूँ क्योंकि वह उसे हतोत्साहित कर देती है।

तोर्त्सोव ने तब कहा, "वह स्मृति जो तुम्हें मोस्कविन के प्रदर्शन के समय उत्पन्न संवेदनों तथा मित्र की मृत्यु के समय उत्पन्न अनुभूति को फिर से जगा दे 'भावात्मक स्मृति' कहलाएगी। ठीक जैसे तुम्हारी 'दृश्यात्मक स्मृति' किसी भूली हुई वस्तु, स्थान अथवा व्यक्ति के मनःचित्र को फिर से बना देती है, उसी प्रकार तुम्हारी 'भावात्मक स्मृति' पूर्व में अनुभव की गई भावनाओं को वापस ला सकती है। यह हो सकता कि पहले तुम्हें ऐसा लगे कि उसे बुलाया

नहीं जा सकता तभी अचानक कोई सुझाव, कोई विचार, कोई परिचित वस्तु उन्हें फिर से पूरी शक्ति के साथ ला खड़ा करती है। कभी वे भावनाएँ पहले की तरह ही सबल होती हैं और कभी उससे कमज़ोर होती हैं; कभी वह सशक्त भावना लौटती तो है, लेकिन बदले हुए रूप में।

''क्योंकि तुम आज भी किसी अनुभव-विशेष को याद करके उदास हो जाने अथवा पीले पड़ जाने में समर्थ हो, क्योंकि तुम किसी त्रासद घटना को याद करने से अब भी डरते हो, इससे हम यह निष्कर्ष निकाल सकते हैं कि तुममें 'भावात्मक स्मृति' है, लेकिन अभी वह इतनी निर्देशित नहीं है कि वह तुम्हारे रंगमंच पर आते ही तथा कुछ वैसी ही नाटकीय परिस्थिति से संघर्ष प्रारंभ होते ही बिना किसी सहायता के सहज रूप में जाग उठे।''

स्तानिस्लाव्स्की ने 'भावात्मक स्मृति' और हमारी पाँचों इन्द्रियों से सम्बद्ध 'संवेदनात्मक स्मृतियों' का अंतर स्पष्ट किया है। उनके अनुसार ये स्मृतियाँ एक-दूसरे के समानांतर चलती हैं। उन्होंने यह भी बताया कि हमारी पाँचों ज्ञानेन्द्रियों में आँखें सर्वाधिक ग्रहणशील होती हैं। इसके बाद कानों की संवेदनशीलता आती है। इसीलिए आँखों और कानों की स्मृतियाँ हमारे मनोजगत् में विशेष रूप से होती हैं। कुछ चित्रकार ऐसे भी हुए हैं, जिनकी अंतर्दृष्टि इतनी सबल रही है कि वे अपनी स्मरण-शक्ति के सहारे उन व्यक्तियों के भी चित्र बना देते हैं, जो अब जीवित नहीं हैं। कुछ गायकों में भी ऐसी सामर्थ्य मिलती है जो सुने हुए पूरे स्वर-संधान को अपने मन में बिठा लेते हैं और उसे फिर से सुना भी देते हैं। कुछ अभिनेताओं की आँखें और श्रवण-शक्ति इतनी समर्थ होती है कि उनके माध्यम से ग्रहण किए गए अनुभवों को वे जीवंत रूप में पुनर्प्रस्तुत कर देते हैं। वे अपने कुछ विशिष्ट अनुभवों की छाप अपने मनोजगत में बना लेते हैं और फिर सभी प्रकार के दृश्यात्मक और शाब्दिक बिंबों को—किसी व्यक्ति का चेहरा, उसकी अभिव्यंजना, शरीर की रेखा, चाल, गतिविधियाँ, वाणी, स्वभाव, कंठस्वर, वेशभूषा, जातीय विशेषताएँ—आदि फिर से बुला लेने में समर्थ होते हैं।

इससे भी अधिक कुछ लोग विशेष रूप से कलाकार, वास्तविक जीवन में देखी और सुनी चीज़ों को केवल याद रखने और फिर से प्रस्तुत करने में समर्थ ही नहीं होते, वरन् उन वस्तुओं को भी केवल मनोजगत् में जिसकी परिकल्पना की है, उन्हें भी बिना देखे-सुने प्रस्तुत कर देते हैं। 'दृश्यात्मक स्मृति' से सम्पन्न कलाकार, जैसी उनसे अपेक्षा की जाती है, देखने में विशेष रुचि लेते हैं और फिर तदनुरूप भावनाएँ भी उनमें जाग जाती हैं। कुछ अन्य

कलाकारों की रुचि, रूपायित हो रहे व्यक्ति के शब्दों, वाग्विन्यास अथवा कंठस्वर में विशेष रूप से होती है। उनकी प्राथमिक चेतना उनकी शब्द-स्मृतियों को लेकर आगे बढ़ती है।

इस संदर्भ में किसी छात्र ने यह जानना चाहा कि अन्य ज्ञानेंद्रियों के संवेदनों की क्या स्थिति है? क्या अभिनेता को उनकी भी अपेक्षा होती है?

तोर्त्सोव ने इस जिज्ञासा को शांत करते हुए कहा, "निश्चित रूप से होती है। चेख़व ने 'इवानव' के आरंभिक दृश्य के तीन पेटू वीरों के संबंध में सोचो...तुम्हें उस दृश्य को प्रदर्शित करना है, कुछ इस प्रकार कि तुम्हारे और हमारे, दोनों के मुँह में पानी आ जाए। यह करने के लिए तुम्हें किसी स्वादभरी खाने की चीज़ की बड़ी विशद-स्मृति जगाने को मजबूर होना पड़ेगा, अन्यथा तुम उस दृश्य को अतिरंजित कर दोगे और तुम्हें किसी प्रकार के स्वाद का आनंद नहीं आएगा।"

एक छात्र ने यह जानना चाहा कि स्पर्श के बोध का कहाँ प्रयोग किया जा सकता है? तोर्त्सोव ने 'इडीपस' के उस दृश्य की ओर संकेत किया जिसमें सम्राट अपनी आँखें फोड़ लेता है और स्पर्श के सहारे ही अपने बच्चों को पहचानता है।

इंद्रियबोध के इस प्रसंग का समाहार करते हुए वे कहते हैं कि "सर्वाधिक पूर्णता की सीमा तक विकसित तकनीक को भी कला के नैसर्गिक स्वरूप के समकक्ष नहीं रखा जा सकता।" स्तानिस्लाव्स्की अपने लंबे अनुभव के आधार पर कहते हैं कि किसी भी प्रणाली में प्रशिक्षित किसी भी देश का कोई भी अभिनेता उस ऊँचाई को छूने में समर्थ नहीं दिखलाई दिया, जहाँ प्रकृति के प्रशिक्षण में रहकर कलात्मक अंतर्दृष्टि पहुँचा सकती है। हमें इस तथ्य की उपेक्षा नहीं करनी चाहिए कि हम अपनी जटिल प्रकृति के अनेक महत्वपूर्ण पक्षों से न तो परिचित हैं और न वे हमारी, और न हमारी चेतना के निर्देशन के अधीन ही हैं, केवल प्रकृति की उन तक पहुँच है। जब तक हम उसकी सहायता नहीं लेते, तब तक हमें अपने जटिल रचनात्मक उपकरण पर आंशिक अधिकार से ही संतोष करना होगा।

इसके बाद उन्होंने यह स्पष्ट किया कि हमारी गंध, स्वाद और स्पर्श की संवेदनाएँ यद्यपि हमारे लिए उपयोगी हैं, और नाट्य-कला में कभी महत्त्वपूर्ण भी हो जाती हैं, तथापि जहाँ तक हमारी 'भावात्मक स्मृति' को प्रभावित करने की बात है, उनकी भूमिका सहायक की ही होती है।

## 3

स्तानिस्लाव्स्की ने इसके बाद कोस्त्या के माध्यम से 'भावात्मक स्मृति' के संबंध में आगे विचार किया है : वह कैसे बनती है, कैसे विकसित होती है, कैसे बदलती है, कैसे रूपायित होती है, इत्यादि। उसने इस बीच एक दिन सड़क पर अपनी आँखों के आगे एक भयानक दुर्घटना देखी : एक बूढ़े आदमी को एक बड़ी गाड़ी ने कुचल दिया। कोस्त्या का मन अत्यधिक संवेदना से भर उठा था, लेकिन एक-दो दिन बाद जब वह वहाँ से गुज़रा तो उसने देखा कि वहाँ उस त्रासद दुर्घटना का कोई चिह्न शेष नहीं है। उसके मन में आया कि दुनिया ने तो उसे भुला दिया है, लेकिन उसके बीवी-बच्चे भूखों मर रहे होंगे; उसे लगा कि यह दुनिया बड़ी क्रूर है, यहाँ बस अन्याय और अत्याचार है।

उसके सात-आठ दिन बाद, जब वह वहाँ से फिर से गुज़रा तो उसने देखा कि उस स्थान पर हिमपात हो रहा है। जहाँ उसने पहले रक्त-प्रवाह देखा था, वहाँ अब इंद्रधनुषी रंगों से अभिरंजित बड़ा मनोरम दृश्य था। वह दुर्घटना, बहता हुआ खून, सड़क पर पड़ी वह काली आकृति, आकाश में चमकता सूर्य! उसे लगा यही सच है : सड़क पर गाड़ियाँ आ-जा रही थीं, पीढ़ियाँ अनजान क्षितिजों की यात्राएँ कर रही थीं, तब सारा परिदृश्य भयानक था और अब वही भव्य लग रहा था। लेकिन तभी उसकी स्मृति ने उनकी आँखों के आगे एक दूसरा दृश्य खड़ा कर दिया। बहुत दिन हुए, सड़क से लगी हुई एक पगडंडी पर एक बंदर मरा हुआ पड़ा था और एक इतालवी बड़ा भाव-विभोर होकर उसे देख रहा था। वह रो रहा था और फिर उसने झुककर उस बंदर के मुँह में संतरे की कुछ फाँकों से उनका रस निचोड़ा। उसे लगा कि उस भिखारी की मृत्यु की तुलना में इस दृश्य ने उसे कहीं अधिक प्रभावित किया है; उसकी स्मृति उसके मनोजगत् में कहीं गहरी है। उसके मन में आया कि अगर उसे मंच के ऊपर उस बूढ़े के साथ हुई दुर्घटना को प्रदर्शित करना हो, तो इस मरे हुए बंदर के साथ घटित हुए प्रसंग से कहीं अधिक सामग्री प्राप्त होगी।

उसे बड़ा आश्चर्य हो रहा था कि आखिर ऐसा करने की इच्छा उसमें क्यों जाग रही है?

## 4

तोर्त्सोव के लौटने पर कोस्त्या ने उन्हें अपना सारा मनोव्यापार सुनाया। उन्होंने कहा, "हमारे मनोजगत में जो कुछ होता है, यह उसका अत्यंत महत्त्वपूर्ण उदाहरण है। हममें से प्रायः सभी ने अनेक घटनाओं को देखा है, जिनकी स्मृति

हमारे मन में होगी, लेकिन हम केवल प्रभावपूर्ण विशेषताओं को ही स्मृति में सुरक्षित रख पाते हैं, उनकी विस्तृत बारीकियों को नहीं। इन्हीं प्रभावों के आधार पर संबंधित अनुभवों को लेकर सघन, गहरी और परिव्याप्त संवेदनात्मक स्मृति हमारे मन में बनती है। वह वास्तव में एक बड़े ही विस्तृत स्मृति-प्रवाह का समाहार होती है। वह विशुद्ध, घनीभूत, सुव्यवस्थित, सारगर्भित और वास्तविक घटनाओं से कहीं अधिक तीव्र होती है।

"समय हमारी भावात्मक स्मृतियों के लिए एक विलक्षण छलनी का कार्य करता है। इसके साथ ही समय बहुत बड़ा कलाकार होता है। वह केवल विशुद्ध ही नहीं करता, वरन् कष्टप्रद वास्तविक स्मृतियों को भी मनोरम कविता में रूपान्तरित कर देता है।"

एक छात्र की टिप्पणी थी, "महान् कवि और कलाकार फिर भी प्रकृति से ही सामग्री लेते हैं।"

तोर्त्सोव ने समझाते हुए कहा, "लेकिन वे उसका फ़ोटोग्राफ़ नहीं खींचते। उनकी विषय-वस्तु उनके व्यक्तित्व के भीतर से होकर गुज़रती है और वह जो कुछ उन्हें देती है, वह उनकी भावात्मक स्मृति के संग्रहालय से ली गई सामग्री से परिपूर्ण होता है। उदाहरण के लिए शेक्सपियर ने अपने नायकों और खलनायकों को...अन्य लोगों की कहानियों से लिया है, लेकिन उन्होंने उन्हें जीवंत रूप प्रदान कर दिया है। उनके मनःचित्रों में अपनी भावात्मक स्मृति के स्फटिकों को संजोते हुए समय ने उनकी धारणाओं को इतना सुस्पष्ट और काव्यात्मक बना दिया था कि वे उनकी रचनाशीलता के लिए विलक्षण सामग्री बन गए थे।"

स्तानिस्लाव्स्की इस प्रक्रिया को आश्चर्यजनक नहीं मानते। उनका प्रश्न है कि "क्या तुम हमारी भावात्मक स्मृति को वैसे ही रूपायित कर सकते हो, जैसी वे वास्तव में होती हैं? कल्पना करो कि बहुत सारे घर हैं, हर घर में बहुत से कमरे हैं, हर कमरे में बहुत सारी अलमारियाँ हैं, उनमें बहुत से खाने हैं, अनेक छोटे-छोटे खाने, उनमें न जाने कितने डिब्बे हैं और उनमें से किसी एक में कहीं एक छोटा-सा मनका है। सही घर, सही कमरा, सही खाना और सही उपखाना खोज लेना आसान है; लेकिन सही डिब्बा खोजना बड़ा मुश्किल है। कहाँ हैं वे तेज़ आँखें, जो उस छोटे-से मनके को खोज लेंगी जो आज अचानक लुढ़क पड़ा था, एक क्षण के लिए चमका और फिर दृष्टि से ओझल हो गया—केवल सौभाग्य से ही वह फिर कभी मिलेगा।

"तुम्हारी स्मृति के अभिलेखागार में, संग्रहालय में कुछ ऐसा ही है। उसमें

भी वे अनेक विभाग, संभाग और उपविभाग हैं। कुछ अन्यों की तुलना में अधिक पहुँच के भीतर हैं। समस्या उस मनोभावना को फिर से पकड़ पाने की है, जो एक बार उल्का के समान चमक उठी थी। अगर वह सतह के पास रहती है और तुम्हारे पास वापस आ जाती है, तो तुम्हें अपने भाग्य को धन्यवाद देना चाहिए। लेकिन यह मत सोचो कि वह चीज़ तुम फिर से पा लोगे। कल उसके स्थान पर कोई उससे बहुत ही अलग वस्तु प्रकट हो सकती है। उसके प्रति आभार प्रकट करो और किसी और चीज़ की आशा न करो। अगर तुम यह सीख लो कि कैसे इन बार-बार आती हुई स्मृतियों को ग्रहण किया जा सकता है, तो वे नई स्मृतियाँ बनने के साथ ही तुम्हारी भावनाओं को बार-बार आंदोलित करने में समर्थ होंगी। तुम्हारी अंतरात्मा धीरे-धीरे अधिक संवेदनशील बन जाएगी। बार-बार दोहराए जाने के कारण प्रभाव में हल्के हो गए भूमिका के भावों के साथ नई ऊष्मा के साथ टकराएंगी।

''जब अभिनेता की प्रतिक्रियाएँ अधिक सबल होती हैं, तो अंतःप्रेरणा उत्पन्न हो सकती है। इसके अतिरिक्त संयोग से कभी तुम्हारी हो गई अंतःप्रेरणा का पीछा करने में समय बर्बाद न करो। उसे बीते हुए कल की तरह, बचपन की खुशियों की तरह और पहले प्यार की तरह फिर से नहीं पाया जा सकता। आज के लिए नई और ताज़ी अंतःप्रेरणा उत्पन्न करने की कोशिश में लगो। यह मान लेने का कोई कारण नहीं है कि आज की अंतःप्रेरणा कल की अंतःप्रेरणा से अच्छी नहीं होगी। हो सकता है कि वह उतनी विलक्षण न हो, लेकिन यह लाभ तो होगा कि वह तुम्हें आज मिलेगी; तुममें रचनात्मक स्फुलिंग उत्पन्न करने के लिए तुम्हारी आत्मा की गहराई से वह स्वाभाविक रूप में उठी होगी। कौन कह सकता है कि किस सच्ची अंतःप्रेरणा का जागना अधिक अच्छा है। प्रत्येक अंतःप्रेरणा अपने ही रूप में विलक्षण होती है बशर्ते अंतश्चेतना से ही उत्पन्न हो।''

कोस्त्या ने यह सुनकर जानना चाहा कि अगर प्रेरणा के ये बीज हमारे भीतर सुरक्षित हैं और वे बाहर से नहीं आते, तो क्या यह निष्कर्ष निकाला जा सकता है कि प्रेरणा मौलिक नहीं, वरन् आनुषंगिक होती है।

तोर्त्सोव ने कहा, ''मैं नहीं जानता। उपचेतना का विषय मेरा क्षेत्र नहीं है। इसके अतिरिक्त मुझे नहीं लगता कि हमें उस रहस्यात्मकता को विनष्ट करने की कोशिश करनी चाहिए, जिससे हम अंतःप्रेरणा के क्षणों को स्वभावतः आवृत्त किए रहते हैं। रहस्यात्मकता स्वयं में बड़ी सुंदर होती है, और वह रचनाशीलता की उत्प्रेरक भी होती है।''

लेकिन कोस्त्या इसे मानने को राज़ी नहीं हुआ। उसने यह जानना चाहा कि क्या रंगमंच पर किए गए अनुभव का मूल आनुषंगिक नहीं होता?

तोर्त्सोव ने जवाब दिया, ''तथ्यतः देखा जाए तो क्या हम किन्हीं वस्तुओं को पहली बार ही अनुभव करते हैं? मैं यह भी जानना चाहता हूँ कि जब हम रंगमंच पर होते हैं तो मौलिक ताज़ी अनुभूतियों का अनुभव अच्छी बात होती है या नहीं—विशेष रूप से उन भावनाओं का जिनका हमने वास्तविक जीवन में पहले कभी अनुभव ही नहीं किया है।''

इस प्रश्न का उत्तर देते हुए वह कहते हैं, ''यह उनकी कोटि पर निर्भर करता है। मान लो तुम 'हैमलेट' के अंतिम अंक के उस दृश्य का प्रदर्शन कर रहे हो जहाँ तुम अपने को अपनी तलवार के साथ राजा की भूमिका में उतरे अपने मित्र पॉल पर गिरा देते हो और अचानक तुम्हारी जिंदगी में पहली बार खून की प्यास तुम्हारे ऊपर हावी हो जाती है। यद्यपि तुम्हारी तलवार बड़ी भोंथरी सामग्री का हथियार है, जिससे कि वह खून न निकाल दे, लेकिन वह ऐसे संघर्ष का कारण तो हो ही सकती है जिससे पर्दा गिराने की नौबत आ जाए। क्या तुम्हें यह लगता है कि किसी अभिनेता के लिए यह बड़ी बुद्धिमानी की बात होगी कि वह खुद को ऐसे उत्कट भावावेग में बह जाने दे?''

क्या इसका यह मतलब है कि वे कभी भी वांछनीय नहीं है?

स्तानिस्लाव्स्की मानते हैं कि ''इसके प्रतिकूल वे अत्यधिक वांछनीय हैं। लेकिन ये सीधी, सशक्त और विशद् भावनाएँ रंगमंच पर लम्बे समय तक नहीं चलतीं—एक अंक तक भी नहीं। वे छोटे-छोटे प्रसंगों में, एकल क्षणों में चमकती हैं। उस रूप में वे बड़ी स्वागतेय होती हैं। हम केवल यही आशा कर सकते हैं कि वे जल्दी-जल्दी प्रकट होंगी और हमारी भावनाओं की सच्चाई को तीव्र बनाने में मदद करेंगी। भावनाओं की सच्चाई रचनात्मक कला में सर्वाधिक मूल्यवान प्रवृत्तियों में से एक है। इन सहज-स्वाभाविक उन्मेषों की स्वाभाविक विशेषता अप्रतिरोध्य एवं उत्प्रेरक शक्ति है।''

लेकिन उन्होंने सावधान करते हुए यह भी कहा है कि ''उनके संबंध में दुर्भाग्य की बात यह है कि हम उन्हें अपने अनुशासन में नहीं रख सकते। वे स्वयं हमें अपने अनुशासन में ले लेती हैं। इसलिए हमारे पास इसके अलावा कोई विकल्प नहीं है कि हम उन्हें प्रकृति के भरोसे छोड़ दें और कहें कि उन्हें आना है तो आने दो। हम केवल आशा करेंगे कि वे भूमिका के साथ मिलकर कार्य करेंगी, उसके उद्देश्यों का विरोध नहीं।''

असंभावित और अचेतन भावनाओं का आ जाना निश्चित रूप से

लुभावना है। हम उसी का तो स्वप्न देखते हैं, और हमारी कला का वह बहुत रुचिकर पक्ष है। लेकिन इससे यह निष्कर्ष नहीं निकालना चाहिए कि अभिनेता को यह अधिकार मिल जाता है कि वह भावात्मक-स्मृतियों से बार-बार ग्रहण की जानेवाली भावनाओं के महत्त्व को कम कर दे। इसके प्रतिकूल उसे उनके प्रति पूरी तरह से समर्पित होना चाहिए क्योंकि वे ही एकमात्र साधन हैं, जिससे वह किसी अंश तक अंतःप्रेरणा को प्रभावित कर सकता है।

तोर्त्सोव ने इस स्थल पर अपने अभिनय-दर्शन के एक महत्त्वपूर्ण सूत्र की याद दिलाई है : ''सचेतन साधनों के माध्यम से हम उपचेतन तक पहुँचते हैं।''

इसी प्रसंग को आगे बढ़ाते हुए उन्होंने कहा है, ''एक और कारण है बार-बार उत्पन्न होनेवाली भावनाओं में रुचि लेने का। वह यह है कि एक कलाकार अपनी भूमिका की रचना पहली बार में हाथ आ जानेवाली वस्तु से नहीं करता। वह अपनी स्मृतियों में से बड़ी सावधानी से चयन करता है; वह अपने जीवंत और मनोरम अनुभवों में से उन्हें बाहर निकालता है। वह रूपायित व्यक्ति की आत्मा की रचना अपने प्रतिदिन के संवेदनों से नहीं करता, वरन् उन भावनाओं से करता है जो उसे विशेष रुचिकर होती हैं। अंतःप्रेरणा के लिए क्या तुम और अधिक उपजाऊ भूमि की कल्पना कर सकते हो? एक कलाकार अपने सर्वोत्तम को ही देता है; और फिर उसे मंच पर ले जाता है। नाटक की अपेक्षाओं के अनुसार वह रूप बदलता है। लेकिन कलाकार की मानवीय भावनाएँ वैसी ही जीवंत बनी रहती हैं, उन्हें किसी अन्य वस्तु से बदला भी नहीं जा सकता।''

ग्रीशा बीच में बोल पड़ा, ''क्या आपका मतलब यह है कि हर तरह की भूमिका में 'हैमलेट' से लेकर 'दि ब्ल्यू बर्ड' की शुगर तक हमें अपनी पुरानी भावनाओं का ही उपयोग करना है?''

स्तानिस्लाव्स्की इस संबंध में विवशता प्रकट करते हुए कहते हैं कि अभिनेता के पास इसके अतिरिक्त कोई रास्ता भी नहीं है; प्रत्येक भूमिका के लिए नई आत्मा की खोज संभव नहीं है और अभिनेता के सामने भावनाओं को अपने भीतर स्थान देने की सीमा भी है। दूसरे धरातल पर कहा जाए तो अभिनेता के लिए सदा यह संभव नहीं होता कि वह अपने अंतःस्थल को चीरकर अपनी आत्मा को अलग कर दे और उसके स्थान पर किसी भूमिका के लिए अधिक उपयुक्त गृहीत आत्मा को प्रतिष्ठापित कर दे। फिर यह समस्या भी है कि ऐसी आत्मा मिलेगी कहाँ? किसी से उसके कपड़े, घड़ी या दूसरी चीज़ें

तो उधार ली जा सकती हैं, भावनाओं को तो उधार नहीं माँगा जा सकता! प्रत्येक व्यक्ति की भावनाएँ उसकी निजी संपत्ति होती हैं। अभिनेता भूमिका के साथ सामंजस्य बिठा सकता है, रूपायित होनेवाले व्यक्ति के प्रति सहानुभूतिशील हो सकता है, उसके स्थान पर स्वयं को रख सकता है ताकि वह उस व्यक्ति की भाँति क्रिया-प्रतिक्रिया कर सके। भूमिका के लिए यही प्रक्रिया अपेक्षित होती है, जो रूपायित होनेवाले व्यक्ति के समान भावनाओं को जगाएगी, लेकिन ये भावनाएँ लेखक द्वारा रचित व्यक्ति की भावनाएँ नहीं होंगी वरन् स्वयं अभिनेता की होंगी।

स्तानिस्लाव्स्की भावना-संबंधी इस विवेचन को यहीं समाप्त नहीं करते। विवेचन को विस्तार देने की दृष्टि से वह तोर्त्सोव से कहलवाते हैं कि "रंगमंच पर कभी अपने को भूलो नहीं। हमेशा एक कलाकार के रूप में अपने व्यक्तित्व के अनुरूप कार्य करो। तुम अपने से दूर जा ही नहीं सकते। जिस क्षण, तुम रंगमंच पर अपने को भूल जाते हो, वही क्षण तुम्हारा अपनी भूमिका से दूर चले जाने का होता है और फिर अतिरंजित तथा झूठा अभिनय होने लगता है।

"इसलिए, कोई बात नहीं कि तुम्हें कितना अभिनय करना है, कितनी भूमिकाएँ तुम्हें निभानी हैं; तुम्हें स्वयं को अपने भाग की भावनाओं के प्रयोग के नियम का अपवाद उपस्थित करने की अनुमति नहीं देनी चाहिए। इस नियम को तोड़ना उस व्यक्ति को मार डालने जैसा होगा, जिसे तुम रूपायित कर रहे हो। क्योंकि तुम उसे उस स्पंदनशील, सजीव, मानवीय आत्मा से वंचित नहीं कर सकते, जो भूमिका के जीवन की वास्तविक स्रोत है।"

ग्रीशा फिर भी यह मानने को तैयार नहीं हुआ कि अभिनेता को हमेशा खुद को ही प्रदर्शित करना चाहिए।

निर्देशक ने तब और दृढ़ता से कहा, "यही वह काम है, जो तुम्हें करना है। मंच पर सदा तुम्हें अपना ही प्रदर्शन करना चाहिए; लेकिन वह अनंत प्रकार के उद्देश्यों और प्रदत्त परिस्थितियों के समायोजित स्वरूप में होगा। अपनी भूमिका के लिए तैयार अनुभव, जो तुम्हारी भावात्मक-स्मृति की भट्ठी में ढाले गए हैं, आंतरिक रचनाशीलता के लिए सबसे अच्छी और केवल सच्ची सामग्री है। उसी का उपयोग करो; किसी अन्य स्रोत से कुछ और लेने पर विश्वास न करो।"

ग्रीशा ने आपत्ति उठाई कि लेकिन इस संसार में सभी प्रकार की भूमिकाओं के लिए सभी प्रकार की भावनाएँ मन में कैसे संभव हो सकती हैं?

तोर्त्सोव ने इसका समाधान करते हुए कहा "जिनके लिए तुम्हारे पास

समुचित भावनाएँ नहीं हैं उन भूमिकाओं को तुम कभी भली प्रकार प्रदर्शित नहीं कर सकोगे। उन्हें तुम्हें अपनी नाट्य-माला से अलग कर देना होगा। अभिनेता मूलतः अलग-अलग प्रकार के नहीं होते, उनमें विभेद तो उनकी आंतरिक विशेषताओं के कारण उत्पन्न होते हैं।''

तब उनसे पूछा गया कि एक ही व्यक्ति कैसे दो परस्पर-विरोधी व्यक्तियों को रूपायित कर सकता है?

उन्होंने जवाब दिया, ''प्रारंभिक बात तो यह है कि अभिनेता न तो एक होता है और न दूसरा रूप ही ग्रहण करता है। उसके अपने व्यक्तित्व में विशद अथवा अस्पष्ट रूप में विकसित भीतरी और बाहरी वैयक्तिकताएँ होती हैं। यह हो सकता है कि उसकी अपनी नैसर्गिक प्रकृति में न तो एक चरित्र का खलनायकत्व हो और न दूसरे का औदात्य ही हो; लेकिन इन दोनों ही प्रकृतियों के बीज उसमें होंगे क्योंकि हममें सभी अच्छी-बुरी मानवीय विशेषताओं की प्रवृत्तियाँ होती ही हैं। एक अभिनेता को अपनी कला और तकनीक का उपयोग स्वाभाविक साधनों के माध्यम से उन प्रवृत्तियों की खोज के लिए करना चाहिए जो अपनी भूमिका को विकसित करने के लिए उसके लिए जरूरी है। इस प्रक्रिया से उस व्यक्ति की अंतरात्मा, जिसे वह रूपायित कर रहा है, उसकी अपनी जीवन-चेतना के तत्त्वों से समायोजित हो जाएगी।

''तुम्हारा पहला विचारणीय विषय तुम्हारी अपनी भावात्मक सामग्री को बाहर निकालने के साधनों की खोज होनी चाहिए। तुम्हारा दूसरा कार्य अपनी भूमिकाओं के लिए मानवीय आत्माओं, चरित्रगत विशेषताओं, मनोभावनाओं, भावावेगों के अनंत प्रकार के समायोजनों के संरचना के साधनों की खोज होनी चाहिए।''

इन साधनों और रीतियों को प्राप्त करने के लिए स्तानिस्लाव्स्की अभिनेता द्वारा अपनी भावात्मक स्मृतियों का कैसे प्रयोग किया जाए, यह सीखने की सलाह देते हैं। उन्होंने इस प्रक्रिया को जटिल अवश्य माना है, लेकिन उनका मत है कि इसे बाह्य और आंतरिक उत्प्रेरकों के माध्यम से पूरा किया जा सकता है। इस पर विस्तार से चर्चा करने के लिए स्तानिस्लाव्स्की ने रंगमंच को आधार बनाया है।

## 5

स्तानिस्लाव्स्की ने भावात्मक स्मृतियों को जगाने और फिर उन्हें सक्रिय करने में रंगमंच की व्यवस्था की भी भूमिका को रेखांकित करते हुए स्पष्ट कहा है

कि दृश्यबंध का स्वरूप अभिनेताओं की मनोभावनाओं के निर्माण, उनकी रचनाशीलता को जगाने और फिर उन्हें प्रसंग के अनुरूप सक्रिय करने में सहायता करता है। इसी प्रकार अनेक तरह की ध्वनि और प्रकाश की विशेषताएँ भी, उनके मनोभावों को बनाने, उन्हें रूपांतरित करने और उनके प्रभाव को बढ़ाने में योग देती हैं।

छात्र एक दिन जब कक्षा में पहुँचे, तो रंगमंच का बाहर का पर्दा उठा हुआ था। मंच की व्यवस्था बहुत विचित्र थी। खाने के कमरे को शयन-कक्ष और शयन-कक्ष को खाने के कमरे में बदल दिया गया था। इन दोनों ही कमरों का फ़र्नीचर सस्ते क़िस्म का और भद्दा था। छात्रों ने जब यह देखा तो पहले तो वे बड़े आश्चर्यचकित हुए, फिर उन्होंने शोर मचाना आरंभ किया कि इसे सुव्यवस्थित किया जाना चाहिए। उनका कहना था कि यह बदला हुआ परिवेश हतोत्साहित करनेवाला है, और उसमें कोई काम कर पाना संभव नहीं है।

तोर्त्सोव ने यह सुनकर कहा कि यहाँ का काफ़ी सामान चला गया है, इसलिए पहली जैसी व्यवस्था कर पाना संभव नहीं है। यहाँ जो कुछ है, छात्र स्वयं उसे अपनी इच्छा के अनुसार इधर-उधर कर सकते हैं।

छात्रों ने जब थोड़ा-बहुत परिवर्तन कर लिया तो तोर्त्सोव ने उन्हें रोककर पूछा कि अराजक व्यवस्था उनके मन में किन ऐंद्रिय संवेदनों को जगा रही थी।

छात्र इसके बाद भी फ़र्नीचर इधर-उधर करते रहे। फिर उन बदली हुई स्थितियों के अनुरूप उन्होंने अपनी परिवर्तित मनोभावनाओं की विवेचना की। अंततः जब उन्होंने रंगमंच को यथासंभव सुव्यवस्थित कर लिया, तो उन्होंने प्रकाश और ध्वनि व्यवस्था की माँग की।

धीरे-धीरे प्रकाश मद्धिम किया गया जिससे वातावरण शांत हो गया और फिर सब कुछ रुचिकर लगने लगा। लेकिन जब अँधेरा और बढ़ा तो विषाद की भावना गहराने लगी। छात्र कुछ चिन्ताशील हो गए, और उनकी पलकें भारी हो गईं। फिर तेज़ हवा चली, और उसके बाद तो तूफ़ान ही आ गया। खिड़कियों के पल्ले हिलने लगे, गर्जना का स्वर सुनाई देने लगा, और भी अनेक प्रकार की आवाज़ें सुनाई पड़ने लगीं। तभी पानी बरसने लगा और पल्लों पर ओले भी गिरने लगे। यह बदला हुआ माहौल निराशा की भावना को तेज़ कर रहा था। फिर बाहर का शोर शांत हो गया। पास के कमरे से दीवार-घड़ी की टिक्-टिक् ज़ोर-ज़ोर से सुनाई देने लगी। कोई पियानो बजाने लगा। पहले उसमें कोमल, और फिर शोक के स्वर उठने लगे। चिमनियों का शोरगुल भी

बढ़ गया और अवसाद का भाव फैलने लगा। शाम होने पर रोशनियाँ फिर जला दी गईं, पियानो का बजना भी बंद हो गया। कुछ दूर पर दीवार-घड़ी ने बारह के घंटे बजाए। आधी रात, अँधेरे का साम्राज्य, जमीन पर एक चूहे के चलने की आवाज़, यदा-कदा किसी गाड़ी के हॉर्न का शोर, और फिर ट्रेन की सीटी की आवाज़ सुनाई दी। अंततः सभी ध्वनियाँ शांत हो गईं और चारों ओर मौन व्याप्त हो गया। फिर पूरी तरह से अँधेरा हो गया। कुछ देर बाद ऐसा लगा कि पूरी छायाएँ उतर रही हैं। सवेरा हो गया। सूर्य की पहली किरणें जब कमरे में आयीं, तो शांति का अनुभव हुआ।

वान्या ने यह सब देख-सुनकर बड़े उत्साह के साथ कहा कि वास्तविक जीवन से तो उसे यह सब कहीं अधिक अच्छा लगा है।

एक अन्य छात्र ने कहा कि सामान्य जीवन में ये परिवर्तन बड़े धीरे-धीरे होते हैं, इसलिए मनोभाव के बदलने की स्पष्ट जानकारी नहीं हो पाती, लेकिन जब 24 घंटों को कुछ मिनटों में ही बदल दिया जाता है, तो प्रकाश के बदलते हुए स्वरों का प्रभाव शक्तिशाली हो उठता है।

तोर्त्सोव ने इस पर कहा कि चारों ओर की परिस्थितियों के बदलने का प्रभाव भावनाओं पर बहुत अधिक पड़ता है। यह प्रभाव मंच पर तो होता ही है, वास्तविक जीवन में भी दृष्टिगत होता है। एक समर्थ निर्देशक के हाथों में ध्वनि और प्रकाश के बदलने के ये साधन बड़े रचनात्मक और कलात्मक माध्यम बन जाते हैं।

इसी प्रसंग को आगे बढ़ाते हुए उन्होंने कहा है कि "जब एक नाटक का बाहर से बनाया गया स्वरूप अभिनेताओं के आध्यात्मिक जीवन से भीतर से बँधा हुआ होता है तो वह रंगमंच पर वास्तविक जीवन की तुलना में प्रायः अधिक महत्व ग्रहण कर लेता है। अगर वह नाटक की अपेक्षा के अनुरूप होता है और सही मनोदशा की रचना करता है, तो वह अभिनेता को अपनी भूमिका के आंतरिक स्वरूप को व्यवस्थित करने में भी सहायता करता है। वह उसकी मनोदशा और भावना की सामर्थ्य को भी प्रभावित करता है। ऐसी परिस्थितियों में परिदृश्य निश्चित रूप से हमारी भावनाओं का उत्प्रेरक होता है।"

तोर्त्सोव ने इसके बाद इस मान्यता को अधिक स्पष्ट करने के लिए कहा कि अगर कोई अभिनेत्री मार्गेरीते की भूमिका में प्रार्थना की मुद्रा में बैठी है और मैफ़िस्टोफ़िलीस उसे सम्मोहित करना चाहता है, तो निर्देशक को कुछ ऐसे साधनों का प्रयोग करना चाहिए जिससे उसे लगे कि वह एक गिरजाघर में बैठी हुई है। यह उसे अपनी भूमिका में होने का अनुभव करने में सहायता करेगा।

एक छात्र ने यह जानना चाहा कि जब कोई निर्देशक एकदम शानदार दृश्यबंध का निर्माण कर देता है लेकिन वह नाटक की आंतरिक अपेक्षाओं के अनुरूप नहीं बैठता, तो क्या होता है?

जवाब मिला, "दुर्भाग्य से ऐसा अक्सर होता है और उसका नतीजा हमेशा बुरा ही होता है क्योंकि उसकी अनुभूति अभिनेताओं को गलत रास्ते पर ले जाती है तथा उनके और उनकी भूमिकाओं के बीच व्यवधान खड़े कर देती है।"

एक छात्र ने यह जानना चाहा कि अगर मंच की व्यवस्था सीधी-सादी होते हुए भी प्रसंग के अनुरूप नहीं होती तो क्या होता है?

तोर्त्सोव ने कहा कि नतीजा और भी बुरा होता है। पर्दे के पीछे निर्देशक के साथ कार्य करनेवाले कलाकार सादी मंच-व्यवस्था से भी विरोधी प्रभाव उत्पन्न करते हैं। वे मंच पर अभिनेताओं का ध्यान बाँधे रहने की बजाय विमुख करते हैं; फिर वे उन्हें फुट-लाइट्स के दूसरी ओर दर्शकों को निर्णय के लिए फेंक देते हैं। नाटक की बाहरी व्यवस्था निर्देशक के हाथों में एक दुधारी तलवार की तरह होती है, जो दोनों ही ओर काटती है। वह समान रूप से अच्छे और बुरे दोनों प्रकार के प्रभाव उत्पन्न करती है।

स्तानिस्लाव्स्की ने एक समस्या रखी है कि क्या हर अच्छा दृश्यबंध, रंगमंच की सुंदर व्यवस्था अभिनेता की सहायता करती है और उसकी भावात्मक स्मृति को प्रभावित करती है? उन्होंने इस संबंध में छात्रों को उदाहरण के रूप में कहा कि वे एक ऐसे सुंदर दृश्यबंध की कल्पना करें, जो रंग-रेखा और परिदृश्य के निर्माण की विलक्षण क्षमता वाले किसी कलाकार द्वारा रचा गया है। वह दृश्यबंध दर्शक-दीर्घा से देखे जाने पर सभी को पूर्णतः मुग्ध कर लेता है, लेकिन जब अभिनेता उसके निकट जाते हैं अथवा निकट से देखते हैं तो वह सम्मोहन टूट जाता है। वह मंचीय व्यवस्था सामान्य दृष्टि में वह चाहे कितनी ही अच्छी क्यों न हो, मूल्यहीन हो जाती है। उसमें चौड़ाई और ऊँचाई तो होती है लेकिन वह गहराई नहीं होती, रंगमंच के संदर्भ में जिसके बिना वह दृश्य निर्जीव होता है।

तोर्त्सोव ने छात्रों से इस संबंध में कहा, "अपने अनुभव से तुम यह भली प्रकार जानते हो कि बिना सामग्री का खाली रंगमंच एक अभिनेता को कैसा लगता है? उस पर ध्यान को केंद्रित करना उसके लिए कितना कठिन होता है और फिर एक छोटे-से अभ्यास या साधारण-से प्रसंग को प्रदर्शित करना भी कितना मुश्किल हो जाता है।

"जरा ऐसी ही किसी जगह खड़े होकर, हैमलेट, ऑथेलो या मैकबेथ की भूमिका का प्रदर्शन करने की कोशिश करो। निर्देशक की सहायता बिना गतिविधियों की समुचित योजना, बिना उस सामग्री के जिसका तुम सहारा ले सको, बैठ सको, उसकी ओर जा सको, अथवा जिसके चारों ओर अपने को इकट्ठा कर सको, कितना कठिन होता है। इस कठिनाई का कारण है। क्योंकि हर परिस्थिति, जो रंगमंच पर तुम्हारे लिए तैयार की जाती है, उसे तुम्हारी आंतरिक मनोदशा को बाहरी आकार प्रदान करने में सहायक होना ही चाहिए और. यहाँ वैसी व्यवस्था नहीं खड़ी की गई है, इसीलिए रंगमंच पर तीसरे आयाम-परिदृश्य की गहराई की व्यवस्था अनिवार्य है जिसमें तुम चल-फिर सको, जी सको और अपेक्षानुसार विभिन्न प्रकार की चेष्टाएँ कर सको।

## 6

तोर्त्सोव ने इसके बाद भावात्मक-स्मृति को समझाने की दृष्टि से रंगमंच पर बाहरी व्यवस्था के संबंध में, छात्रों से अनेक प्रकार के प्रयोग कराए। सभी छात्र, कुछ अकेले-अकेले और कुछ किसी को साथ लेकर बैठ गए। यह देखकर तोर्त्सोव ने कहा, "तुम सभी ने अपने मनोभाव के अनुरूप व्यवस्था बना ली है। तुमने बड़ा सही दृश्यबंध बनाया है और अपने उद्देश्य के अनुरूप उसका प्रयोग भी किया है। संभवतः हुआ यह है कि जो दृश्यबंध तुम्हें मिला है, उसमें तुम्हें तुम्हारी मनोदशा और कार्यव्यापार के संबंध में कुछ निश्चित निर्देश दिए हैं और तुमने उनके अनुरूप कार्य किया है।

उसके बाद उन्होंने यह जानना चाहा कि प्रत्येक छात्र किसी-न-किसी विशेष स्थान और विशेष मुद्रा में ही क्यों बैठा हुआ है?

हर एक छात्र ने अपनी गतिविधि के संबंध में उन्हें अपनी बात बताई। तोर्त्सोव यह जानकर संतुष्ट हुए कि प्रत्येक ने दृश्यबंध का उपयोग, अपनी मनोदशा, अपनी भावनाओं और अपने उत्तरदायित्व के अनुरूप किया है। उसके बाद प्रयोग के दूसरे चरण में उन्होंने सभी छात्रों को उस कमरे के विभिन्न भागों में मेज़, कुर्सी आदि के साथ छितरा दिया। उन्होंने कहा कि यह व्यवस्था उनके मन में किन भावात्मक स्मृतियों या भावनाओं को बार-बार जगाने के विषय में कौन-से सुझाव दे रही है? उन्होंने छात्रों से यह भी पूछा कि इस प्रकार की मंचीय व्यवस्था का उपयोग वे किस प्रकार की परिस्थितियों के प्रदर्शन के लिए करेंगे? उसके बाद उन्होंने अपनी ओर से दृश्यबंध की अनेक प्रकार की व्यवस्थाएँ बनाईं और फिर प्रत्येक के संबंध में छात्रों से पूछा कि आप

अपनी आंतरिक अपेक्षा के अनुरूप स्वयं को किन भावात्मक स्थितियों, मनोदशाओं अथवा भावावस्थाओं में पा रहे हैं?

उसके बाद उन्होंने किसी अन्य व्यक्ति द्वारा तैयार की गई रंग-व्यवस्था के संबंध में छात्रों से उनकी प्रतिक्रियाएँ जानना चाहीं। यह अंतिम अवस्था वास्तव में एक ऐसी वस्तु-स्थिति है, जिसमें एक अभिनेता को प्रायः अपनी ओर से समाधान खोजना पड़ता है।

उसके बाद उन्होंने कुछ ऐसे अभ्यास कराए, जिनमें उन्होंने छात्रों को कुछ ऐसी स्थितियों में रख दिया जो उनके उद्देश्यों और मनोदशाओं के सर्वथा विपरीत थीं। इन अभ्यासों से छात्रों ने यह सीखा कि विशिष्ट संवेदनाओं को जगाने के लिए बनाई गई पृष्ठभूमि कैसे सहज रूप में, अपने अनुरूप बना लेती है?

समाहार करते हुए उन्होंने कहा कि अभिनेता वस्तुतः एक ऐसा उपयुक्त दृश्यविधान चाहता है, जो उसकी मनोदशा और उद्देश्य के अनुरूप हो। यही दोनों ऐसे तत्त्व हैं जो दृश्यबंध के निर्माण की व्यवस्था करते हैं। इसके साथ ही ये भावात्मक स्मृति के उत्प्रेरक भी होते हैं।

उनका मानना है कि सामान्य धारणा के अनुरूप निर्देशक अपने सारे भौतिक साधनों, यथा दृश्यबंध, प्रकाश व्यवस्था, ध्वनि-प्रभावों तथा अन्य सहायक उपकरणों का उपयोग जनसाधारण को प्रभावित करने के प्राथमिक उद्देश्य से करता है, जबकि वास्तविकता ठीक इसके विपरीत है। हम इन साधनों का उपयोग अभिनेताओं को प्रभावित करने के लिए करते हैं। हम हर प्रकार से कोशिश करते हैं कि उन्हें अपना ध्यान मंच पर केंद्रित करने में सुविधा हो।

उन्होंने आगे कहा है, "यहाँ बहुत से ऐसे अभिनेता हैं, जो खड़ा किए गए इंद्रजाल की उपेक्षा करते हैं। वे प्रकाश, ध्वनियों एवं रंगों के माध्यम से रंगमंच से अधिक दर्शक-दीर्घा में अपना ध्यान केंद्रित करने में रुचि लेते हैं। न तो स्वयं नाटक और न उसका वास्तविक अभिप्राय ही, उनके ध्यान को फ़ुट लाइट्स के इस ओर ला पाता है। तुम्हारे साथ ऐसा न हो, इसके लिए यह ज़रूरी है कि रंगमंच पर जो वस्तुएँ हैं, उन्हें देखने, उन पर अपनी दृष्टि केंद्रित करने की कोशिश करो। तुम्हारे चारों ओर जो कुछ हो रहा है, उसका प्रभाव ग्रहण करने की कोशिश करो और स्वयं को उसे समर्पित कर दो। संक्षेप में कहा जाए तो हर उस वस्तु का प्रयोग करो जो तुम्हारी भावनाओं को जगा दे।"

तोर्त्सोव ने कुछ रुककर कहा, "हम अब तक उत्प्रेरक से भावनाओं की ओर सक्रिय रहे हैं। अक्सर विरोधी प्रक्रिया वास्तव में ज़रूरी हो जाती है। हम उसका प्रयोग तब करते हैं, जब हम आकस्मिक आंतरिक अनुभूतियों को लक्षित करना चाहते हैं।"

अपने इस विचार को और अधिक स्पष्ट करने के लिए स्तानिस्लाव्स्की ने स्वयं अपने एक जीवन का प्रसंग सुनाया है। वे उन दिनों गोर्की के 'लोअर डेप्थ्स' में सैटिन की भूमिका कर रहे थे। उसके अंतिम अंक के आत्मसंवाद में उन्हें सार्वभौमिकता की भावना जगानी थी, लेकिन वे प्रयत्न करके भी अपने कंठस्वर में त्रास की भावना नहीं जगा पा रहे थे। एक दिन सोचते-विचारते उन्हें अपने जीवन के कुछ त्रासद प्रसंगों का स्मरण हो आया। उन्हें लेकर दूसरे या तीसरे प्रदर्शन के बाद उनके अभिनय में वह भंगिमा सहज रूप में उत्पन्न हो गई। यह जानने के लिए कि यह कैसे संभव हुआ, उन्होंने एक लब्धप्रतिष्ठ अभिनेता से बातचीत की। उसने समझाया कि जैसे मुरझाए हुए फूल को फिर से खिलाया नहीं जा सकते, वैसे ही रंगमंच पर आकस्मिक प्राप्त हुए संवेदन को अभिनेता दोहरा नहीं सकते। यह अच्छा होगा कि कुछ नया करने की कोशिश करो। मृत वस्तु के साथ अपना समय बर्बाद करने की अपेक्षा यह कहीं अधिक अच्छा होगा कि उस फूल की चिंता छोड़ दी जाए। पौधे की जड़ों को पानी दिया जाए अथवा नये पौधे लगाए जाएँ। उन्होंने आगे कहा है कि अधिकांश अभिनेता ठीक इसकी विपरीत दिशा में काम करते हैं। उन्हें अगर एक भूमिका में कुछ सफलता मिल जाती है, तो वे उसे दोहराना चाहते हैं और सीधे अपनी भावनाओं की ओर जाते हैं, लेकिन उनका यह प्रयास प्रकृति के सहयोग के बिना फूलों को उगाने की कोशिश जैसा है। जब तक वे बनावटी फूलों से संतोष करने की इच्छा को नहीं छोड़ देते, तब तक वे वास्तविक फूलों को उगाने के पथ पर आगे नहीं बढ़ सकते।

इसी प्रसंग को और आगे बढ़ाते हुए स्तानिस्लाव्स्की ने कहा, "उस भावना के संबंध में मत सोचो, वरन् उस कार्य में अपना मन लगाओ, जिससे वह उत्पन्न होती है। यह देखने की कोशिश करो कि कौन-सी वे परिस्थितियाँ थीं, जिन्होंने उस अनुभव को जन्म दिया था। उस प्रबुद्ध अभिनेता ने जो सलाह दी थी, तुम भी उसी का पालन करो। फलों से आरंभ मत करो, जो कुछ पहले घटित हुआ है, उसके तार्किक परिणाम के रूप में वे स्वयं समय पर प्रकट हो जाएंगे।"

तोर्त्सोव ने इसके बाद कहा कि मैंने यथासंभव उसी वरिष्ठ अभिनेता की सलाह के अनुसार काम किया, उस आत्मसंवाद की जड़ों तक उतरने, नाटक

के आधारभूत विचार तक जाने की कोशिश की। इस प्रयास से उस प्रसंग का जो रूप निर्मित हुआ, उसका उसके साथ कोई वास्तविक संबंध नहीं था, जो गोर्की ने लिखा था। जब मैंने आत्मविश्लेषण किया तो यह पाया कि अपने इस प्रयास में मैंने अनेक भूलें की थीं, अपने और मूल विचार के बीच अनुल्लंघनीय व्यवधान खड़ा कर दिया था।

इस प्रसंग का समापन करते हुए स्तानिस्लाव्स्की ने लिखा है कि मेरा यह अनुभव मुझे यह सिखाता है कि जागरूक भावना से फिर उसके उत्प्रेरक की ओर जाना चाहिए। इस रीति को अपनाकर अभिनेता अपनी इच्छा से, किसी भी वांछनीय संवेदन को दोहरा सकता है, उस आकस्मिक भावना को, उस वस्तुस्थिति को फिर से खोज सकता है, जिसने उसे उत्प्रेरित किया, उस उत्प्रेरक से फिर वह उस अनुभूति की ओर रास्ता बना सकता है।

## 7

इस विषयवस्तु को आगे बढ़ाते हुए तोर्त्सोव कहते हैं, "तुम्हारी भावात्मक स्मृति जितनी व्यापक होती है, आंतरिक रचनाशीलता के लिए तुम्हारी सामग्री उतनी ही समृद्ध होती है। भावात्मक स्मृति की इस समृद्धि के साथ कुछ अन्य प्रवृत्तियों पर भी विचार-विमर्श आवश्यक है, यथा उनकी शक्ति, उनकी दृढ़ता, उनमें निहित सामग्री की गुणवत्ता, यह चिंतन उस सीमा तक जाना चाहिए, जहां तक ये सभी रंगमंच पर हमारे व्यावहारिक कार्य को प्रभावित करती हैं।

"हमारे सारे रचनात्मक अनुभव हमारी स्मरण की शक्ति, प्रखरता और सटीकता के सीधे अनुपात में विशद और परिपूर्ण होते हैं। अगर वह (स्मरण शक्ति) कमज़ोर होती है तो वह मलिन, दुर्बोध तथा खोखली भावनाओं को जगाती है। रंगमंच पर उनका कोई मूल्य नहीं होता, क्योंकि फुट-लाइट्स के उस पार वे कुछ ले ही नहीं जातीं।"

स्तानिस्लाव्स्की का कहना है कि इससे यह स्पष्ट होता है कि भावात्मक स्मृति की शक्ति के अनेक परिमाण होते हैं और उनके प्रभावों तथा समायोजनों के भी अनेक प्रकार होते हैं।

भावात्मक स्मृति की सामर्थ्य की इसी विविधता को और अधिक स्पष्ट करते हुए उन्होंने आगे कहा है, "कल्पना करो कि बहुत सारे लोगों के बीच तुम्हारा कुछ अपमान हुआ है, शायद तुम्हारे मुँह पर एक थप्पड़ पड़ा है और तुम जब भी उसके विषय में सोचते हो, तुम्हारे गाल गरम हो उठते हैं। उसका

आंतरिक आघात इतना अधिक था कि उसने उस दुर्योग की सारी छोटी-छोटी बातों को ढंक दिया है, फिर भी कोई बड़ी महत्त्वपूर्ण बात उस अपमान की याद को तुरंत जगा देती है और फिर वह भावना फिर से दोहरी उग्रता के साथ अनुभव होने लगती है, तुम्हारे गाल लाल हो जाते हैं, तुम पीले पड़ जाते हो और तुम्हारा दिल धड़कने लगता है।

''अगर तुम्हारे पास इतनी तेज़ और इतनी आसानी से जाग उठने वाली भावात्मक सामग्री है, तो तुम्हारे लिए उसे रंगमंच पर स्थानांतरित करना आसान होगा और वास्तविक जीवन में जो अनुभव तुम्हें हुआ था, और जिसने तुम्हारे ऊपर बड़ा दहशतभरा प्रभाव छोड़ा था, उससे मिलता-जुलता रूप प्रदर्शित कर सकोगे। इस प्रदर्शन के लिए तुम्हें कोई तकनीक नहीं अपनानी होगी। वह अपने आप प्रदर्शित हो जाएगा क्योंकि (इस संबंध में) प्रकृति तुम्हारी सहायता करेगी।''

तोर्त्सोव ने इसी प्रसंग में एक और उदाहरण उपस्थित किया है, ''मेरा एक दोस्त है जो असाधारण रूप से भुलक्कड़ है। उसने अपने कुछ मित्रों के साथ खाना खाया, जिनसे वह कोई साल भर से नहीं मिला था। उस प्रीति-भोज के दौरान उसने अपने मेज़बान के एक प्यारे बच्चे के स्वास्थ्य के विषय में कुछ कहा।

उसके वे शब्द मरघट की-सी शांति के साथ सुने गए और मेज़बान की पत्नी तो मूर्छित होकर गिर पड़ी। वह बेचारा यह बिलकुल ही भूल गया था कि अपने मित्र से पिछली बार मिलने के बाद वह बच्चा मर गया था। वह (दोस्त) आज यह कहता है कि उस अवसर पर जो कुछ अनुभव उसे हुआ था, उसे वह जब तक ज़िंदा रहेगा, कभी भूलेगा नहीं।

''बहरहाल, मेरे उस मित्र को (उस दिन) जिन संवेदनों का अनुभव हुआ था, वे उस व्यक्ति के अनुभव से सर्वथा अलग थे, जिसके चेहरे पर थप्पड़ पड़ा था क्योंकि इस प्रसंग में उस घटना के साथ जो छोटी-छोटी बातें हुई थीं, वे भुलाई नहीं गई थीं। मेरे मित्र को केवल अपनी भावनाओं की ही नहीं, बल्कि जो कुछ कहा था, स्वयं उसकी और जिन परिस्थितियों के बीच वे घटित हुई थीं, उनकी भी ठीक-ठीक याद बनी रही थी। मेज़ के उस ओर बैठे हुए चेहरे की भयभीत भावभंगिमा उसके बगल में बैठी हुई स्त्री की प्रज्ज्वलित आँखों में और मेज के दूसरे सिरे पर जो आर्त्तनाद फूट पड़ा था, उन सभी की सुनिश्चित याद थी।

''भावात्मक स्मृति के कमज़ोर होने के प्रसंग में मनोतकनीकी कार्य,

विस्तृत और जटिल दोनों ही होता है...।”

वैचारिक रूप से हम यह मान सकते हैं कि आदर्श कोटि की भावात्मक स्थिति वह होगी, जो पहले के घटनाक्रम की सभी छोटी-छोटी बातों को उनके वास्तविक रूप में संभाल सकेगी, और फिर उनके प्रभाव को भी प्रस्तुत कर सकेगी; वे वैसे ही सजग हो सकेंगी, जैसा वास्तव में उनका अनुभव हुआ था। लेकिन ऐसा हो जाता है, तो हमारे स्नायविक तंत्र का क्या होगा? त्रासद दुर्योग की सभी मौलिक कष्टप्रद, वास्तविक सूक्ष्मताओं की पुनरावृत्ति को वह कैसे संभाल सकेगा? प्रकृति उसे सह नहीं सकेगी।

सौभाग्य से घटनाएँ अलग ढंग से घटित होती हैं। हमारी भावात्मक स्मृतियाँ वास्तविकता की प्रतिकृति नहीं होतीं। कभी-कभी वे विशद् होती हैं, लेकिन सामान्यतः वे मूल से कुछ कम स्पष्ट होती हैं। कभी ग्रहण किए गए प्रभाव हममें बराबर बने रहते हैं, बढ़ते हैं और अधिक गहरे हो जाते हैं। वे नई प्रक्रियाओं को भी उत्प्रेरित करते हैं और अपूर्णताओं को बड़ी बारीकियों से भर देते हैं, अथवा नितांत नये अनुभवों की ओर प्रेरित करते हैं।

इस प्रकार के प्रसंग में स्थिति भयंकर होने पर भी कोई व्यक्ति शांत बना रह सकता है, लेकिन जब वह उसे स्मरण करता है, तो मूर्छित भी हो सकता है। यह वास्तविक घटना से ऊपर उठकर स्मृति के घनीभूत रूप का और एक बार गृहीत प्रभाव से सतत बढ़ते रहने का उदाहरण है।

स्तानिस्लाव्स्की ने इसके बाद भावात्मक स्मृतियों की गुणवत्ता पर विचार करते हुए लिखा है कि “मान लो उस व्यक्ति के अतिरिक्त जिसके साथ कुछ हुआ है, तुम एकमात्र द्रष्टा हो। बहुत से लोगों के बीच अपमान को सहना एक बात है..., किसी और के साथ कुछ होते हुए देखना, उससे अव्यवस्थित होना, मारनेवाले या पिटनेवाले के साथ स्वच्छंदता से पक्ष ग्रहण करने की स्थिति में होना बिलकुल अलग बात है। निश्चित रूप से कोई कारण नहीं है कि देखनेवाला किसी सबल भावना का अनुभव न करे। सहभागी होने वाले पक्ष की तुलना में वह उस घटना को अधिक सजीवता के साथ अनुभव कर सकता है...। अभी मैं यही बताना चाहता हूँ कि उसकी अनुभूति अलग हो सकती है। यहाँ एक और भी संभावना है—एक व्यक्ति उस घटना के संबंध में न तो प्रधान भोक्ता हो और न एक दृष्टा के रूप में सहभागी हो। वह उसके संबंध में मात्र सुने या पढ़े, फिर भी वह उसके प्रभाव को गहराई या शक्ति के साथ ग्रहण करने में अपने को रोक नहीं सकता। यह उस व्यक्ति की कल्पना की सामर्थ्य पर पूरी तरह से निर्भर करेगा, जिसने उसका विवरण लिखा है

अथवा जिसने उसके संबंध में कहा है। इसके अतिरिक्त जो उस कहानी को पढ़ता या सुनता है, वह उसके प्रभाव को कैसे ग्रहण करता है यह उसकी सामर्थ्य पर भी आधारित होगा। फिर भी जो ऐसी घटना का प्रधान भोक्ता है अथवा दृष्टा है, उससे पाठक या श्रोता की भावनाएँ, गुणात्मक दृष्टि से अलग ही प्रकार की होंगी।''

स्तानिस्लाव्स्की का कहना है कि अभिनेता को भावात्मक स्मृति के इन सभी रूपों के साथ, समय-समय पर कार्य करना होता है। जिस व्यक्ति को वह रूपायित कर रहा है, उसकी अपेक्षा के अनुसार वह उस भावात्मक स्मृति का उपयोग करता है। इस विवेचन को और स्पष्ट करने के उद्देश्य से तोर्त्सोव ने कहा है, ''अब हम यह मान लें कि जब जनसाधारण के बीच उसके गाल पर थप्पड़ पड़ा था, तुम एक प्रत्यक्ष दृष्टा थे और उस घटना ने तुम्हारे स्मृति-लोक में उसकी गहरी छाप छोड़ दी है। अगर रंगमंच पर तुम प्रत्यक्ष दृष्टा की भूमिका कर रहे हो तो उन भावनाओं को फिर से प्रस्तुत करना तुम्हारे लिए बड़ा ही आसान होगा। लेकिन कल्पना करो कि उसके बदले तुमसे उस व्यक्ति की भूमिका के बारे में कहा जाता है, जिसे थप्पड़ लगा था। अब तुम दृष्टा के रूप में अपनी भावना को उस अपमानित व्यक्ति की भूमिका में कैसे रूपांतरित करोगे? मुख्य भोक्ता तो अपमान का अनुभव करता है; दृष्टा तो मात्र सहानुभूति की भावना का सहभागी बनता है। लेकिन सहानुभूति को तब मूल प्रतिक्रिया में रूपांतरित करना होगा। हम जब किसी भूमिका में कार्य करते हैं, तो हमारे साथ ठीक ऐसा ही होता है। जब अभिनेता अपने भीतर उस परिवर्तन को अनुभव करता है, उसी क्षण से वह नाटक के जीवन में मुख्य रूप से सक्रिय हो उठता है। मानवीय सहानुभूति की भावना से वास्तविक भावनाएँ उसमें उत्पन्न हो जाती हैं। भूमिका के व्यक्ति की वास्तविक भावनाओं में यह रूपांतरण प्रायः बड़े सहज रूप में घटित होता है।

''अभिनेता भूमिका के व्यक्ति की स्थिति को इतनी तीव्रता के साथ अनुभव कर सकता है और उसके प्रभाव को लेकर इतना अधिक सक्रिय हो सकता है कि वह अपने को उस व्यक्ति के स्थान पर वास्तव में रख दे। उस घटना को तब वह उस व्यक्ति की आँखों से देख सकता है, जिसे थप्पड़ लगा था। वह करना चाहता है, उस वस्तुस्थिति में भाग लेना चाहता है, उस अपमान के प्रति अपना विरोध प्रकट करना चाहता है, जैसे कि वह उसके लिए व्यक्तिगत सम्मान का विषय हो। इस वस्तुस्थिति में, दृष्टा की

भावना से उस मूल व्यक्ति की भावना में रूपांतरण इतनी पूर्णता और इतनी विशिष्टता के साथ हो जाता है कि संबंधित अनुभूतियाँ अपनी पूरी शक्ति के साथ अभिव्यक्त होने लगती हैं।

"तुम इस प्रसंग से यह देख सकते हो कि हम केवल अपनी अतीत की भावनाओं का ही रचनात्मक सामग्री के रूप में प्रयोग नहीं करते वरन् भावनाओं का भी उपयोग करते हैं, जिन्हें हम दूसरों के साथ अनुभव करते हैं। इस संबंध में आधारभूत बात यह है कि एक अभिनेता के लिए यह सर्वथा असंभव है कि उसके पास स्वयं इतनी काफी भावात्मक सामग्री हो जिससे वह रंगमंच पर अपने सारे जीवन में उन सभी भूमिकाओं का भली प्रकार निर्वाह कर सके जिनमें उतरने के लिए उससे कहा जाता है। कोई भी एक व्यक्ति चेख़व की 'सीगल' जैसी सार्वभौमिक आत्मचेतना से संपन्न नहीं हो सकता, जिसमें हत्या और स्वयं अपनी मृत्यु जैसी सभी मानवीय अनुभूतियाँ समाहित हों। फिर भी रंगमंच पर हमें इन सारी वस्तुस्थितियों में रहना होता है। इसलिए हमारे लिए यह ज़रूरी है कि हम और लोगों का अध्ययन करें और भावात्मक दृष्टि से, जितना संभव है, उनसे इस सीमा तक आत्मीयता स्थापित करें कि उनके प्रति सहानुभूति की भावना हमारी अपनी भावना में रूपांतरित हो जाए।

स्तानिस्लाव्स्की के अनुसार यही वह प्रक्रिया है, जो हमारे साथ उस समय संपन्न होती है जब हम किसी नई भूमिका का अनुशीलन करते हैं।

## 8

भावात्मक स्मृति के संदर्भ में स्तानिस्लाव्स्की ने निम्नलिखित सूत्र प्रस्तुत किए हैं :

1. अगर तुम्हें उस पागल आदमी के प्रसंग की याद हो तो तुम्हें उससे संबंधित सभी काल्पनिक सुझावों की फिर से याद हो आएगी। उनमें से प्रत्येक में तुम्हारी भावात्मक स्मृति के लिए एक उत्प्रेरक मौजूद था। उन्होंने उन वस्तुओं के माध्यम से तुम्हें आंतरिक उत्प्रेरणा दी थी, जो वास्तविक जीवन में कभी घटित ही नहीं हुई थी। तुम्हें बाहरी उत्प्रेरक के प्रभाव का भी अनुभव हुआ था।

2. क्या तुम्हें याद है कि हमने 'ब्रेण्ड' के उस दृश्य को कैसे इकाइयों और उद्देश्यों में विभाजित किया था और कक्षा में पुरुष तथा स्त्रियाँ किस प्रकार तीव्र विरोध की भावना को लेकर बँट गए थे? वह एक अन्य प्रकार

का आंतरिक उत्प्रेरक था।

3. अगर तुम्हें याद हो, रंगमंच पर और दर्शकों के बीच भी आकर्षण की वस्तुओं को प्रदर्शित किया था, तो तुम्हें यह समझ में आ जाएगा कि कैसे जीवंत वस्तुएँ भी वास्तविक प्रेरणा बन सकती हैं।

4. भाव की उत्प्रेरणा का एक और महत्त्वपूर्ण स्रोत सच्चा भौतिक व्यापार और उसमें तुम्हारा विश्वास है।

5. काल के प्रवाह के साथ तुम आंतरिक प्रेरणा के अन्य बहुत-से स्रोतों से भी परिचय प्राप्त करोगे। उनमें सबसे महत्त्वपूर्ण उत्प्रेरक स्वयं नाटक के मूल-पाठ में, उसमें अंतर्निहित विचारों और भावनाओं के अभिप्रायों में होते हैं, जो अभिनेताओं के पारस्परिक-आंतरिक संबंधों को भी प्रभावित करते हैं।

6. अब तुम उन सभी बाहरी उत्प्रेरकों से परिचित हो चुके हो, जो रंगमंच पर हमें घेरे हुए होते हैं : दृश्यबंध, फ़र्नीचर की व्यवस्था, प्रकाश-योजना और ध्वनि के तथा अन्य प्रभावों के रूप में जिनकी संरचना वास्तविक जीवन की एक भ्रांति और उसकी जीवंत मनोदशाओं के लिए की जाती है।

अगर तुम इन सभी को जोड़ लो और फिर उनमें उसका योग भी कर दो, जो सीखना अभी बाकी है, तो तुम पाओगे कि उनकी संख्या और भी अधिक है। वे वस्तुतः मनोतकनीकी समृद्धियों के संग्रहालय हैं। यह मालूम होना चाहिए कि उनका उपयोग कैसे हो।

लेकिन प्रश्न यह उठता है कि यह सब किया कैसे जाए! तोर्त्सोव का इस संबंध में परामर्श है कि ''वही करो जो एक शिकारी लुक-छिपकर करता है। अगर एक चिड़िया अपने आप ही ऊपर न उड़े तो घने जंगल में विभिन्न प्रकार के वृक्षों की पत्तियों के बीच उसे कभी नहीं खोजा जा सकता। उसे तुम्हें उकसाना होगा, उसके लिए सीटी बजानी होगी तथा और भी बहुत कुछ करना होगा।

''हमारी कलात्मक भावनाएँ पहले-पहल जंगली जानवरों जैसी ही बड़ी शर्मीली होती हैं। वे हमारी अंतरात्मा की गहराइयों में छिपी रहती हैं। अगर वे सहज रूप में सतह पर नहीं आ जातीं, तो तुम उनके पीछे पड़कर उन्हें नहीं पा सकते। तुम बस इतना ही कर सकते हो कि उन्हें लुभाने की जो सबसे अधिक प्रभावपूर्ण रीति है, उसमें अपना ध्यान केंद्रित करो। तुम्हारी भावात्मक स्मृति को उत्प्रेरित करनेवाली बस वे ही वस्तुएँ हैं जिनकी अभी चर्चा की जाती रही है।

"लुभावनी वस्तु और भावना के बीच एक नैसर्गिक और स्वाभाविक संबंध है। हम बड़े ही व्यापक रूप में उसका प्रयोग करना चाहेंगे। उसके प्रभाव की जागरूक भावनाओं में तुम जितनी परीक्षा और विश्लेषण करते हो उतना ही उसके संबंध में तुम निर्णय करने में समर्थ और उसे विकसित करने की स्थिति में भी सुदृढ़ होगे जिसे तुम्हारी संवेदनात्मक स्मृति संभाले हुए है।

"इसके साथ ही, इस संदर्भ में, तुम्हारे पास जो सुरक्षित सामग्री है, उसकी भी उपेक्षा नहीं करनी चाहिए। तुम्हें यह भी याद रखना चाहिए कि उस संग्रह में तुम्हें बराबर जोड़ते रहना है। उस उद्देश्य की सिद्धि के लिए तुम्हें निश्चित रूप से अपने ऊपर पड़े हुए प्रभावों, भावनाओं और अनुभूतियों से सामग्री लेते रहना चाहिए। तुम्हें अपने चारों ओर के जीवन, वास्तविक और काल्पनिक संस्मरणों से, पुस्तकों से, कला-कृतियों से, विज्ञान से, सभी प्रकार की ज्ञान-धाराओं से, यात्राओं से, संग्रहालयों से और सर्वोपरि अन्य लोगों के साथ संपर्क से, पारस्परिक आचार-व्यवहार से सामग्री इकट्ठी करते रहना चाहिए।

"क्या तुम अब यह समझ रहे हो कि अभिनेता से क्या अपेक्षा की जाती है; एक सच्चे कलाकार की क्यों एक पूरी, सुरुचिपूर्ण, सुंदर, विविधतापूर्ण समुचित परिश्रम से युक्त और प्रेरणाप्रद ज़िंदगी जीनी चाहिए? उसे केवल यही नहीं जानना चाहिए कि बड़े-बड़े शहरों में क्या हो रहा है, वरन् प्रांतीय नगरों, दूर-दराज़ के गाँवों, कल-कारखानों और विश्व के बड़े-बड़े सांस्कृतिक केंद्रों में क्या हो रहा है, इसकी भी जानकारी होनी चाहिए। उसे अपने चारों ओर के लोगों तथा अपने देश और विदेशों में जो बहुत सारे और बहुत प्रकार के लोग बस हुए हैं उनके जीवन और मनोविज्ञान की जानकारी होनी चाहिए।

"अपने समय के और बहुत-सारे लोगों के नाटकों के प्रदर्शन के लिए हमें बड़ा व्यापक दृष्टिकोण ग्रहण करने की आवश्यकता है। हमसे इस विराट् विश्व की सभी प्रकार की मानवीय आत्माओं को व्याख्यायित करने के लिए कहा जाता है। एक अभिनेता केवल अपने समय के जीवन की ही नहीं, वरन् अतीत के और भविष्य के जीवन की भी संरचना करता है। इसीलिए यह ज़रूरी है कि वह अपने चारों ओर के जीवन-प्रवाह को देखे, अनुमान लगाए, अनुभव करे और भावना में प्रवाहित हो जाए। कुछ प्रसंगों में यह समस्या और भी जटिल हो जाती है। अगर उसे समसामयिक जीवन का ही प्रदर्शन करना हो तो वह अपने चारों ओर देखकर काम चला सकता है, लेकिन अगर उसे अतीत

या भविष्य को अथवा एक काल्पनिक युग को प्रदर्शित करना है तो या तो उसे पुनर्व्यवस्था करनी होगी अथवा पुनर्निर्माण करना होगा, जो बड़ी जटिल प्रक्रिया है।

"हमारा आदर्श हमेशा यही होना चाहिए कि कला में जो सनातन है, जो अजर-अमर है, जो हमेशा युवा-चेतना से परिपूर्ण और मानव-हृदय के पास रहेगा, उसी का हम प्रदर्शन करेंगे।

"हमारा लक्ष्य होना चाहिए, महान कालजयी रचनाओं की जो उदात्त उपलब्धियाँ हैं, उनका हम प्रदर्शन करें। उन्हें पढ़ो और सीखो कि उनके प्रदर्शन में जीवंत भावात्मक सामग्री का कैसे उपयोग किया जा सकता है?"

## 9

# संपर्क : मौन एवं मुखर

स्तानिस्लाव्स्की की सुनिश्चित धारणा है कि मनुष्य हमेशा अंतरंग और बहिरंग रूप में मौन रहकर या मुखर होकर इस जगत् के जीवन-प्रवाह में किसी-न-किसी वस्तु, व्यक्ति या परिवेश के साथ अपना संपर्क बनाए रखता है। यह प्रक्रिया जाने-अनजाने यथासंभव अविरल चलती रहती है। लेकिन अभिनेता के लिए तो यह नितांत आवश्यक है कि मंच पर अपनी उपस्थिति के दौरान वहाँ की वस्तुओं, व्यक्तियों और दर्शक-दीर्घा में बैठे दर्शकों के साथ भी अपना संपर्क-सूत्र बनाए रखे। तोर्त्सोव ने इस धारणा को स्पष्ट करने के लिए कक्षा के आरंभ में वासिली से जानना चाहा कि उस समय वह किसके संपर्क में था।

वासिली अपने विचारों में मग्न था। उससे कोई संबोधित नहीं हुआ था। इसलिए वह अपने विचार में किसी के साथ संपृक्त नहीं था।

तोर्त्सोव ने आश्चर्य के साथ पूछा, "क्या संपर्क के लिए यह ज़रूरी है कि कोई तुम्हें देखे अथवा बातचीत करे? अपनी आँखों और कानों को बंद करो, मौन हो ज़ाओ, और फिर यह खोजने की कोशिश करो कि किसके साथ तुम्हारा मानसिक संपर्क अथवा अंतःसंवाद चल रहा है? एक क्षण भी तो ऐसा पकड़ने की कोशिश करो जब तुम किसी वस्तु के साथ संपर्क में नहीं रहते?"

कोस्त्या ने यह करने की कोशिश की और पाया कि उसके मन में विचारों का प्रवाह चल पड़ा है। पिछली शाम वह एक संगीत-समारोह में गया था। वहाँ उसने जो कुछ देखा-सुना था, वही उसके मनोजगत् में चलचित्र के रूप में चल रहा था। लेकिन वह यह नहीं समझ सका कि यही संपर्क का सहज स्वरूप है।

उसने अपनी कठिनाई तोर्त्सोव के सामने रखी, तो उन्होंने उसे समझाया कि ये सारी चीज़ें उसके मन में इसलिए आयीं कि उसने अपनी चिंतन की वस्तुओं के साथ, अपने विचारों और भावों को या तो बाँटना चाहा, अथवा उन वस्तुओं से उन्हें अपने भीतर आत्मसात् करने की ज़रूरत समझी।

कोस्त्या ने तब उनके सामने अपने मनःप्रभाव का कुछ और विवरण प्रस्तुत करते हुए यह कहा कि ऊपर से लटकते हुए दीपाधार की ज्योति ने उसके ध्यान को विशेष रूप से बाँध लिया था।

तोर्त्सोव ने कहा, ''तुम यह समझने की कोशिश कर रहे थे कि किससे और कैसे वह वस्तु-विशेष बनी थी? तुम उसके रूपाकार में, उसके सामान्य स्वरूप में और उसकी बारीकियों में खो गए थे। तुमने इन प्रभावों को स्वीकार किया, उन्हें अपने स्मृति-पटल में अंकित किया और फिर उनके संबंध में सोचने लगे। इसका मतलब यह है कि तुमने उस वस्तु से कुछ ग्रहण किया। हम अभिनेता इस प्रक्रिया को जरूरी समझते हैं। तुम्हें अपनी उस वस्तु के चेतना-रहित होने की विशेष चिंता है। कोई भी चित्र, मूर्ति, मित्र का फ़ोटोग्राफ़ अथवा संग्रहालय की वस्तु अचेतन ही है, फिर भी उसमें उस कलाकार के जीवन का कुछ अंश होता है, जिसने उसकी रचना की है। एक दीपाधार भी किसी सीमा तक, कुछ अंशों तक हमारी जीवंत रुचि की एक वस्तु हो सकता है, बशर्ते हम अपने को उसमें समाहित कर दें।''

इससे एक जिज्ञासा उत्पन्न होती है कि क्या इसका अर्थ यह है कि हम किसी भी ऐसी वस्तु के साथ आत्मीय संबंध बना लेते हैं, जिसे हम देखते हैं या आँकते हैं?

स्तानिस्लाव्स्की ने इस संबंध में संदेह प्रकट किया है कि हमारी आँखों के सामने होनेवाली हर चीज़ को अंशमात्र भी अपने में समाहित करने का समय मिलता है, फिर भी बिना औरों के कुछ लिये अथवा औरों को अपना कुछ दिए, रंगमंच पर कोई पारस्परिक व्यवहार असंभव है। उनकी दृष्टि में एक वस्तु से कुछ लेना अथवा उसे कुछ देना—वह चाहे थोड़ा ही क्यों न हो, आध्यात्मिक आदान-प्रदान का क्षण होता है।

इसी वस्तुस्थिति को और स्पष्ट करते हुए उन्होंने आगे कहा है, ''मैंने अनेक बार कहा है कि ये दोनों ही बातें संभव हैं कि किसी वस्तु पर दृष्टि डाली जाए और उसे देखा जाए तथा किसी वस्तु पर दृष्टि डाली जाए और उसे देखा न जाए। रंगमंच पर जो कुछ हो रहा है, उस हर कार्य पर तुम्हारी दृष्टि जा सकती है, तुम उसे देख सकते हो और उसका अनुभव भी करा सकते हो। लेकिन यह भी संभव है कि फ़ुट लाइट्स के इस ओर जो कुछ तुम्हारे चारों तरफ हो रहा है, उसे देखते हुए भी तुम्हारी रुचि, तुम्हारी भावनाएँ, दर्शक-दीर्घा में अथवा नाट्य-भवन की दीवारों के उस पार किसी दूसरे स्थान में केंद्रित हों।

"बहुत-सी ऐसी यांत्रिक युक्तियाँ हैं, जिनका उपयोग अभिनेता अपने भीतर के खालीपन को ढँकने के लिए करते हैं। लेकिन वे उनके मन की केवल शून्यावस्था को ही उजागर करती हैं। मुझे तुम्हें यह बताने की ज़रूरत नहीं है कि यह बेकार भी है और हानिकर भी। हमारी आँख आत्मा का दर्पण है। खाली आँख आत्मा के खालीपन का दर्पण है। यह बहुत महत्त्वपूर्ण है कि अभिनेता की आँखें उसकी दृष्टि और आत्मा की गम्भीर अंतर्वस्तु को प्रतिबिंबित करें। इसलिए यह ज़रूरी है कि वह अपने भीतर उन महान स्रोतों को बनाए, जो उसकी भूमिका की मानवीय आत्मा के जीवन के अनुरूप हैं। जब तक वह रंगमंच पर है, उसे उन आध्यात्मिक स्रोतों को नाटक के अन्य अभिनेताओं के साथ बाँटते रहना चाहिए।

"फिर भी अभिनेता मनुष्य ही होता है। वह जब मंच पर आता है, तो यह स्वाभाविक है कि वह अपने साथ दैनिक जीवन के विचारों, व्यक्तिगत भावनाओं, प्रभावों और वास्तविकताओं को साथ लाए। लेकिन इससे उसके हलचल भरे व्यक्तिगत जीवन की रेखा खंडित नहीं होती। यदि भूमिका उसे अपने साथ बहा नहीं ले जाती, तो उसे पूरी तरह समर्पित नहीं होगा। जब वह पूर्ण समर्पित होता है तो उसके साथ पूरी तरह से एकात्म हो जाता है, उसका रूपांतरण हो जाता है। लेकिन जिस क्षण वह विचलित होता है और अपने व्यक्तिगत जीवन के प्रवाह में बहने लगता है, वह फुट-लाइट्स के उस पार दर्शकों में स्थानांतरित हो जाता है अथवा नाट्य-भवन की दीवारों के उस पर चला जाता है—जहाँ भी वह वस्तु है, जिसके साथ उसका मानसिक संबंध बना हुआ है। इस बीच वह अपनी भूमिका का पूरी तरह यांत्रिक रूप में निर्वाह करता है। जब ये व्याघात अक्सर होने लगते हैं और अभिनेता के व्यक्तिगत जीवन के प्रसंग प्रक्षेपण के विषय बन जाते हैं, तो वे भूमिका के तारत्म्य को विनष्ट कर देते हैं क्योंकि उसके साथ उनका कोई संबंध नहीं होता।"

तोर्त्सोव ने इस विचार को और अधिक स्पष्ट करने के लिए उस हार का उदाहरण दिया है, जिसमें सोने के दो मनकों के बाद हर एक तीसरा टीन का था। वह हार इस कारण किसी के प्रयोग के योग्य ही नहीं रह गया था। वही स्थिति रंगमंच पर उस प्रदर्शन की होती है, जिनमें थोड़ी-थोड़ी देर बाद निर्जीवता के क्षण आते रहते हैं। सामान्य जीवन में लोगों के बीच इस संपर्क-सूत्र का बना रहना ज़रूरी है और रंगमंच पर तो यह स्थिति दस गुना अनिवार्य होती है।

उन्होंने कहा है कि रंगमंच के संदर्भ में संपर्क-सूत्र की यह महत्ता स्वयं

उसकी अपनी प्रकृति से उत्पन्न होती है, जिसका आधार नाटकीय चरित्रों का पारस्परिक व्यवहार होता है। किसी ऐसे नाटककार की कल्पना संभव ही नहीं है, जो अपने नायकों को अचेतन अवस्था में अथवा सोते हुए प्रदर्शित करे अथवा किसी ऐसे समय उन्हें हमारे सामने लाए, जब उनके आंतरिक जीवन में किसी प्रकार की सक्रियता ही न हो।

यह भी कल्पना नहीं की जा सकती कि वह रंगमंच पर दो ऐसे व्यक्तियों को ले आए जो एक-दूसरे को न जानते हों और न परस्पर परिचित होने पर अपने भावों और विचारों का आदान-प्रदान करें, अथवा इसके विपरीत जो दृश्यबंध की परस्पर-विरोधी सीमाओं में मौन बैठकर एक-दूसरे से अपने को छिपाए रखना चाहें।

अगर ऐसा होता है तो दर्शक के लिए फिर नाट्य-भवन में आने का कोई कारण ही नहीं रह जाएगा क्योंकि जिसके लिए वह आया है अर्थात् नाटक में भाग लेनेवाले लोगों के भावों और विचारों को समझना और उन्हें ग्रहण करना, वह उसे मिलेगा ही नहीं। लेकिन नाट्य-भवन के रंगमंच पर जो कुछ हो रहा है, उसे दर्शक तभी समझ सकेंगे और उसे ग्रहण भी कर सकेंगे जब अभिनेताओं के बीच कार्य-व्यापार पारस्परिक विनिमय, आत्मीयता के साथ चलेगा।

अगर अभिनेता यह चाहते हैं कि वे दर्शकों के विशाल समुदाय का ध्यान बाँधे रहें, तो उन्हें हर तरह से कोशिश करनी होगी कि परस्पर आदान-प्रदान की सामग्री यथा भावनाओं, विचारों और उनके बीच क्रियाओं का प्रवाह किसी प्रकार बाधित न हो। यह भी आवश्यक है कि विनिमय की वह सामग्री भीतर से दर्शकों को पकड़े रहने के लिए पर्याप्त रूप में रोचक हो।

स्तानिस्लाव्स्की ने इस प्रक्रिया के असाधारण महत्त्व को समझते हुए यह आग्रह किया है कि अभिनेताओं को इसमें न केवल विशेष रूप से संलग्न होना चाहिए वरन् उसके विभिन्न पक्षों का बड़ी सावधानी से अनुशीलन भी करना चाहिए।

## 2

तोर्त्सोव ने इसके बाद आत्म-संवाद पर विचार आरंभ किया। उन्होंने सवाल उठाया कि हम कब स्वयं अपने से बातचीत करते हैं? जवाब उन्होंने खुद ही दिया कि "जब हम इतने अधिक उत्तेजित होते हैं कि जो कुछ हमारे मन के भीतर है उसे सँभाल नहीं पाते अथवा जब हम किसी कठिनाई से सँभाले जा

सकने योग्य विचार से संघर्ष करते हैं या जब हम कुछ याद करने का प्रयास करते हुए कोशिश करते हैं कि ज़ोर से बोलकर उसे अपनी चेतना में बिठा लें अथवा जब हम अपनी सुखद या दुःखद भावनाओं को वाणी देकर उनसे मुक्त होना चाहते हैं।

"सामान्य जीवन में इस प्रकार के अवसर बड़े विरल होते हैं, लेकिन रंगमंच पर वे अक्सर आते रहते हैं। रंगमंच पर जब मौन रहकर मुझे खुद से बातचीत करने का अवसर मिलता है, तो मैं उसका आनंद लेता हूँ। रंगमंच पर इस प्रकार के सुअवसर से मैं सुपरिचित हूँ और मैं उसमें प्रसन्नता का अनुभव करता हूँ, लेकिन जब लंबे और विशेष रूप से मुखर आत्म-संवाद बोलने की मजबूरी होती है, तो मैं समझ नहीं पाता कि क्या करूँ।

"मेरे सामने सवाल उठता है कि जो कुछ मैं रंगमंच के बाहर नहीं कर पाता उसे मंच पर करने का आधार कैसे खोजूँ? मैं स्वयं को कैसे संबोधित करूँ? मनुष्य तो एक बड़ा प्राणी है। क्या उसके मस्तिष्क, उसके हृदय, उसकी कल्पना, उसके हाथों अथवा पैरों से बातचीत की जाए? संप्रेषण की वह अंतर्धारा किससे किसी ओर प्रवाहित हो?"

स्तानिस्लाव्स्की इस प्रक्रिया के लिए एक विषय और एक वस्तु के चयन का समर्थन करते हैं। सवाल उठता है कि वे कहाँ हैं? जवाब में उन्होंने कहा है कि जब तक इन दोनों के भीतर से संबंधित केंद्रों की खोज न कर ली जाए, उनके लिए अपने भटकते ध्यान को बाँधकर एक विशेष दिशा में निर्देशित कर पाना संभव नहीं है, जो हमेशा दर्शकों की ओर आकृष्ट होता रहता है।

इस विषय में हिंदुओं ने जो कुछ लिखा है, उसे स्तानिस्लाव्स्की ने पढ़ा है। (उनका आशय प्राचीन परंपरा के भारतीय विचारकों से है।) एक प्रकार की जीवंत ऊर्जा के अस्तित्व पर उनका विश्वास है, जिसे उन्होंने 'प्राण' की संज्ञा दी है। वही हमारे शरीर को जीवन देता है। उनकी गणना के अनुसार इस प्राण के विकिरण अर्थात् संचार का केंद्र सौर-मंडल है। फलस्वरूप हमारे मस्तिष्क के अतिरिक्त जिसे हमारे स्नायविक तंत्र अथवा मनःशक्ति का केंद्र कहा जाता है, हमारे पास भी एक और वैसा ही स्रोत है, वह हमारे हृदय के निकट सौर-मंडल में अवस्थित है।

स्तानिस्लाव्स्की इसके आगे लिखते हैं कि इन दोनों केंद्रों के बीच परस्पर संपर्क स्थापित करने की कोशिश में उन्हें न केवल उनके अस्तित्व में विश्वास हुआ, बल्कि यह भी लगा कि ये एक-दूसरे के वास्तविक संपर्क में भी आ गए। मस्तिष्क का केंद्र तो उन्हें चेतना का आवास लगा और सौरमंडल का स्नायविक

केंद्र उन्हें भावना का स्थल प्रतीत हुआ। उन्हें लगा कि उनका मस्तिष्क उनकी भावनाओं से परस्पर संपर्क कर रहा है। वे प्रसन्न हो उठे क्योंकि इस प्रकार उन्होंने उस विषय और वस्तु की खोज कर ली, जिसे वे ढूँढ़ रहे थे। जिस क्षण यह खोज उन्होंने कर ली, वे रंगमंच पर मौन और मुखर दोनों ही रूपों में आत्म-चेतना के साथ समुचित संवाद में समर्थ हो गए।

स्तानिस्लाव्स्की इस बहस में नहीं उलझे कि यह प्राणशक्ति व्यावहारिक और वैज्ञानिक दृष्टि से सही है या नहीं, लेकिन उन्होंने इस बात को अवश्य रेखांकित किया है कि ''रंगमंच पर किसी दृश्य में अपने सहयोगी के साथ परस्पर आदान-प्रदान की यह प्रक्रिया प्राप्त कर लेना बड़ा ही आसान है; लेकिन यहाँ एक कठिनाई फिर उत्पन्न हो जाती है : मान लो तुममें से कोई रंगमंच पर मेरे साथ है और हम एक-दूसरे के साथ सीधे संपर्क में हैं। लेकिन मैं असाधारण रूप में लंबा हूँ। सीधे मेरी ओर देखो। मेरी नाक है, मुख है, बाँहें, पैर और एक विशाल शरीर है। क्या तुम मेरे सभी अंगों के साथ तत्काल संपर्क अथवा संवाद स्थापित कर सकते हो? अगर नहीं, तो किसी एक अंग को चुनो, जिसे तुम संबोधित करना चाहते हो।''

किसी छात्र ने कहा, ''आँखों को, क्योंकि वे आत्मा का दर्पण हैं।''

निर्देशक रुके नहीं, अपनी बात जारी रखते हुए उन्होंने कहा, ''देख रहे हो कि जब तुम किसी व्यक्ति से संपर्क स्थापित करना चाहते हो, अथवा उससे बोलना चाहते हो तो तुम्हें उसकी आत्मा की, उसके अंतर्जगत की खोज करनी पड़ती है। अब जरा मेरी जीवंत आत्मा को, मेरे वास्तविक जीवित स्वरूप को पाने की कोशिश करो।''

किसी छात्र ने जानना चाहा, ''कैसे?''

निर्देशक तोर्त्सोव को यह सुनकर आश्चर्य हुआ। उन्होंने कहा, ''क्या तुमने कभी अपने भावात्मक एंटीना को, किसी दूसरे व्यक्ति की आत्मा को अनुभव करने के लिए सक्रिय किया है? मेरी ओर ध्यान से देखो—मेरी मनोदशा को जानने-समझने की कोशिश करो। हाँ, यही तरीका है। अब बताओ मैं तुम्हें कैसा लग रहा हूँ?

कोस्त्या ने कहा, ''दयामय, सहानुभूतिशील, सौम्य, जीवंत और सुरुचि-संपन्न।''

''और अब?'' उन्होंने फिर पूछा।

कोस्त्या लिखता है कि उसने उन्हें बड़े ध्यान से देखा और अचानक पाया कि वे तोर्त्सोव नहीं, वरन् कालजयी नाटक 'वो फ्रॉम टू मच विट्' का प्रसिद्ध

चरित्र फ़ामूसव अपनी सभी सुपरिचित विशेषताओं के साथ खड़ा है—वही असाधारण रूप, वही भोली-भाली आँखें, भरा चेहरा, फूले हाथ और स्वाभिमान से पूर्ण एक बूढ़े आदमी की कोमल भंगिमाएँ।

"और अब तुम किसके साथ संपर्क में हो?" तोर्त्सोव ने फ़ामूसव की आवाज़ में कहा।

कोस्त्या ने कहा, "निश्चित रूप से फ़ामूसव के?"

तोर्त्सोव ने समझाते हुए कहा, "तुम एक नये व्यक्ति के संपर्क में थे, जिसे तुम फ़ामूसव-तोर्त्सोव या तोर्त्सोव-फ़ामूसव कह सकते हो। जल्दी ही तुम रचनात्मक कलाकार के इस रूपांतरण अथवा कायाकल्प को समझ लोगे। इस समय तो यह समझ लेना पर्याप्त होगा कि लोग नाक या आँखों या वाणी से संबंध नहीं जोड़ते—जैसा कि कुछ अभिनेता रंगमंच पर करते हैं—वरन अपनी जीवंत विषय-वस्तु की अंतरात्मा तक पहुँचने की कोशिश करते हैं। स्वाभाविक और पारस्परिक आदान-प्रदान के लिए दो व्यक्तियों के बीच निकटता बनना अनिवार्य शर्त है। मैं तुम्हें अपने विचार देने की कोशिश करता हूँ और तुम्हारा प्रयत्न होता है कि तुम मेरे ज्ञान और अनुभव में से कुछ आत्मसात करो।

"लेकिन इसका तात्पर्य यह तो नहीं है कि यह विनिमय पारस्परिक है," ग्रीशा ने तर्क रखते हुए कहा, "आप एक विषय के रूप में हम तक अपने स्पंदन प्रेषित करते हैं और हम लक्षण के रूप में उन्हें ग्रहण करते हैं। इसमें पारस्परिक क्या है?"

"तुम इस क्षण क्या कर रहे हो, बताओ?" तोर्त्सोव ने पूछा, "क्या तुम मेरे सवालों का जवाब नहीं दे रहे? क्या तुम अपने संदेह प्रकट करके मुझे समझाने की कोशिश नहीं कर रहे? यही भावनाओं का वह संगम है, जिसकी तुम्हें तलाश है।"

"अब तो यह बात लागू होती है, लेकिन क्या उस समय भी यही स्थिति थी, जब केवल आप बोल रहे थे?" ग्रीशा अब भी अपने तर्क पर अड़ा रहा।

"मुझे कोई अंतर नहीं दिखाई देता," तोर्त्सोव ने कहा। हम विचारों और भावनाओं का आदान-प्रदान कर रहे हैं। हम पहले भी यही काम कर रहे थे। परस्पर संचार के समय यह आदान-प्रदान अवश्यंभावी रूप से होता है। लेकिन जब केवल मैं बोल रहा था और तुम सुन रहे थे, तब भी मुझे तुम्हारे संदेहों का अहसास था। तुम्हारी जल्दबाज़ी, आश्चर्य भाव और उत्तेजना सभी मुझ तक पहुँच रही थीं।

"मैं तुम्हारी भावनाओं को ग्रहण क्यों कर रहा था? इसलिए कि तुम

उन्हें अपने में सीमित नहीं कर पा रहे थे। जब तुम ख़ामोश बैठे थे, तब भी हमारी भावनाएँ एक-दूसरे तक पहुँच रही थीं। हाँ, जब तक तुम बोले नहीं, तब तक वे इतनी खुलासा नहीं थीं।''

स्तानिस्लाव्स्की इस बात को स्पष्टतः रेखांकित करते हैं कि ''यह अविच्छिन्न प्रवाह कम ही देखने को मिलता है। यदि अभिनेताओं को इसकी थोड़ी-बहुत जानकारी होती है तो भी इसका उपयोग वे तभी करते हैं जब स्वयं अपनी पंक्तियों को बोलते हैं। लेकिन जैसे ही दूसरा अभिनेता बोलना आरंभ करता है, पहला उसे न तो सुनने और समझने की कोशिश करता है, जो दूसरा कह रहा है और न जब तक वह अपने दूसरे सांकेतिक शब्द को नहीं सुनता, तब तक अभिनय भी नहीं करता। यह आदत आदान-प्रदान की धारा को विच्छिन्न कर देती है। यह धारा संवाद और मौन दोनों स्थितियों में बहती है—मौन के क्षणों में आँखों के माध्यम से यह प्रक्रिया पूरी होती है।

जब तुम अपने साथ अभिनय करनेवाले व्यक्ति से बात कर रहे हो तो तब तक तो उसका अनुसरण करो, जब तक तुम इस विषय में पूरी तरह निश्चित न हो जाओ कि तुम्हारे विचारों ने उसकी चेतना में प्रवेश कर लिया है। केवल तभी, जब तुम इस विषय में आश्वस्त हो कि जो कुछ शब्दों में नहीं कहा जा सका, वह आँखों के माध्यम से कह दिया गया है तभी तुम्हें अपनी शेष पंक्तियाँ कहना शुरू करना चाहिए। उसके बाद तुम्हें अपने साथी के शब्दों और विचारों को हर बार ताज़गी से लेना सीखना चाहिए। उसकी पंक्तियों को आज तुम्हें पूरी सावधानी से ग्रहण करना चाहिए, यद्यपि उन्हें तुमने अनेक बार रिहर्सलों और प्रदर्शनों में दोहराए जाते हुए सुन रखा है। यह संपर्क हर बार जब तुम एक साथ अभिनय करते हो, बनाया जाना चाहिए; और इसके लिए ध्यान के बहुत अधिक केंद्रीकरण की, तकनीक की और कलात्मक अनुशासन की ज़रूरत होती है।''

तोर्त्सोव ने कुछ रुककर यह कहा कि अब मैं अध्ययन की एक नई इकाई प्रारंभ करूंगा। वह है एक काल्पनिक, अवास्तविक, अस्तित्वहीन वस्तु—जैसे कोई भूत से संवाद। कुछ लोग यह कहकर स्वयं को धोखा देते हैं कि वे दिखाई देती हैं। इस प्रयास में वे अपनी सारी ऊर्जा और ध्यान लगा देते हैं। लेकिन एक अनुभवी अभिनेता यह जानता है कि विचार का बिंदु स्वयं उस भूत या प्रेत में नहीं है, वरन् उसके साथ उनके आंतरिक संबंध में है। इसलिए वह अपने सवाल का बड़ी ईमानदारी के साथ जवाब देने की कोशिश करता है : अगर एक प्रेत हमारे साम्ने आ जाए, तो मुझे क्या करना चाहिए?

कुछ अभिनेता हैं—विशेष रूप से नौसिखुए—जो घर पर काम करते हुए किसी काल्पनिक वस्तु का प्रयोग करते हैं क्योंकि उनके पास कोई जीवंत वस्तु होती ही नहीं। उनका ध्यान बस इसी दिशा में होता है कि कोई वस्तु, जो वास्तव में नहीं है, वह विश्वसनीय रूप में उपस्थित है। इसके विपरीत उन्हें आंतरिक उद्देश्य में ध्यान देना चाहिए। जब यह बुरी आदत पक जाती है, तो वे अनजाने ही उसे रंगमंच पर भी ले जाते हैं और अंततः वे जीवंत वस्तु के अनभ्यस्त हो जाते हैं। वे अपने और अपने सहयोगियों के बीच विश्वास के योग्य कोई अचेतन वस्तु खड़ी कर देते हैं। यह ख़तरनाक आदत उनके भीतर ऐसी गहरी जड़ जमा लेती है कि वह फिर जीवन-पर्यंत उनके साथ चलती रहती है। स्तानिस्लाव्स्की का कहना है कि "ऐसे अभिनेता के साथ कार्य करना बहुत कष्टप्रद होता है जो प्रदर्शित तो यह करता है कि वह तुम्हारी ओर देख रहा है, लेकिन वास्तव में किसी और को देखता है। इस स्वभाव के अभिनेता उसी व्यक्ति से बहुत दूर हो जाते हैं, जिसके साथ उनका बहुत निकट का संबंध होना चाहिए। वे तुम्हारे शब्दों को, तुम्हारे स्वर-विन्यास को अथवा तुम्हारी किसी भी अन्य वस्तु को ग्रहण नहीं करते। वे जब तुम्हें देखते हैं तो उनकी आँखों पर परदा पड़ा होता है। इस ख़तरनाक और अभिनय को बिलकुल निर्जीव बना देनेवाले प्रदर्शन की पद्धति से अपने को बचाओ। वह तुम्हें खोखला कर देती है और उससे पिंड छुड़ाना मुश्किल हो जाता है।"

स्तानिस्लाव्स्की ने इसके आगे लिखा है कि एक सामूहिक वस्तु अर्थात् दर्शक-समुदाय से पारस्परिक संबंध स्थापित करना और भी अधिक मुश्किल होता है। निश्चित रूप से यह सीधे-सीधे नहीं किया जा सकता। कठिनाई इस सत्य में निहित है कि अपने सहयोगी के साथ हमारा एक निश्चित संबंध होता है और हम उनके साथ, दर्शकों के साथ भी, संबंध बनाना चाहते हैं। अपने सहयोगियों के साथ हमारा संबंध सीधा और चेतना से युक्त होता है, लेकिन दर्शक-समुदाय के साथ संबंध अप्रत्यक्ष और अचेतन होता है। विलक्षण बात यह है कि इन दोनों के साथ हमारा संबंध पारस्परिक होता है।

पॉल को यह तो स्पष्ट हो गया कि अभिनेताओं के बीच संबंध पारस्परिक होता है, लेकिन अभिनेताओं और दर्शकों के बीच का संबंध उसकी समझ के बाहर था।

तोर्त्सोव ने इस बिंदु को स्पष्ट करते हुए कहा कि नाटक देखते हुए दर्शकों के बीच जो हँसी का स्वर, आँखों में आँसुओं का आना, सराहना के बोल, फुसफुसाहट, विरोध के उत्तेजित स्वर आदि सुनने को मिलते हैं वे अत्यंत

मूल्यवान हैं। इस संबंध में फिर उन्होंने मॉरिस मैटरलिंक के 'दी ब्लू बर्ड' के प्रदर्शन के समय की एक घटना सुनाई जिसमें एक दस वर्षीय बालक ने उठकर पहले उनसे और फिर अभिनेताओं के पास जाकर कहा था कि सावधान हो जाओ, एक बिल्ली छिपकर सब कुछ देख रही है और वह उत्पात खड़ा कर सकती है। वास्तव में यह एक भोले-भाले दर्शक की वास्तविक प्रतिक्रिया थी, जिसने बिल्ली बने अभिनेता को छिपते देखा था।

तोर्त्सोवने इसके बाद अपने छात्रों से कहा था कि अगर वे वास्तव में यह समझना चाहते हैं कि दर्शकों से उन्हें क्या मिलता है, तो उन्हें एक बिल्कुल खाली सभागार में प्रदर्शन करके देखना चाहिए। क्या आप ऐसे सभागार में कुछ प्रदर्शित करना चाहेंगे?

''नहीं! क्योंकि एक निर्जन स्थान में एक ऐसे परिवेश में गाना होगा, जहाँ कोई अनुगूँज नहीं। एक बड़े और सहानुभूतिशील दर्शक-समुदाय के बीच प्रदर्शन एक ऐसे कमरे में गायन के समान है, जहाँ ध्वनि-प्रसार की समुचित व्यवस्था है। हमारे लिए दर्शक-समुदाय श्रवण की आध्यात्मिक व्यवस्था जैसा होता है। वे जो कुछ हमसे ग्रहण करते हैं, उसे जीवंत मानवीय भावनाओं के रूप में हमें वापस कर देते हैं।''

तोर्त्सोव ने इसके बाद स्पष्ट किया कि ''पारम्परिक और बनावटी ढंग से अभिनय में एक सामूहिक वस्तु के साथ संबंध की यह समस्या बड़ी आसानी के साथ सुलझ जाती है। फ्रांस के पुराने प्रहसनों को लें। उनमें अभिनेता दर्शकों से बराबर बातचीत करते रहते हैं। वे रंगमंच पर ठीक सामने आ जाते हैं और छोटी-छोटी व्यक्तिगत टिप्पणियाँ करते हैं या लंबा-चौड़ा भाषण दे देते हैं, जिनमें नाटक के कार्य-व्यापार की व्याख्या होती है। यह बड़े आत्मविश्वास के साथ आश्वस्त करते हुए प्रभावपूर्ण रूप में कहा जाता है। वस्तुतः अगर तुम दर्शकों के साथ सीधा संबंध स्थापित करना चाहते हो तो तुम्हारे लिए यही अच्छा होगा कि तुम उनके ऊपर हावी हो जाओ, उन्हें अपने अधिकार में ले लो।

''एक और दृष्टि से किसी समूह के साथ सीधा और तात्कालिक संबंध हमारे लिए बड़ा ज़रूरी होता है। कभी हम भीड़ में अलग-अलग व्यक्तियों से बातचीत करते हैं, और कभी संपूर्ण समुदाय को एक व्यापक आदान-प्रदान में समेट लेते हैं।

तोर्त्सोव ने उसके बाद यांत्रिक अभिनेताओं के दर्शक-समुदाय के प्रति अवांछनीय व्यवहार की विवेचना की। वे अपने साथ कार्य कर रहे अभिनेताओं की उपेक्षा करते हुए दर्शकों से अपना सीधा संबंध स्थापित कर लेते हैं। यह

उन्हें उन्मुक्त मार्ग लगता है। लेकिन यह मात्र प्रदर्शनात्मक प्रवृत्ति है और कुछ नहीं। रंगमंच पर इस प्रकार के प्रदर्शनात्मक व्यवहार को कभी भी अनुमति नहीं दी जा सकती। फिर भी अभिनेताओं को उससे बचने के लिए उसकी समुचित जानकारी तो होनी ही चाहिए।

इस प्रसंग का समापन करते हुए रंगमंच पर पारस्परिक संबंध बनाने की प्रक्रिया का जो आधारभूत सक्रिय सिद्धांत है, स्तानिस्लाव्स्की ने उसकी भी विवेचना की है। कुछ लोगों का विचार है कि हमारी बाहरी दृश्यात्मक गतिविधियाँ ही रंगमंच पर सक्रियता को अभिव्यक्त करती हैं। लेकिन वास्तविकता यह है कि आध्यात्मिक संपर्क की जो अंतरंग अदृश्य क्रियाएँ चलती हैं, उनसे भी यह प्रक्रिया संपन्न होती है। प्रत्येक अंतरंग क्रिया महत्त्वपूर्ण और मूल्यवान है। इसलिए अभिनेताओं को अंतरंग संवाद अथवा वास्तविक संपर्क-सूत्र के महत्त्व को समझना चाहिए, क्योंकि वह रंगमंच पर क्रियाशीलता के महत्त्वपूर्ण स्रोतों में से एक है।

## 3

स्तानिस्लाव्स्की का अभिमत है कि सामान्य जीवन में यदि हम किसी के साथ अपने भावों और विचारों का आदान-प्रदान करना चाहते हैं, तो जो कुछ हमने अनुभव किया है वही समर्पित करना चाहिए। यह सामग्री हमारे चारों ओर स्थित बदलती हुई परिस्थितियों के साथ निरंतर बढ़ती रहती है। लेकिन रंगमंच पर बात कुछ अलग ही होती है और वही हमारे सामने नई कठिनाई उत्पन्न करती है। हमसे आशा की जाती है कि नाट्य-लेखक द्वारा प्रस्तुत विचारों और भावनाओं का हम प्रयोग करें। इस आध्यात्मिक सामग्री को आत्मसात् करना, अस्तित्वहीन भावनाओं को पहले से चली आ रही नाटकीय विधियों में बाहरी रूप में प्रस्तुत करने की तुलना में कहीं अधिक कठिन है। अपने सहयोगी के साथ संबंध स्थापित करने की तुलना में कहीं अधिक कठिन है। अपने सहयोगी के साथ संबंध स्थापित करने की तुलना में उसके साथ सचमुच संवाद स्थापित करना और भी मुश्किल है। अभिनेता कम से कम जटिल मार्ग पकड़ना चाहते हैं। इसलिए वे प्रसन्नता से वास्तविक संपर्क स्थापित करने के स्थान पर सामान्य अनुकरणशील क्रियाओं का उपयोग करने लगते हैं।

तोर्त्सोव ने इसी विचार को आगे बढ़ाते हुए कहा कि यह भली प्रकार देखा, समझा और अनुभव किया जाना चाहिए कि हमें विचारों और भावनाओं के आदान-प्रदान के बहाने से दर्शकों तक वास्तव में क्या पहुँचाना है। इतना

कहने के बाद वे मंच पर गए और उन्होंने अपनी असाधारण प्रतिभा तथा नाटकीय तकनीक पर अधिकार के सहारे एक विलक्षण दृश्य प्रस्तुत किया। उन्होंने एक कविता को जल्दी-जल्दी और प्रभावपूर्ण रूप में पढ़ा, लेकिन इतना अस्पष्ट कि छात्र उनका एक भी शब्द नहीं पकड़ पाए।

उन्होंने यह जानना चाहा कि अभी वे क्या और कैसे कह रहे थे? कोई भी छात्र इतनी हिम्मत नहीं जुटा सका कि कुछ कह सके; तब उन्होंने स्वयं कहा कि मैं वास्तव में कुछ भी नहीं कह सका। बस कुछ शब्द फुसफुसाए, उन्हें मटर के दानों की तरह इधर-उधर छितराया। मुझे स्वयं भी यह भान नहीं था कि मैं क्या कह रहा हूँ।

उसके बाद उन्होंने कहा कि दर्शकों के साथ संबंध स्थापित करने के लिए यही पहले प्रकार की सामग्री है—हल्की हवा-सी, जो अक्सर प्रस्तुत की जाती है। न तो शब्दार्थ पर कोई ध्यान दिया जाता है और न उसकी अभिव्यंजना पर ही। अभिनेता केवल प्रभावपूर्ण बने रहना चाहता है।

तोर्त्सोव ने उसके बाद बाउमार्केस के नाटक 'ले मैरिज दे फ़िगारो' के अंतिम अंक का एक आत्मसंवाद प्रस्तुत करने की घोषणा की। इस बार उनके प्रदर्शन में विलक्षण-गतिविधियों, त्वरापूर्ण वाचन, वाणी के मनोरम आरोह-अवरोह और मनोमोहन के स्वर-विन्यास के चमत्कार थे। छात्र सराहना करने से अपने को रोक नहीं सके। सब कुछ बड़े नाटकीय प्रभाव से परिपूर्ण था, फिर भी वे उस आत्म-संवाद की अंतर्वस्तु के संबंध में कोई धारणा नहीं बना पाए क्योंकि जो कुछ भी कहा गया था उसे उन्होंने समझा ही नहीं था। इस कारण दर्शकों की भूमिका में उपस्थित अभिनेता तोर्त्सोव के साथ बने संबंध के विषय में कुछ स्पष्ट नहीं थे।

उन्होंने छात्रों से फिर पूछा था कि इस बार वे उनके साथ कैसा संबंध बना सके और फिर कोई कुछ भी नहीं कह पाया था।

तोर्त्सोव ने इस स्थिति को स्पष्ट करते हुए कहा, "मैंने भूमिका में स्वयं अपने को प्रदर्शित किया और इसके लिए मैंने फिगारो के आत्मसंवाद का, उसके शब्दों का, अंग-भंगिमाओं का और हर उस वस्तु का उपयोग किया जो उसके साथ थी। मैंने तुम्हें भूमिका नहीं दिखाई, वरन् भूमिका में स्वयं अपने को, अपनी चरित्रगत विशेषताओं को, अपने रूप, मुख, चेष्टाओं, मुद्राओं, प्रवृत्तियों, गतिविधियों, चाल, वाणी, शब्द-योजना, वाचन-शैली, स्वर-विन्यास, मनोवृत्ति तथा तकनीक को—भावनाओं को छोड़कर, प्रायः हर वस्तु को प्रस्तुत किया है।

जिनके पास बाहरी अभिव्यंजना का उपकरण है, उनके लिए मैंने जो कुछ किया वह बिलकुल कठिन नहीं होगा। अपनी वाणी को गूँजने दो। तुम्हारी जीभ शब्दों को और वाक्यांशों को अस्पष्ट रूप में उगलती रहे, तुम्हारी मुद्राएँ ठोस हों, तो सारा प्रभाव मनोरम होगा। मैं किसी कैफ़े की चतुर गायिका की तरह अभिनय कर रहा था, मैं बराबर तुम्हें देख रहा था कि मैं अच्छा प्रभाव उत्पन्न कर रहा हूँ या नहीं। मुझे लग रहा था कि मैं कोई जिंस हूँ और तुम सभी मेरे खरीदार हो।

"अभिनय की यह दूसरी प्रणाली है, जिसका प्रयोग नहीं किया जाना चाहिए; इस तथ्य के बावजूद कि इसका बड़ा प्रचलन है, और यह अत्यधिक लोकप्रिय भी है।"

अब तब तोर्त्सोव ने स्वयं को प्रस्तुत किया था लेकिन इसके बाद लेखक द्वारा तैयार भूमिका का प्रदर्शन किया। इस प्रदर्शन का आधार उनकी अपनी भावनाएँ नहीं, वरन् लेखक द्वारा प्रदत्त रूपाकार, शब्दावली, मुखाभिव्यक्ति आंगिक चेष्टाएँ और व्यापार थे। उन्होंने भूमिका की रचना करने के स्थान पर उसके बाहरी प्रभाव का प्रदर्शन किया।

उन्होंने एक दृश्य प्रस्तुत किया जिसमें एक महत्त्वपूर्ण सैनिक अधिकारी संयोग से अपने को अपने घर में अकेले पाता है। उसके करने को कुछ नहीं है। बोरियत से परेशान होकर वह घर में कुर्सियों को कुछ इस तरह लगाता है, जैसे सैनिक परेड कर रहे हों। फिर वह सारी मेजों पर चीज़ों के साफ़-सुथरे ढेर बनाता है। उसके बाद उसके मन में किसी सुस्वादु वस्तु का विचार आता है। फिर कुछ भौंचक्की मुद्रा में वह व्यावसायिक पत्र-व्यवहार को देखता है। कुछ पत्रों पर बिना पढ़े हस्ताक्षर करता है, जमुहाई लेता है, अपनी बाँहों को फैलाता है और फिर ऊट-पटांग काम करने लगता है।

इस सबके बीच वह एक आत्मसंवाद के मूल-पाठ को बड़ी असाधारण स्पष्टता के साथ पढ़ता रहता है। उसमें एक उच्च-पदस्थ व्यक्ति की सौम्यता का विवरण है और हर किसी अन्य के प्रति सर्वथा अज्ञान का प्रकाशन। यह पाठ वह बड़े ठंडेपन के साथ, अवैयक्तिकता से, दृश्य के केवल बाहरी स्वरूप का संकेत देते हुए करता रहता है। वह उसमें किसी प्रकार का जीवन भरने अथवा गहराई लाने की कोशिश नहीं करता। यह सब वह बिल्कुल वैसे ही करता है, जैसे कोई अभिनेता बड़े यांत्रिक रूप में 500वीं बार अपनी भूमिका का प्रदर्शन कर रहा हो। बस, लग रहा था जैसे कोई ग्रामोफ़ोन बज रहा हो, अथवा चलचित्र का कोई प्रोजेक्ट बार-बार उसी फ़िल्म को दिखाए जा रहा हो।

उसके बाद तोर्त्सोव ने अभिनय के सही ढंग का प्रदर्शन किया और यह दिखाया कि रंगमंच और दर्शकों के बीच सजीव संबंध कैसे स्थापित किया जा सकता है?

उन्होंने कहा, "तुम लोगों ने मुझे रंगमंच पर अभिनय करते हुए अनेक बार देखा है। तुम यह जानते हो कि मैं हमेशा अपने सहयोगियों के साथ सीधा संबंध बनाए रखने की कोशिश करता हूँ। मैं चाहता हूँ कि अपनी भावनाओं को उस चरित्र के अनुरूप संप्रेषित करूँ, जिसकी मैं भूमिका कर रहा हूँ। शेष भूमिका के साथ अभिनेता का संपूर्ण तादात्म्य अपने आप ही संपन्न हो जाता है।

"अब मैं तुम्हारी परीक्षा लेता हूँ। अपने साथियों के साथ तुम्हारे ग़लत व्यवहार को मैं नोट करूँगा और फिर घंटी बजाऊँगा। गलत व्यवहार से मेरा तात्पर्य है कि तुम अपनी विषयवस्तु के साथ सीधे संपर्क में नहीं हो। तुम अपनी भूमिका का दिखावा कर रहे हो, या स्वयं को प्रदर्शित कर रहे हो अथवा अपनी पंक्तियों को तटस्थता के साथ बोल रहे हो; इन सब गलतियों पर घंटी बजेगी। यह याद रखो कि केवल तीन प्रकार के प्रदर्शनों को मेरी मौन स्वीकृति मिलेगी :

1. रंगमंच पर किसी वस्तु के साथ तुम्हारा सीधा संबंध और दर्शकों से तुम्हारा प्रकारांतर से संबंध बनाना,
2. आत्मसंवाद; तथा
3. किसी अनुपस्थित या काल्पनिक वस्तु से बना संबंध-सूत्र।

उसके बाद परीक्षण का क्रम आरंभ हुआ।

कोस्त्या ने पॉल के साथ अपनी दृष्टि में बड़ा अच्छा प्रदर्शन किया। इसलिए उन्हें बड़ा ताज्जुब हुआ, जब घंटी कई बार सुनने को मिली। अन्य लोगों के प्रदर्शनों के साथ भी घंटी कभी बजी और कभी मौन रही। कोस्त्या को यह लगा कि जहाँ उसे बजना चाहिए था, वहाँ नहीं बजी और जहाँ नहीं बजना चाहिए था, वहाँ बजी।

छात्रों ने उनसे इस विषय में पूछा तो तोर्त्सोव ने समझाते हुए कहा, "इसका मतलब यह है कि जिन्हें अपनी क्षमता पर बड़ा घमंड है, वे भूल कर रहे हैं; और दूसरे, जिनकी वे आलोचना कर रहे हैं, वे एक-दूसरे के साथ उचित संबंध बनाने में अपने को समर्थ सिद्ध कर रहे हैं। इन दोनों ही प्रसंगों में बात केवल प्रतिशत की है। यह निष्कर्ष निकाला जा सकता है कि कोई भी पूर्णतः सही अथवा पूर्णतः गलत संबंध नहीं है। प्रत्येक अभिनेता का कार्य मिला-जुला है; उसमें अच्छे और बुरे दोनों ही प्रकार के क्षण हैं।"

तोर्त्सोव ने इस संबंध में विश्लेषण करने के लिए परिणामों को प्रतिशत के आधार पर विभाजित करने की सलाह दी है। अभिनेता को अपने सहयोगी के साथ संपर्क बनाने के लिए इतने प्रतिशत अंक, अपनी भूमिका के स्वरूप के प्रदर्शन के लिए इतने अंक, और इतने अंक स्वयं को प्रदर्शित करने के लिए। कुल योग का इन सभी प्रतिशतों का एक-दूसरे के साथ संबंध ही औचित्य की उस मात्रा का निर्धारण करेगा जिसमें अभिनेता संप्रेषण की प्रक्रिया को बनाने में समर्थ हुआ है। कुछ लोग अपने सहयोगियों के साथ अपने संबंध अधिक बना सकेंगे, अन्य एक काल्पनिक वस्तु के साथ संबंध बनाने की अपनी योग्यता में अथवा कुछ स्वयं अपने साथ संबंध बना पाने में आगे आएंगे। इन्हीं प्रसंगों से आदर्श स्वरूप की उपलब्धि होगी।

यदि नकारात्मक रूप में देखा जाए तो विषय और वस्तु के बीच कुछ विशेष प्रकार के संबंध औरों की अपेक्षा कम बुरे होते हैं। उदाहरण के लिए स्वयं को प्रदर्शित करने या यांत्रिक अभिनय की तुलना में अपनी भूमिका के मनोवैज्ञानिक स्वरूप का तटस्थता के साथ प्रदर्शन अपेक्षाकृत कम बुरा होता है।

स्तानिस्लाव्स्की के अनुसार प्रदर्शन के विभिन्न प्रकार के प्रतिशतों के समायोजन के अनंत प्रकार हैं। फलस्वरूप अभिनेता के लिए सबसे अच्छा यह है कि वह इसका अभ्यास करे : (1) रंगमंच पर अपनी वास्तविक वस्तु की खोज और फिर उसके साथ अपना सक्रिय संपर्क स्थापित करना; और (2) झूठी वस्तुओं और झूठे संबंधों की पहचान और फिर उनसे मुक्ति के लिए संघर्ष। सबसे अधिक उस आध्यात्मिक सामग्री की गुणवत्ता की ओर ध्यान देना जिस पर वह अन्यों के साथ अपना संबंध आधारित करता है।

## 4

इसके उपरांत तोर्त्सोव ने अपने छात्रों के पारस्परिक संबंध की स्थापना के बाहरी उपकरण की जांच की। उन्होंने जानना चाहा कि उनके पारस्परिक संबंध की स्थापना के जो साधन हैं, उनके वास्तविक महत्त्व को वे कहाँ तक समझते हैं। उन्होंने छात्रों को मंच पर जोड़ियों में बैठकर किसी भी प्रकार का तर्क-वितर्क आरंभ करने का आदेश दिया।

सभी छात्र मंच पर गए और उन्होंने तर्क-वितर्क के साथ अपने विभिन्न अंगों का प्रयोग किया। सभी के व्यवहार की समीक्षा हुई और तब कोस्त्या ने साहस करके कहा, ''मैं जानना चाहूँगा कि (पारस्परिक संबंध की स्थापना

के लिए) अपने सर्वाधिक जरूरी अंग का मैं कैसे चुनाव करूँ? दृष्टि भावनाओं को अभिव्यक्त करती है। वाणी से विचारों की अभिव्यंजना होती है। भावनाएँ वाचन के अवयवों को अवश्य प्रभावित करती हैं क्योंकि वाणी का स्वर-विन्यास आंतरिक भावनाओं को अभिव्यक्त करता है; सुनना भी उनके लिए बड़ा उत्प्रेरक है। वास्तव में सुनने की प्रक्रिया वाचन की परम आवश्यक सहयोगी है। इसके अतिरिक्त ये दोनों, चेहरा और हाथों के प्रयोग का भी निर्देश करती हैं।'' उसकी आपत्ति थी कि ''अभिनेता को अपंग नहीं किया जा सकता! उसे अपने सभी अंगों का उपयोग करना ही होता है!''

तोर्त्सोव ने उसके इस वक्तव्य की प्रशंसा करते हुए कहा, ''अंततः तुम एक कलाकार की तरह बातचीत कर हो, जो संपर्क या संवाद के इन सभी अंगों में से प्रत्येक का वास्तविक मूल्य समझता है। लेकिन हम सदा के लिए उसकी खाली आँखों, उसके निष्क्रिय मुख और भौंहों, उसकी विरस वाणी, आरोह-अवरोह-विहीन वाचन, सख्त मेरुदंड और गर्दन के साथ उसका मुड़ा-तुड़ा शरीर, उसकी गतिहीन लकड़ियों जैसी बाँहों, हाथों और पैरों को, उसकी भद्दी चाल उसकी अरुचिकर आदतों आदि को ग़ायब होते हुए देखना चाहेंगे।

''अब हम आशा कर सकते हैं कि हमारे छात्र-अभिनेता, अपने रचनात्मक उपकरण (अपने शरीर तथा उसके विभिन्न अंगों) की ओर उतना ही ध्यान देंगे, जितना कोई वायलिनवादक अपने प्रिय वाद्य-यंत्र को देता है।''

## 5

संप्रेषण की बाह्य, दृश्यमान और भौतिक प्रक्रिया का विश्लेषण करने के पश्चात् निर्देशक ने आंतरिक, अदृश्य और आध्यात्मिक पक्ष की चर्चा की है। इस विषय में समस्या यह है कि तोर्त्सोव इस बात को महसूस तो करते हैं, लेकिन जानते नहीं। वह कुछ ऐसी चीज़ हैं, जिसकी अनुभूति तो होती है, लेकिन उसके सैद्धांतिक पक्ष की वे विवेचना नहीं कर सकते। उनके पास इसके लिए कोई बनी-बनाई शब्दावली नहीं है, इसलिए मात्र संकेतों से ही उसके विषय में कुछ कहा जा सकता था।

उन्होंने इस संदर्भ में शेक्सपियर की कुछ पंक्तियाँ उद्धृत कर उनमें अभिव्यक्त संवेदनों के माध्यम से उन संपर्क-सूत्रों को समझाने का प्रयास किया। इन पंक्तियों में हैमलेट और ओफ़ीलिया के बीच शब्दहीन संवाद का विवरण है :

"उसने पकड़ ली मेरी कलाई कसकर,
फिर लौटकर एक बाज़ू दूर
और रखकर भौंहों पर दूसरा हाथ
वह देखता है ग़ौर से चेहरा मेरा
जैसे खींचना हो चित्र, ठहरा रहा देर तक ऐसे ही;
और अंततः कुछ झकझोरकर बाँह मेरी
उसने हिलाया सिर अपना ऊपर-नीचे तीन बार
निकली एक 'आह' स्फोट की मानिंद
जैसे हिला देगी वजूद
कर देगी नेस्तनाबूद उसको; छोड़ दी उसने फिर कलाई मेरी,
घूम गया कंधों पर रखा उसका सिर
चलता रहा दृष्टिविहीन किसी पथ पर;
चला गया दरवाज़ों के पार, नहाई रही
उन आँखों की रोशनी में मैं।"

शेक्सपियर की पंक्तियों को उद्‌धृत कर तोर्त्सोव ने अपने छात्रों से पूछा था, "क्या आपको भी इससे मिलती-जुलती परिस्थितियों में कुछ ऐसा ही अनुभव नहीं हुआ है, जब आपके बाहर कुछ प्रवाहित हो उठा हो; आपकी आँखों से, अँगुलियों के पोरों से, शरीर के रोम-कूपों से कोई धारा चल पड़ी हो।"

आपने अभी जो पंक्तियाँ पढ़ी हैं, उनमें कवि की सुप्रिया का अंग-अंग भी बोलने लगा है। वस्तुतः दोनों ओर से अंतःसंवाद की एक धारा चली है। इनमें अंतःसंवाद का स्पष्ट संकेत है।

स्तानिस्लाव्स्की ने सवाल उठाया है कि इन अदृश्य धाराओं को क्या नाम दिया जा सकता है, जिनका उपयोग हम परस्पर संवाद के लिए करते हैं। किसी दिन यह नैसर्गिक व्यापार वैज्ञानिक अनुसंधान का विषय बनेगा। इस बीच इसे उन्होंने किरणों का आदान-प्रदान कहना उपयुक्त समझा है। इसके बाद उन्होंने उसका अनुशीलन किया है और उससे प्राप्त अपने संवेदनों की विवेचना की है।

वे कहते हैं कि जब हम निश्चल, निस्पंद और प्रशांत होते हैं, तो किरणों का यह प्रवाह मुश्किल से दिखाई देता है, लेकिन जब हम उच्चतम भावावेग की अवस्था में होते हैं, तो दोनों ओर से इन किरणों का आदान-प्रदान बहुत

अधिक सुनिश्चित और इंद्रियों द्वारा ग्रहणीय हो जाता है। अभिनेता के जीवन में ऐसे अनेक विशिष्ट क्षण आते हैं जब वह मूल चरित्र के साथ पूर्ण तादात्म्य का अनुभव करता है।

स्तानिस्लाव्स्की ने अंतःसंवाद में किरणों के प्रवाह को कुछ और अधिक समझाने के लिए अपना एक अनुभव लिखा है :

''अभी कल की ही तो बात है, एक नवयुवती और उसके प्रेमी के बीच मैंने एक विलक्षण दृश्य देखा। वे आपस में लड़ रहे थे, एक-दूसरे से बोल नहीं रहे थे और यथासंभव एक-दूसरे से दूर बैठे हुए थे। वह यह दिखावा कर रही थी कि वह उसे देख भी नहीं रही है; लेकिन यह काम वह कुछ इस प्रकार कर रही थी कि उसका ध्यान आकर्षित कर सके। वह निष्चेष्ट बैठा था और उसे कुछ निवेदन करने की दृष्टि से देख रहा था। वह कोशिश कर रहा था कि उसकी आँखों को किसी प्रकार पकड़ ले, जिससे उसके मन की भावना का कुछ अनुमान हो सके। उसकी अंतरात्मा में क्या है, अदृश्य एंटीना से उसने अनुभव करना चाहा। लेकिन उस नाराज़ युवती ने हर प्रकार से उसके साथ किसी प्रकार के संपर्क को नकारने की कोशिश की। फिर भी अंततः जब वह उसकी दिशा में घूमी, तो उसने उसकी दृष्टि को पकड़ लिया। लेकिन उसके इस प्रयास ने उसे सांत्वना देने के स्थान पर उदास कर दिया। कुछ देर बाद वह एक अन्य स्थान पर चला गया ताकि उसे सीधे-सीधे देख सके। वह चाहता था कि उसका हाथ उसके हाथ के पास पहुँच जाए, वह उसे छुए और अपनी भावनाओं की धारा को उसकी ओर प्रवाहित कर दे। वहाँ कोई शब्द नहीं थे, कोई उद्‌गार नहीं थे, कोई मौखिक : अभिव्यंजना, आंगिक चेष्टा या क्रिया भी नहीं थी। यह बिल्कुल सीधा, तात्कालिक संवाद है, अपने विशुद्धतम रूप में।''

स्तानिस्लाव्स्की ने लिखा है कि शायद वैज्ञानिकों के पास इस अदृश्य नैसर्गिक प्रक्रिया की कोई व्याख्या हो। वे स्वयं तो केवल इतना ही कर सकते थे कि उन्होंने जैसा अनुभव किया बता दें और साथ ही यह भी बता दें कि नाट्य-कला में इन संवेदनों का उपयोग कैसे किया जा सकता है?

## 6

अगले दिन तोर्त्सोव ने छात्रों को युग्मों में बाँटकर उन्हें परस्पर अंतःसंवाद और किरणों का आदान-प्रदान अनुभव करने के लिए कहा।

कोस्त्या और ग्रीशा एक साथ बैठे और उन्होंने तुरंत परस्पर यांत्रिक रूप

में किरणों का आदान-प्रदान आरंभ कर दिया। तोर्त्सोव ने उनके परस्पर व्यवहार देखकर उनसे रुकने के लिए कहा और फिर उन्हें बताया कि उस सुकुमार और अति संवेदनशील प्रक्रिया में वे बड़े उग्र साधनों का प्रयोग कर रहे हैं। उन्होंने उन दोनों को अपने उद्देश्य की संपूर्ति के लिए पहले अपनी मांसपेशियों को संकुचित करने की सलाह दी। उसके बाद उन्होंने कहा, ''पीछे की ओर होकर बैठो और दूर, और दूर कुछ और, कुछ और दूर! सीधी-सादी आराम की मुद्रा में बैठो। नहीं, यह पर्याप्त शिथिलता की अवस्था नहीं है। यह नहीं! खुद को आराम से व्यवस्थित करो। अब एक-दूसरे को देखो। क्या इसे तुम देखना कहते हो? तुम्हारी आँखें तो निकली पड़ रही हैं। आराम से हो जाओ! और अधिक! तनाव बिलकुल भी नहीं।''

छात्रों ने यह सब करने के बाद जब अंतःसंवाद आरंभ किया, तो उन्होंने फिर कहा, ''क्या तुम अपनी आँखें बंद करके इस प्रकार के विचारों को अभिव्यक्त कर पाने की आशा करते हो? शब्दों का प्रयोग करो और अपनी आँखों को अपनी वाणी की संपूर्ति करने दो। शायद तभी तुम उन किरणों का अनुभव कर सकोगे, जिन्हें तुम एक-दूसरे के प्रति प्रवाहित कर रहे हो।''

कोस्त्या और ग्रीशा ने यही कुछ किया। तोर्त्सोव ने कहा कि इस विश्राम के बीच उन्हें कोस्त्या द्वारा संप्रेषित किरणों का भास हो रहा था। यह भी कि ग्रीशा उन्हें ग्रहण करने की तैयारी कर रहा था। और यह सब उस लंबे मौन के बीच की अवधि में हुआ था।

कुछ अन्य छात्रों को परस्पर अंतःसंवाद में तत्पर देखने के बाद तथा उन्हें आवश्यक परामर्श देने के अनंतर, वे फिर उनकी ओर मुड़े और उन्होंने कहा :

''सुनने के अलावा, मैं चाहता हूँ कि अब तुम दोनों अपने साथी से कुछ जीवंत ग्रहण करने की कोशिश करो। सचेतन, सुस्पष्ट विचार-विमर्श और विचारों के बौद्धिक आदान-प्रदान के साथ, क्या तुम्हें समानांतर रूप से धाराओं के आदान-प्रदान की अनुभूति हो रही है? क्या अपनी आँखों से तुम कुछ ग्रहण कर रहे हो और उन्हीं के माध्यम से कुछ दे भी रहे हो? यह वस्तुतः धरती के भीतर प्रवाहित नदी की भाँति है, जो शब्दों और मौन दोनों की सतह के नीचे सतत प्रवाहित हो रही है तथा विषय और वस्तु दोनों के बीच एक अदृश्य संबंध की रचना कर रही है।''

उसके बाद उन्होंने ग्रीशा का स्थान ग्रहण कर कोस्त्या के साथ एक और प्रयोग किया—अंतःसंवाद की स्थापना करने का प्रयोग।

उन्होंने निर्देश दिया कि खुद को आराम से व्यवस्थित कर लो। घबराओ नहीं, जल्दी मत करो और अपने को कुछ करने के लिए मजबूर भी मत करो। तुम्हें किसी दूसरे व्यक्ति को कुछ स्थानांतरित करने की कोशिश करने से पहले अपनी सामग्री को तैयार करना चाहिए। अभी कुछ देर पहले इस प्रकार का कार्य तुम्हें बड़ा जटिल लग रहा था। लेकिन अब तुम उसे आसानी से कर सकते हो। यह जो समस्या उपस्थित है, उसमें भी यह सही होगा। बिना शब्दों का प्रयोग किए अपनी आंखों के माध्यम से मुझे अपनी भावनाओं से परिचित कराओ।''

कोस्त्या को इसमें असफलता हाथ लगी। तोर्त्सोव ने स्थिति का स्पष्टीकरण करते हुए कहा कि इस विषय में कुछ भी नहीं किया जा सकता और उसे अपनी भावनाओं की सभी भंगिमाओं को अभिव्यक्त करने की कोशिश भी नहीं करनी चाहिए।

कोस्त्या ने तब विस्मय से पूछा कि तब फिर बचेगा क्या?

उन्होंने जवाब दिया, ''सहानुभूति और श्रद्धा की भावनाएँ! तुम उन्हें शब्दों के बिना संप्रेषित कर सकते हो। लेकिन तुम दूसरे व्यक्ति को यह अनुभव नहीं करा सकते कि वह तुम्हें अच्छा लगता है, क्योंकि वह एक बुद्धिमान, सक्रिय, परिश्रमी और उच्चकोटि की मेधा का नवयुवक है।''

उसके बाद उन्होंने समझाया कि ''अगर तुम अपनी भावनाओं के सामान्य अभिप्राय को समझना चाहते हो, तो जो कुछ तुम दूसरे को संप्रेषित करना चाहते हो, उसे स्वयं अनुभव करने की कोशिश करो। इसी संबंध में उनका यह भी परामर्श था कि अगर हम किसी अन्य व्यक्ति को अपने भावों, विचारों अथवा इच्छाओं से आवृत्त करना चाहते हैं, तो अपनी मांसपेशियों का प्रयोग करने की कोई भी ज़रूरत नहीं है। इस अंतःसंवाद की धारा में तुम्हारे भौतिक संवेदन कम ही दिखाई देने चाहिए लेकिन अगर तुम उन्हें अपनी भावनाओं के पीछे बलपूर्वक रखने की कोशिश करोगे, तो तुम्हारी नसें फट भी सकती हैं।''

कोस्त्या का धीरज टूट रहा था, वह निर्देशक की बात को बिलकुल पकड़ नहीं पा रहा था। तोर्त्सोव ने अपनी बात को और स्पष्ट करते हुए कहा, ''अब तुम थोड़ा आराम करो। मैं उस संवेदन के विषय में, जिसे मैं तुम्हें अनुभव करवाना चाहता हूँ, कुछ बताने की कोशिश करूँगा। मेरे शिष्यों में से एक ने उसे फूल की खुशबू के समान कहा है। एक अन्य ने उसके हीरे की आग जैसा होने की बात कही है। मैंने ज्वालामुखी के द्वार पर खड़े होकर उसका अनुभव

किया है। धरती के भीतर की भीषण आग से गर्म हवा की तरह वह मुझे लगा है। क्या इन सुझावों में से कोई भी तुम्हारे मन को छूता है?''

कोस्त्या ने कहा, "'कोई भी नहीं।'' उन्होंने उसे उलटी रीति से समझाने की कोशिश की, ''जब मैं किसी संगीत-समारोह में होता हूँ और कोई कार्यक्रम मुझे अच्छा नहीं लगता, तो मैं अपने लिए विभिन्न प्रकार के मनोरंजनों के विषय में सोचता हूँ। मैं दर्शकों में किसी भी एक व्यक्ति को चुन लेता हूँ और उसे सम्मोहित करने की कोशिश करता हूँ। अगर मेरा शिकार कोई रूपसी होती है, तो मैं अपना उत्साह उसमें संचरित करने की कोशिश करता हूँ। अगर वह कुरूप होती है तो मैं उसे अपनी अरुचि संप्रेषित करता हूँ। इस प्रकार की स्थितियों में मुझे भौतिक संवेदना की सुनिश्चित जानकारी होती है। तुम उससे सुपरिचित होगे। इस समय मैं उसी की तलाश कर रहा हूँ।''

तोर्त्सोव ने उसके बाद अपने कई छात्रों के साथ मौन रहकर अपने विचारों का आदान-प्रदान किया और कहा, ''अगर तुम अपनी ऐसी ही भावनाओं की एक लंबी और समन्वित शृंखला बना सकते हो, तो वह अंततः इतनी सशक्त हो जाएगी कि तुम उस स्थिति को पा लोगे, जिसे हम 'पकड़' कहते हैं। तब तुम्हारा किरणों का आदान-प्रदान बड़ा की सुदृढ़, प्रखर और इन्द्रियगोचर हो जाएगा।''

'पकड़' से स्तानिस्लाव्स्की का क्या अर्थ है, इसे स्पष्ट करते हुए वह कहते हैं,' ''यह वही है, जो बुलडॉग के जबड़े में होता है। हम अभिनेताओं में वही शक्ति होनी चाहिए कि हम अपनी आँखों से, कानों से तथा अपनी अन्य सभी ज्ञानेंद्रियों से पकड़ लें। अगर अभिनेता को सुनना है, तो वह पूरी तरह से एकाग्र होकर सुने। अगर उसे सूँघने के लिए कहा जाता है तो वह बड़ी शिद्दत से सूँघे। अगर उसे किसी वस्तु को देखना है, तो अपनी आँखों का वास्तव में प्रयोग करे। लेकिन निश्चय ही यह सब मांसपेशियों में अनावश्यक तनाव पैदा किए बिना होना चाहिए।''

कोस्त्या ने यह सुनकर जानना चाहा कि क्या उन्होंने 'ऑथेलो' के दृश्य में किसी प्रकार की 'पकड़' का प्रदर्शन किया था? तोर्त्सोव ने स्वीकार करते हुए कहा कि एक-दो क्षण ऐसे थे, लेकिन वे बहुत कम थे। ऑथेलो की सारी भूमिका पूरी पकड़ की माँग करती है। एक साधारण नाटक के लिए, साधारण-सी ही पकड़ चाहिए, लेकिन शेक्सपियर के नाटक के लिए एक पूरी तरह से सुदृढ़ पकड़ की जरूरत है।

दैनिक जीवन में हमें पूरी पकड़ की जरूरत नहीं होती, लेकिन रंगमंच

पर सर्वोपरि दुःखांतकी के प्रदर्शन में वह परमावश्यक है। जरा तुलना करके देखो, हमारे जीवन का अधिकांश भाग महत्त्वहीन चेष्टाओं में लगता है। तुम सोने जाते हो, तुम उठते हो और अधिकांशतः तुम एक यांत्रिक दैनिक कार्यक्रम का अनुसरण करते हो। वह रंगमंच के लिए सामग्री नहीं है। लेकिन हमारे दैनिक जीवन में त्रास की, परम प्रसन्नता की, भावावेग के ऊँचे ज्वार की और असाधारण अनुभवों की रंगीन घड़ियाँ होती हैं। हमारे सामने चुनौती होती है, आज़ादी के लिए, एक विचार के लिए, अपने अस्तित्व के लिए और अपने अधिकारों के लिए संघर्ष करने की। यदि हमारे पास अभिव्यक्ति के लिए शक्तिशाली आंतरिक और बाह्य अभिव्यक्ति है, तो इस सामग्री का हम मंच पर उपयोग कर सकते हैं। लेकिन पकड़ का अर्थ असामान्य प्रयास नहीं है, इसका अर्थ अधिकाधिक आंतरिक सक्रियता है।

"अभिनेता को रंगमंच पर किसी रोचक, रचनात्मक समस्या में अपने को पूरी तरह से संलग्न करना सीखना चाहिए। अगर वह अपने सारे ध्यान और रचनात्मक क्षमताओं को, उसमें लगा सकता है, तो वह सच्ची पकड़ बना लेगा। प्रायः छात्र-अभिनेताओं में ध्यान की सामर्थ्य एवं एक-दूसरे के साथ संपर्क बनाए रखने की उनकी योग्यता की परीक्षा, उनकी पकड़ की दृढ़ता और उसके सातत्य के आधार पर की जाती है।

## 7

क्योंकि किरणों का यह प्रवाह अभिनेताओं के बीच आंतरिक संबंध बनाए रखने के लिए इतना महत्त्वपूर्ण है इसलिए तोर्त्सोव सवाल उठाते हैं कि क्या उसे तकनीकी साधनों के माध्यम से नियंत्रित किया जा सकता है या हम उन्हें स्वेच्छा से उत्पन्न कर सकते हैं?

उत्तर में उन्होंने कहा है कि "इस संदर्भ में हम ऐसी स्थिति में हैं कि जब हमारी इच्छाएँ सहज रूप में भीतर से नहीं उठतीं, तो हमें उन्हें बाह्य रूप से सक्रिय करना पड़ता है। सौभाग्य से शरीर और आत्मा के बीच एक जैविक संबंध है। उनकी सामर्थ्य इतनी अधिक है कि मृत को जीवित करने के अतिरिक्त, वह सब कुछ का फिर से बुला सकता है। उस आदमी के विषय में सोचो, जो प्रत्यक्षतः डूब गया था। उसकी नाड़ियों का स्पंदन रुक गया है और वह अचेतन है। यांत्रिक गतिविधियों से उसके फेफड़े फिर से श्वास लेने लगते हैं। यह उसके शरीर में रक्त के संचार को फिर से संचारित कर देता है और तब उसके अंग अपने स्वाभाविक कार्य फिर से करने लगते

हैं। इस प्रकार वह व्यक्ति जो वास्तव में मर गया था, फिर से जीवित हो उठता है।

इसके बाद तोर्त्सोव ने यह स्पष्ट किया है कि कृत्रिम साधनों का प्रयोग करते समय हम इसी सिद्धांत का प्रयोग करते हैं। बाहरी सहायक आंतरिक प्रक्रिया को उत्प्रेरित कर देते हैं। उन्होंने इसका व्यावहारिक प्रदर्शन किया है। वे कोस्त्या के सामने बैठ गए और उससे कहा कि वह समुचित, काल्पनिक आधार पर किसी एक वस्तु को चुने और उसे उन तक स्थानांतरित करे। इस संबंध में उन्होंने शब्दों, आंगिक चेष्टाओं और चेहरे के हावभावों के प्रयोग की भी अनुमति दे दी।

इस प्रक्रिया को समझने में कोस्त्या को कुछ समय लगा, लेकिन अंततः उसने समझ लिया कि उससे क्या अपेक्षा है। वह अपेक्षा के अनुरूप उसे तोर्त्सोव तक संप्रेषित करने में भी सफल हुआ। लेकिन उन्होंने उसे कुछ और अवधि तक संप्रेषित भौतिक संवेदनाओं के निरीक्षण और उनका अभ्यस्त होने का समय दिया। जब उसने इस प्रक्रिया पर अधिकार कर लिया तो तब तक उनकी अभिव्यक्ति के साधनों—शब्द, मुद्राएँ आदि को सीमित कर दिया गया, जब तक कि वह केवल किरणों के माध्यम से संप्रेषण और ग्रहण करने में सक्षम नहीं हो गया।

उसके बाद उन्होंने बिना किसी प्रकार की भावनाओं की सहभागिता की अनुमति दिए कोस्त्या को केवल यांत्रिक एवं भौतिक प्रक्रिया को बार-बार दोहराने को कहा। कोस्त्या का इस प्रक्रिया के दौरान एक-एक चेष्टा को छोड़ने में बड़ा समय लगा; और जब वह सभी को छोड़ने में सफल हुआ तो उन्होंने उससे पूछा कि 'अब कैसा लग रहा है?'

कोस्त्या ने उत्तर दिया कि वह उस पंप की तरह महसूस कर रहा है जिसमें से हवा के अतिरिक्त और कुछ नहीं बाहर निकाल रहा। उसे केवल बाहर निकलती धाराओं का ही अनुभव हो रहा है—विशेष रूप से आँखों के माध्यम से और संभवतः अंशतः अपने शरीर के दोनों पक्षों से तोर्त्सोव और उन धाराओं के प्रवाहित होने की अनुभूति हो रही है।

उसके बाद उन्होंने निर्देश दिया कि वह विशुद्ध रूप से भौतिक और यांत्रिक रूप में उस धारा को यथासंभव प्रवाहित करना जारी रखे।

लेकिन कोस्त्या ने जल्दी ही उस प्रक्रिया को छोड़ दिया। उसे लगा कि वह सर्वथा अर्थहीन है। तोर्त्सोव ने उसमें किसी अर्थ की व्यवस्था करने की सलाह दी। उनकी जिज्ञासा थी कि क्या कोस्त्या की अपनी भावनाएँ उसकी

मदद के लिए बाहर निकलने को बेताब नहीं हो रही हैं और क्या उसकी भावात्मक स्मृति कुछ अनुभवों की ओर संकेत नहीं कर रही, जिनकी ओर किरणों की धारा का संचार करते हुए सामग्री का उपयोग किया जा सके?

कोत्स्या को लगा कि अगर वह इस आंतरिक अभ्यास को जारी रखने के लिए मजबूर होगा, तो उसके लिए यह बड़ा मुश्किल हो जाएगा कि अपनी सक्रियता को उत्प्रेरित करने के लिए किसी वस्तु का प्रयोग न करे; लेकिन उसके लिए भी उसे किसी आधार की आवश्यकता पड़ेगी।

स्तानिस्लाव्स्की इस स्थिति में उस क्षण अनुभव हो रहे विस्मय, असहायता अथवा किसी अन्य संवेदना को स्थानांतरित करने की सलाह देते हैं। उनकी दृष्टि में तभी भीतर से निकलने वाली किरणों का 'अर्थहीन' भौतिक प्रवाह अंततः एक अर्थ और उद्देश्य प्राप्त कर सकता है।

तोर्त्सोव ने किरणों के इस भीतर से संप्रसार की प्रक्रिया के अनंतर उनके ग्रहण की प्रक्रिया पर बातचीत की है। यह प्रक्रिया पहली प्रक्रिया का विलोम है। इसमें कुछ भी ग्रहण करने से पहले आँखों का प्रयोग करते हुए यह समझने की अपेक्षा है कि दूसरा अपने से क्या ग्रहण करने की अपेक्षा करता है। इसके लिए सावधानीपूर्वक खोज करने, दूसरे की मनःस्थिति में प्रवेश करके उसके साथ संबंध स्थापित करने की आवश्यकता है।

स्तानिस्लाव्स्की मानते हैं कि तकनीकी साधनों के माध्यम से उस काम को कर पाना कोई आसान काम नहीं है, जो सामान्य जीवन में नैसर्गिक रूप में और अंतःप्रेरणा से हो जाता है। फिर भी उनका विश्वास है कि कक्षा में अभ्यास की अपेक्षा रंगमंच पर भूमिका का निर्वाह करते समय इस प्रक्रिया को सहज रूप में संपन्न करना आसान होगा। उन्होंने इस सामर्थ्य को विकसित करने के लिए अनिवार्य अभ्यासों की बात भी उठाई है। उन्होंने दो प्रकार के अभ्यासों की ओर संकेत किया है : पहला, उस भावना को उत्प्रेरित करना सिखाता है, जिन्हें अभिनेता दूसरे को संप्रेषित करता है। जब वह यह कर रहा होता है तो उसे साथ चलने वाले भौतिक संवेदनों को देखना चाहिए। इसी प्रकार वह और लोगों से ग्रहण की जानेवाली भावनाओं के संवेदनों को भी पहचान सकता हैं। दूसरे अभ्यास में मात्र संप्रेषित की जानेवाली और ग्रहण की जानेवाली भावनाओं का अनुभव करने की कोशिश होती है। यह प्रक्रिया बिना भावात्मक अनुभूतियों के ही संपन्न होती है। इस अभ्यास के लिए विशेष रूप से ध्यान का केंद्रीकरण परमावश्यक है; अन्यथा भूल से उन संवेदनों को, मांसपेशियों का सामान्य संकुचन समझ लेने की भूल हो सकती है। ऐसी स्थिति

में अभ्यास के लिए किसी ऐसी आंतरिक भावना को चुनना चाहिए जिसका विकिरण करना हो। इस अभ्यास में भौतिक विकृतियों और बल के प्रयोग से बचना चाहिए। भावना का विकिरण और उसका ग्रहण सहज रूप में स्वच्छंदता के साथ नैसर्गिक प्रक्रिया की भाँति संपन्न होना चाहिए। लेकिन उसमें ऊर्जा का किसी प्रकार भी ह्रास नहीं होना चाहिए।

उन्होंने सावधान करते हुए कहा है कि इन अभ्यासों को कभी अकेले अथवा काल्पनिक व्यक्ति के साथ नहीं करना चाहिए। हमेशा एक जीवंत वस्तु का प्रयोग करना चाहिए जो वास्तव में साथ हो और भावनाओं का आदान-प्रदान भी चाहती हो। संपर्क अथवा संवाद का उभयपक्षीय होना आवश्यक है। इन अभ्यासों को भी अनुभवी आँखों की बड़ी आवश्यकता है, जो ग़लत रास्ते पर जाने और भ्रम उत्पन्न करने वाली मांसपेशियों के तनाव से मुक्ति दिलाने में सहायक होंगी।

यह कार्य कठिन हो सकता है लेकिन निर्देशक की दृष्टि में यह कार्य सामान्य और स्वाभाविक है। किसी भी सामान्य कार्य को बड़ी आसानी से किया जा सकता है। प्रकृति के विपरीत कार्य को करना कहीं अधिक मुश्किल होता है। प्रकृति के नियमों का अवश्य अध्ययन होना चाहिए और स्वाभाविक की सीमा से बाहर कुछ करने की कोशिश से बचना आवश्यक है।

# 10

# अनुयोजन

## 1

उस दिन मंच पर एक और बैनर पर लिखा था, 'अनुयोजन'। उसी की ओर संकेत करते हुए निर्देशक तोर्त्सोव ने वान्या से कहा कि तुम्हारे सामने समस्या यह है कि तुम्हें वहीं जाना है। गाड़ी दो बजे छूटती है; और अब एक बज रहा है। तुम्हें अपने सहपाठियों के सामने कोई बड़ा बहाना बनाकर निर्देशक से छुट्टी लेनी है।

वान्या यह सुनकर प्रसन्नता से झूम उठा। उसने पहले विदूषक जैसी कुछ मुद्राएँ बनाईं और फिर खूब उछला-कूदा। यही सब करते हुए वह अचानक बड़ी जोर से चीख़ उठा जैसे कोई ज़बरदस्त चोट लग गई हो। उसने एक पैर ऊपर उठा लिया और उसे सहलाने लगा। उसका चेहरा बिगड़ने लगा और लगने लगा कि उसका दर्द बराबर बढ़ता जा रहा है। उसके साथियों और तोर्त्सोव ने उसे किसी प्रकार सँभाला।

तभी वह अचानक उठकर तेज़ी से नाचने और ज़ोर-ज़ोर से हँसने लगा।

तभी लोगों को आभास हुआ कि वह तो अभिनय कर रहा है। सभी के मुख से सराहना के बोल निकल पड़े। निर्देशक ने भी उसकी प्रशंसा की।

उन्होंने छात्रों से पूछा, "क्या तुम्हें मालूम है कि मैंने वान्या की तारीफ़ क्यों की? यह इसलिए कि उसने प्रदान की गई परिस्थितियों के अनुरूप अपने सभी क्रिया-कलापों का अनुयोजन कर लिया था।"

इसके बाद उन्होंने स्पष्ट किया कि इस विशिष्ट शब्द 'अनुयोजन' का प्रयोग बाहरी तथा भीतरी, दोनों ही प्रकार के साधनों के लिए, एक-दूसरे के साथ संबंध बनाने के अनेक प्रकारों की संयोजना के लिए तथा किसी को प्रभावित करने के लिए सहायक के रूप में भी किया जाता है।

उन्होंने इसके बाद समझाया कि किसी समस्या के साथ जुड़ने का वास्तव में क्या रूप होता है? वान्या ने ठीक वही तो किया था। कक्षा से बाहर जाने

के लिए उसने बड़ा अच्छा बहाना बनाया था; अपने सामने खड़ी इस समस्या को सुलझाने में मदद के लिए एक अच्छी तरकीब लगाई थी।

ग्रीशा ने अपने स्वभाव के अनुसार कुछ व्यंग्य के साथ कहा कि तब तो अनुयोजन का मतलब धोखा देना लिया जाना चाहिए।

तोर्त्सोव ने वस्तुस्थिति स्पष्ट की कि एक विशेष रूप में यह सही हो सकता है; एक अन्य रूप में यह अपने भावों अथवा विचारों की विशद् अभिव्यंजना है; तीसरे, यह उस व्यक्ति का ध्यान आकषित कर सकती है, जिसके साथ तुम संबंध बनाना चाहते हो; चौथे, यह तुम्हारे सहयोगी को इस दृष्टि से तैयार करती है कि उसकी ऐसी मनोदशा बना दे कि वह तुमसे संपर्क करे; पाँचवें, यह कुछ ऐसे अदृश्य संदेशों को पहुँचा सकती है, जिन्हें शब्दों में नहीं रखा जा सकता है, केवल अनुभव किया जा सकता है। अनुयोजन के और भी बहुत-से संभाव्य उपयोग हो सकते हैं, क्योंकि उसके प्रकार एवं कार्यक्षेत्र अनंत हैं।

तोर्त्सोव इस संदर्भ में एक उदाहरण के रूप से कोस्त्या को कहते हैं कि वह एक उच्च अधिकारी है, जिसकी मदद की ज़रूरत उन्हें है। लेकिन वे कोस्त्या से परिचित नहीं हैं। और लोग भी हैं जो मदद के तलबग़ार हैं। इस स्थिति में उसका ध्यान स्वयं तोर्त्सोव की ओर कैसे खींचा जाए? यह समस्या रखकर तोर्त्सोव एक योजना सामने रखते हैं, ''अगर मैं केवल उसके मन की आँखों के आगे एक ऐसा चित्र खड़ा कर दूँ, जो वास्तव में मेरी त्रासद परिस्थितियों के लगभग अनुरूप हो, तो मैं जानता हूँ तुम्हारी रुचि मुझमें हो जाएगी। तुम मुझे बड़े ध्यान से देखोगे, मेरी मार्मिक परिस्थितियाँ तुम्हारे मन को विह्वल कर देंगी। लेकिन इस अवस्था तक पहुँचने के लिए मुझे तुम्हारी अंतरात्मा में प्रवेश करना होगा, तुम्हारे जीवन को भली प्रकार समझना होगा और खुद को सर्वथा उसके अनुरूप बनाना होगा।

''हमारा प्रारंभिक लक्ष्य इन साधनों के माध्यम से, वास्तव में यह है कि हम अपने भावों और विचारों को अधिक से अधिक सशक्त बनाकर प्रभावपूर्ण रूप में प्रस्तुत करें। प्रायः कुछ ऐसी विरोधी परिस्थितियाँ होती हैं, जिनका प्रयोग हम अपने ऐंद्रिक-संवेदनों को छिपाने और उन पर आवरण डालने के लिए करते हैं।

''एक स्वाभिमानी व्यक्ति का उदाहरण लो, जो अपनी घायल भावनाओं को छिपाने के लिए अपने को सौम्य प्रदर्शित करने की कोशिश कर रहा हो...हमें सभी प्रकार का संपर्क बनाने के लिए अनुयोजन की रीतियों का ही सहारा

लेना होता है। यह स्वयं अपने लिए भी संपन्न करना होता है, क्योंकि हम जिस मनोदशा में होते हैं, आवश्यकता के वशीभूत होकर हमें उसका ध्यान रखना ही पड़ता है।"

ग्रीशा ने तर्क दिया कि इन सभी कार्यों के लिए अंततः शब्द तो होते ही हैं।

तोर्त्सोव ने उसे समझाते हुए कहा, "क्या तुम समझते हो कि भावनाओं की उन सभी अनुभूत सुंदरतम भंगिमाओं को शब्द पूरी तरह से अभिव्यक्त कर सकते हैं? नहीं। हम ज़ब एक-दूसरे के साथ अपने भावों और विचारों को अभिव्यक्त कर रहे होते हैं, तो शब्द अपर्याप्त सिद्ध होते हैं। अगर हम उनमें जीवन का संचार करना चाहते हैं तो हमें उनमें भावनाएँ भरनी ही होंगी। वे शब्दों के बीच छोड़े गए खाली स्थानों को भरती हैं, और जो कुछ अनकहा रह जाता है उसे पूरा करती हैं।"

किसी ने सुझाव दिया कि तब तो अनुकूलन के लिए जितने अधिक साधनों का प्रयोग किया जाएगा, दूसरे व्यक्ति के साथ हमारा संपर्क उतना ही सघन और परिपूर्ण होगी।

लेकिन स्तानिस्लाव्स्की के अनुसार सवाल परिमाण का नहीं, साधनों की गुणवत्ता का है।

रंगमंच के अनुरूप अनेक प्रकार के गुण हैं। हर अभिनेता की अपनी अलग चरित्रगत विशेषताएँ होती हैं। वे उसकी मौलिक विशेषताएँ होती हैं। वे अनेक प्रकार के स्रोतों से उत्पन्न होती हैं और उनके मूल्य भी अलग-अलग होते हैं। पुरुष, स्त्री, बूढ़े, बच्चे, आडंबर-प्रिय, विनयशील, उग्र-स्वभाव, करुणामय, चिड़चिड़े और शांत प्रकृति वाले सभी के अपने अलग-अलग गुण होते हैं। परिस्थिति, परिवेश, कार्य-क्षेत्र, कालावधि, इनमें से हर एक अपने अनुरूप अनुयोजन करता है। दिन के प्रकाश में लोगों के बीच तथा अँधेरी रात में अकेले होने पर अनुयोजन अलग-अलग तरह का होता है। विदेश में भी अपने चारों ओर की परिस्थितियों के अनुरूप स्वयं को बना लेने का रास्ता निकाल लिया जाता है।

हर वह भावना वह भावना, जिसे अभिनेता अभिव्यक्त करता हो, उसे व्यक्त करते हुए अनुयोजन के एक अगोचर रूप की भी ज़रूरत होती है, जो उसका अपना होता है। संप्रेषण के सभी प्रकार के व्यापार, जैसे एक समुदाय को संबोधन, एक काल्पनिक व्यक्ति से वार्त्ता, उपस्थित या अनुपस्थित व्यक्ति के साथ संवाद, आदि सभी अपने-अपने ढंग का विशिष्ट अनुयोजन चाहते

हैं। हम अपने भावों और विचारों के संप्रेषण के लिए, अपनी पाँचों ज्ञानेंद्रियों, अपने बाहरी और भीतरी रूप-विधान के सभी प्रकार के तत्त्वों का प्रयोग करते हैं। हम अपनी किरणों को भेजते हैं, और अन्य से उन्हें ग्रहण करते हैं। हम अपनी आँखों, मौखिक मुद्राओं, वाणी-विलास, स्वर-विन्यास, अपने हाथों, अँगुलियों आदि का उपयोग करते हैं। प्रायः अपने संपूर्ण शरीर को उपयोग में लाते हैं। हम प्रत्येक स्थिति के अनुरूप अनुयोजन बनाते हैं।

स्तानिस्लाव्स्की अनुयोजन के संदर्भ में अभिनेताओं की तीन कोटियाँ बताते हैं—

1. कुछ अभिनेता ऐसे होते हैं जो बड़े प्रतिभावान होते हैं, जिनमें मानवीय भावनाओं की सभी भंगिमाओं को अभिव्यक्त करने की विलक्षण सामर्थ्य होती है, और वे उसके लिए समुचित और अच्छे साधनों का प्रयोग करते हैं। फिर भी पूर्वाभ्यास के अंतरंग क्षणों में अपनी इस सारी योग्यता को, केवल थोड़े ही लोगों तक पहुँचा पाते हैं। जब नाटक मंच पर जाता है और उसके विशद साधनों की आवश्यकता पड़ती है, तब उनकी प्रतिभा तिरोहित हो जाती है और वे समुचित नाटकीय रूप में फुट लाइट्स के आगे जा पाने में सफल नहीं हो पाते।

2. कुछ और अभिनेता विशद् अनुयोजन तो कर सकते हैं, लेकिन उनके पास विविधता नहीं होती। इसलिए उनके प्रभाव की शक्ति और तीव्रता कम हो जाती है।

3. अंततः कुछ ऐसे अभिनेता होते हैं, जिनमें अनुयोजन की सामर्थ्य तो होती है, लेकिन अपने साथ प्रकृति के दुर्व्यवहार के कारण उनका प्रदर्शन बड़ा नीरस और उबाऊ हो जाता है।

4. इस संबंध में स्तानिस्लाव्स्की का स्पष्ट विचार है कि अगर जीवन के सामान्य क्षेत्र में लोगों को बहुत प्रकार के अनुयोजनों की ज़रूरत होती है, तो अभिनेताओं को तुलनात्मक दृष्टि से और भी अधिक विविधता की आवश्यकता होगी क्योंकि उनके लिए एक-दूसरे के साथ संपर्क बनाए रखना बड़ा ज़रूरी है। इसके लिए उन्हें बराबर अपने को समन्वित किए रहना अनिवार्य शर्त है।

उन्होंने कहा है कि किसी भी प्रसंग के मूल्यांकन में अनुयोजन के विशिष्ट गुणों यथा—विशदता, प्रखरता, सुकुमारता, रंगयोजना, रमणीयता, रोचकता तथा भाव-भंगिमाओं की विशेष भूमिका होती है। उन्होंने लिखा है, "तुम्हें परिस्थिति के अनुसार, समय को देखकर और अपने साथ के हर व्यक्ति का ध्यान रखते

हुए स्वयं समन्वित करना सीखना चाहिए। अगर तुमसे किसी बेवक़ूफ़ के साथ कार्य करने को कहा जाता है, तो तुम्हें अपने को उसकी मनोभूमि के साथ जोड़ना चाहिए और वह आसान-सा साधन खोजना चाहिए, जिससे तुम उसे समझ सको और उसकी अंतरात्मा तक पहुँच सको। लेकिन अगर तुम्हें किसी ऐसे आदमी के साथ संपर्क करना है, जो चालाक किस्म का है, तो तुम्हें, उसकी ओर बड़ी ही सावधानी से बढ़ना चाहिए और सूक्ष्म साधनों का प्रयोग करना चाहिए, जिससे वह तुम्हारी गतिविधि को न समझ सके।

हमारे रचनात्मक कार्य में इन अनुयोजनों का कितना महत्त्व होता है यह समझाने के लिए मैं यह जोड़ना चाहूँगा कि सीमित भावात्मक क्षमता के बहुत-से अभिनेता, अपनी विशद् संयोजना की शक्ति के माध्यम से, उनसे कहीं अधिक प्रभाव उत्पन्न करने में समर्थ होते हैं, जो अनुभव तो बड़ी गहराई और शक्ति से करते हैं, लेकिन उसे केवल कांतिहीन रूप में ही दूसरों तक पहुँचा पाते हैं।

**2**

तोर्त्सोव ने कक्षा आरंभ करते हुए वान्या से कहा कि वह मंच पर जाए और जो प्रसंग उसने प्रस्तुत किया था, उसे ही कुछ बदले हुए रूप में प्रस्तुत करे।

वान्या ने बड़ी निष्ठा के साथ यथार्थ का निर्वाह करते हुए उसे प्रदर्शित किया। छात्रों को वह प्रदर्शन बड़ा अच्छा लगा और उन्होंने उसकी तारीफ़ की। लेकिन दर्शक के रूप में, उनकी इस प्रतिक्रिया का नतीजा यह हुआ कि वान्या अपने प्रदर्शन को अतिरंजित करने लगा और मूल विषय से हटकर मनोरंजन के लिए कुछ चेष्टाएँ करने लगा। इससे उसके प्रदर्शन का अनुयोजन बिखर गया।

वान्या की आलोचना करते हुए तोर्त्सोव ने छात्रों से कहा कि दर्शकों की सराहना अभिनेता के लिए ख़तरनाक हो सकती है।...पाँच अंक के नाटक में निरंतर एक ही उद्देश्य के साथ बँधे रहना कोई आसान काम नहीं है...परिस्थितियों के प्रभाव से विरस हो जाना बड़ा सरल है। इससे बचने के लिए अनेक अभिनेता, मुख्य विचार को अन्य लोगों को समझाने में, अपना ध्यान अनुयोजन में बदलाव लाने में केंद्रित करने की कोशिश करते रहते हैं। अनुयोजनों की यह अंतहीन विविधता निश्चय ही मूल्यवान है, लेकिन अगर उद्देश्य के स्थान पर विविधता पर बल दिया जाने लगे तो यह हानिकारक भी हो सकती है।

इस संदर्भ में उन्होंने आगे कहा कि अगर अभिनेता के मनोजगत् की

आंतरिक प्रक्रियाओं का अध्ययन किया जाए तो वस्तुतः यह देखने को मिलता है कि यह कहने के स्थान पर कि "मैं दृढ़ निश्चय के साथ एक ऐसे, बस ऐसे ही लक्ष्य की ओर बढ़ूँगा," वह वास्तव में कहता है, "मैं कठोर होना चाहता हूँ।" लेकिन यह तो सामान्य जानकारी का विषय है कि अभिनेता को कठोर बनने के लिए ही कठोर नहीं बनना चाहिए।

अगर वह ऐसा करेगा तो उसकी वास्तविक भावनाएँ और चेष्टाएँ बनावटी और अतिनाटकीय हो जाएँगी। अभिनेताओं में यह विशेष प्रवृत्ति मिलती है कि नाटक जिस व्यक्ति को उनके साथ संवाद या संपर्क के लिए लाता है, वे उसी की उपस्थिति में फुट-लाइट्स के पार की किसी वस्तु का प्रयोग अपना ध्यान केंद्रित करने के लिए कर लेते हैं और उसी के साथ अपना समन्वय बनाने के लिए बढ़ चलते हैं। उनका बाहरी संपर्क रंगमंच के व्यक्तियों के साथ दिखाई तो देता है, लेकिन वास्तविक संपर्क दर्शकों के साथ बनता रहता है।

"कुछ अभिनेता ढीठ होकर बराबर वही करते हैं, जिसे कि हम सामान्य व्यक्ति में भी सर्वथा अनर्गल समझते हैं। वे रंगमंच पर अपने सहयोगियों के साथ, अलग-बगल खड़े तो होते हैं, फिर भी अपनी सारी मौखिक अभिव्यंजनाओं, शब्दावली, आंगिक चेष्टाओं और व्यापारों को उनके तथा अन्य अभिनेताओं के साथ जोड़कर नहीं रखते, वरन् दूर दर्शक-दीर्घा में बैठे लोगों में सबसे पीछे बैठे हुए लोगों को प्रेषित करते हैं।

ग्रीशा ने उनके इस व्यवहार को उचित सिद्ध करने का प्रयास किया तो उन्होंने उसे समझाते हुए कहा, "तुम्हारा पहला कर्तव्य अपने सहयोगी के साथ सामंजस्य स्थापित करना है। जहाँ तक अंतिम पंक्ति में बैठे हुए बेचारे दर्शकों की बात है, उन तक पहुँचने के लिए हमारे पास और भी बहुत से तरीके हैं। हमें अपनी वाणी को विशेष रूप से व्यवस्थित करना होगा और हमें अपने को स्वर और व्यंजनों के उच्चारण के लिए अच्छी तरह से तैयार करना होगा। इस संदर्भ में जो नई रीतियाँ विकसित हुई हैं, उन्हें सीखना होगा। रंगमंच पर वाचन की समुचित व्यवस्था के लिए हल्के स्वर में बोलना होगा जैसे एक छोटे कमरे में बोल रहे हों। पीछे बैठे वे बेचारे दर्शक चिल्लाकर बोलने की तुलना में उन धीरे बोले गए शब्दों को अधिक सुनेंगे, विशेष रूप से अगर हमने अपने कथन के प्रति उनकी रुचि जगा ली है और अपने कथन की पंक्तियों में प्रवेश करने की उनके मन में इच्छा उत्पन्न कर दी है। अगर हम अपनी अंतरंग शब्दावली को जिसे कोमल स्वर में बोला जाना चाहिए, चिल्लाकर बोलेंगे तो

वह अपना महत्त्व खो देगी और दर्शक उसके वास्तविक अभिप्राय को नहीं समझ पाएँगे।

ग्रीशा ने फिर कहा कि दर्शकों को यह समझ में तो आना ही चाहिए कि क्या हो रहा है, और क्या कहा जा रहा है?

उसकी समस्या का समाधान करते हुए तोर्त्सोव ने कहा, ''इसी उद्देश्य की सिद्धि के लिए तो हम सुसंयोजित, सुस्पष्ट, सामंजस्यपूर्ण और सतर्क व्यापार का प्रयोग करते हैं। वही तो दर्शक को, जो कुछ हो रहा है, उसे भली प्रकार समझाता है। लेकिन अगर अभिनेता आकर्षक, लेकिन वास्तविकता से दूर, अपनी आंगिक चेष्टाओं एवं मुद्राओं के द्वारा स्वयं अपनी आंतरिक भावनाओं का विरोध करेंगे, तो दर्शक उनके क्रिया-कलापों को तथा नाटक के चरित्रों को भी ग्रहण नहीं करेंगे; बार-बार वही सब दोहराए जाने से ऊब जाएँगे। मैं यह सब यह समझाने के लिए कह रहा हूँ कि रंगमंच अपने साथ चलनेवाले सारे प्रचार-प्रसार के साथ अभिनेताओं को स्वाभाविक मानवीय संयोजनाओं से परिपाटी-विहीत अति-नाटकीयता की ओर ले जाने का प्रलोभन देता है। रंग-क्रीड़ा के यही वे रूप हैं, जिनसे हमें उपलब्ध साधनों के साथ उस समय तक संघर्ष करना चाहिए, जब तक हम उन्हें रंगमंच से पूरी तरह से निकाल न दें।

## 3

स्तानिस्लाव्स्की का कहना है कि अनुयोजनों की रचना चेतन और अचेतन, दोनों प्रकार के प्रयासों से की जाती है। तोर्त्सोव ने यह समझाने के लिए छात्रों को उनकी आत्मकथा से एक त्रासद प्रसंग सुनाया : एक माँ ने अपने पुत्र के निधन का समाचार सुना। उसने तुरंत कुछ कहा नहीं, बस कपड़े पहनने लगी। फिर वह दौड़कर सड़क की ओर खुलने वाले दरवाज़े से बाहर निकली और चिल्लाई, 'मेरी मदद करो'।

इस प्रसंग को समझाते हुए तोर्त्सोव ने कहा, ''इस प्रकार का अनुयोजन, न बौद्धिक प्रयास से और न तकनीकी सहायता से ही किया जा सकता है। इसकी रचना स्वभावतः सहज रूप में बिना जाने-बूझे, भावनाओं के चरम आवेग के क्षणों में हो जाती है। फिर भी अनुयोजन का यह प्रकार बड़ा सीधा, विशद और विश्वसनीय है; यह उस प्रभावपूर्ण रचना-पद्धति का प्रतिनिधित्व करता है, जिसकी हमें ज़रूरत है। केवल ऐसे ही साधनों के माध्यम से हम हज़ारों दर्शकों के आगे सर्वाधिक सुंदर और यदा-कदा ही दिखाई देनेवाली भावना की

सूक्ष्म भंगिमाओं की संरचना और उनका संवहन करते हैं। लेकिन इस प्रकार की अनुभूति को जगा पाना, केवल अंतःप्रेरणा एवं उपचेतना के माध्यम से ही संभव हो पाता है।"

छात्रों ने यह जानना चाहा कि रंगमंच पर ये भावनाएँ क्या रूप ग्रहण करती हैं? दर्शकों के स्मृति-पटल पर वे अपनी कैसी अविश्वसनीय छाप बनाती हैं? उनकी सामर्थ्य कहाँ निहित होती है?

तोर्त्सोव ने जवाब दिया, "उनकी जबरदस्त असंभाव्यता में।...अगर तुम एक अभिनेता का उसकी भूमिका में कदम-दर-कदम अनुसरण करो, तो तुम उससे आशा कर सकते हो कि एक विशेष महत्त्वपूर्ण बिंदु पर वह अपनी पंक्तियों को जोर से, स्पष्टतापूर्वक और गंभीर स्वर में बोलेगा। मान लो वह इसके बदले अपनी भूमिका को मौलिक रूप देने के लिए बड़े ही असंभावित रूप में हल्के, खुशनुमा और कोमलकांत स्वर का प्रयोग करता है। यह विस्मयजनक तत्त्व इतना कौतूहल-भरा और प्रभावपूर्ण है कि तुम यह मान लेने को मजबूर हो जाते हो कि यह नया ढंग ही उस अंश को प्रस्तुत करने की एकमात्र संभाव्य रीति है। तुम खुद से कहते हो, 'यह कैसे हुआ कि मैंने कभी सोचा ही नहीं था और न कल्पना ही की थी कि ये पंक्तियाँ इतनी महत्त्वपूर्ण हैं?' उस अभिनेता द्वारा बनाए गए उस असंभावित अनुयोजन से तुम विस्मित और प्रसन्न हो उठते हो।"

हमारी उपचेतना का अपना तर्क होता है। कला में उपचेतना द्वारा निर्मित अनुयोजन बहुत ज़रूरी है। इसलिए स्तानिस्लाव्स्की ने विस्तार से उनका विवेचन किया है।

"सर्वाधिक सशक्त, विशद और विश्वसनीय अनुयोजन, उस आश्चर्यजनक कलाकार—प्रकृति—की संरचना होते हैं। वे लगभग पूर्णतः उपचेतना की ही मौलिक रचना होते हैं। वे अंतःप्रेरणा के क्षणों में बनते हैं। अन्य क्षणों में वे मात्र अंशतः उपचेतना की सृष्टि होते हैं। इस वास्तविकता को बड़े ध्यान से देखना चाहिए कि जब तक हम मंच पर होते हैं, हम एक-दूसरे के साथ कभी न समाप्त होनेवाले संपर्क में होते हैं, इसलिए एक-दूसरे के साथ हमारा अनुयोजन अनवरत रहना चाहिए। अब जरा देखें कि इसका मतलब कितने अधिक कार्यों या गतिविधियों से है, यह अनुमान लगाएँ कि उनमें उपचेतना के क्षण, कितने अनुपात में होने चाहिए। (कुछ रुककर) यह सही नहीं है कि जब हम भावों, विचारों तथा अनुयोजनों के संबंध में सोच-विचार कर रहे होते हैं तो तभी उपचेतना चित्रफलक में आती है। हमारी सहायता के लिए वह

अन्य क्षणों में भी आती है।''

उपचेतना की यह प्रक्रिया कैसे संपन्न होती है, यह समझाने के लिए तोर्त्सोव ने सभी छात्रों से पूरी तरह से शांत और निश्चेष्ट हो जाने के लिए कहा। वे जब पूर्णतः प्रशांत अवस्था में आ गए, तो भी उन्हें लगा कि उनका मनोजगत् सक्रिय रहा है और उनकी उपचेतना, उनके मनोजगत् में विलक्षण अनुभूतियाँ जगाती रही है। मन की सक्रियता की इस अवस्था को स्पष्ट करते हुए तोर्त्सोव ने कहा, ''किसी एक प्रेरणा से तुम्हारे मन में एक विचार आता है, उसी क्षण वह उपचेतना के भीतर से गुज़रता है। उसके बाद तुम उस विचार के संबंध में सोचते हो और फिर जब वह विचार तथा उस पर तुम्हारा चिंतन, दोनों इंद्रिय-गोचर, भौतिक-रूप ग्रहण करते हैं, तो तुम बहुत थोड़े समय के लिए फिर उपचेतना से गुज़रते हो। हर बार जब तुम यह करते हो, तुम्हारा अनुयोजन उससे कोई ज़रूरी वस्तु ग्रहण कर लेता है।

''परस्पर आदान-प्रदान की हर मानसिक प्रक्रिया में, जिसमें आवश्यकतावश संयोजनाओं की व्यवस्था होती है। उपचेतना और अंतःप्रेरणा दोनों की भूमिकाएँ होती हैं—भले वे प्रधान न हों, लेकिन रंगमंच में उनका महत्त्व असाधारण होता है।

''मैं नहीं जानता कि विज्ञान इस विषय में क्या कहता है। मैं तुमसे केवल वही कह सकता हूँ जो कुछ मैंने खुद जिंदगी में देखा है। बहुत लंबे अनुसंधान के बाद अब मैं पूरा ज़ोर देकर कह सकता हूँ कि सामान्य जीवन में भी मुझे ऐसी संयोजना नहीं मिली है, जिसमें उपचेतना का तत्त्व न हो—अब वह चाहे जितना भी कम क्यों न हो। रंगमंच पर दूसरी ओर, जहाँ हर कोई यह मानेगा कि उपचेतना के अंतःप्रेरित संयोजनों का प्राधान्य होता है, मुझे निरंतर पूरी तरह से सचेतन संयोजनाएँ मिलती हैं। ये अभिनेताओं की रबड़ की मुहरें हैं। तुम उन्हें उन सभी भूमिकाओं में पाते हो, जो परंपरा से धारण की जाती रही हैं। उनकी हर चेष्टा बहुत दूर तक आत्म-चेतना से परिपूर्ण होती है।''

कोस्त्या ने कहा कि तब तो यह निष्कर्ष निकाला जा सकता है कि वे रंगमंच पर कोई भी सचेतन संयोजना मानने को राज़ी नहीं हैं?

उन्होंने जवाब में कहा कि उन संयोजनाओं को तो निश्चित रूप से नहीं, जिनकी अभी चर्चा हुई है और जो अब स्टेन्सिलों से ज़्यादा और कुछ भी नहीं रह गई हैं। फिर भी उन्होंने यह स्वीकार किया कि कुछ संयोजनाओं के सचेतन चरित्र की मुझे जानकारी है, जो बाहरी स्रोतों यथा निर्देशक, अन्य अभिनेताओं

या मित्रों द्वारा सलाह माँगे जाने पर या बिना माँगे भी सुझाई गई हैं। इन संयोजनाओं का प्रयोग बड़ी सावधानी और बुद्धिमत्ता से किया जाना चाहिए।

उनके प्रयोग के संबंध में विशेष सावधान करते हुए उन्होंने कहा, ''उन्हें उस रूप में कभी स्वीकार नहीं किया जाना चाहिए, जिसमें वे तुम्हारे आगे प्रस्तुत की जाती हैं। अपने को कभी उनकी नक़ल करने की अनुमति मत दो। तुम्हें उन्हें अपनी ज़रूरत के मुताबिक बना लेना चाहिए। उन्हें अपना बनाओ, पूरी सच्चाई के साथ उन्हें अपना आत्मांश प्रदान करो। यह प्रक्रिया ठीक उस प्रकार संपन्न की जानी चाहिए, जैसे कोई अभिनेता किसी ऐसी चारित्रिक विशेषता को देखकर करता है, जिसे वह अपनी भूमिका में समाहित करना चाहता है। अगर वह मात्र उसकी नक़ल करता है, तो वह अतिरंजित और घिसे-पिटे प्रदर्शन की भूल कर बैठेगा।''

तोर्त्सोव ने यांत्रिक और चलती-फिरती संयोजनाओं को प्रचलित संयोजनाओं की श्रेणी में रखा है।

कोस्त्या ने जानना चाहा कि उनका मतलब क्या स्टेन्सिलों से है?

उन्होंने जवाब दिया, ''नहीं, मैं उनके विषय में नहीं कह रहा हूँ। उन्हें तो निकाल दिया जाना चाहिए। चलती-फिरती संयोजनाएँ, मूलतः उपचेतन, अर्द्धचेतन और चेतन की भी होती हैं। वे सामान्य, स्वाभाविक, मानवीय योजनाएँ हैं, जो विशुद्ध रूप से चरित्र में यांत्रिकता की अवस्था तक समाहित कर ली जाती हैं।''

इसी संदर्भ में वे कहते हैं, ''एक रबर की मुहर के ढंग का प्रदर्शन परिपाटी से बँधा, झूठा और जीवन-रहित होता है। उसका जन्म, प्रतिदिन की नाटकीयता से होता है। वह न तो भावनाओं और विचारों और न मानवीय चेतना के चारित्रिक बिंबों का संवहन करता है। चलती-फिरती गतिशील संयोजनाएँ उसके बदले अंतःप्रेरित और मौलिक होती हैं; लेकिन अपनी स्वाभाविकता को बिना विनष्ट किए वे यांत्रिक हो गई हैं। अपने जीवंत और मानवीय होने के कारण, वे रबर-स्टैंपों का प्रतिवाद होती हैं।''

## 4

तोर्त्सोव ने अपने अगल पाठ में सवाल उठाया है कि अनुयोजनों की संरचना की प्रेरणा के लिए किन तकनीकी साधनों का प्रयोग किया जाना चाहिए? इस संदर्भ में उन्होंने एक व्यवस्था के अनुसार कार्य आरंभ किया।

अंतःप्रेरित संयोजनाओं से बातचीत आरंभ करते हुए उन्होंने कहा कि

उपचेतना तक पहुँचने का कोई सीधा रास्ता नहीं है, इसलिए ऐसी अनेक प्रकार की प्रेरणाओं का प्रयोग किया जाता है, जो एक भूमिका में जीने की प्रक्रिया की शुरुआत करती है। वे फिर अनिवार्यतः अंतःसंबंधों एवं चेतन तथा अचेतन अनुयोजनों की रचना करती हैं। यह वस्तुतः सीधा नहीं वरन् प्रकारांतर से रचना का प्रयास होता है।

लेकिन वह क्या है, जो उस क्षेत्र में अभिनेता को मिल सकता है जहाँ हमारी चेतना की पहुँच नहीं है? हम प्रकृति के साथ कोई छेड़छाड़ नहीं करना चाहते, और उसके नियमों के उल्लंघन से भी बचते हैं। हम अपने को जब कभी पूरी तरह से स्वाभाविक और प्रशांत अवस्था में पाते हैं, तो हमारे भीतर रचनाशीलता का प्रवाह फूट पड़ता है, जो अपनी विलक्षण दीप्ति से सामाजिकों को सम्मोहित कर लेता है।

लेकिन, अर्द्धचेतन संयोजनाओं के संपर्क में परिस्थितियाँ कुछ अलग तरह की होती हैं। यहाँ हम अपनी मनोवैज्ञानिक तकनीक का कुछ प्रयोग कर सकते हैं।

इस संदर्भ में तोर्त्सोव ने एक व्यावहारिक सुझाव दिया है। उन्होंने छात्रों से पूछा कि क्या उन्हें याद है कि एक बार सोनिया ने उनसे अभ्यास कराने के लिए बड़ा आग्रह किया था और उनकी स्वीकृति मिलने पर उसने कैसे, उन्हीं शब्दों के बार-बार दोहराते हुए अनेक प्रकार के अनुयोजन प्रस्तुत किए थे? उसके बाद उन्होंने कहा कि वही अभ्यास के रूप में फिर से किया जाए, लेकिन नए अनुयोजनों का प्रयोग हो। पहले के अनुयोजन अब अपना प्रभाव खो चुके हैं। अतः चेतन अथवा अचेतन की प्रेरणा से नए अनुयोजन बनाए जाएँ।

जब कोई भी छात्र इस दिशा में एक भी संतोषजनक प्रयास नहीं कर पाया तो उन्होंने कोस्त्या को लिखवाया, ''प्रशांति, क्षोभ, सद्भावना, विडंबना, झगड़े की मनोवृत्ति, उलाहना, सनक, तिरस्कार, हताशा, धमकाना, प्रसन्नता, सहृदयता, संदेह, विस्मय, सद्भावना दुर्भाग्य... ।''

''तुम इस सूची के किसी भी शब्द पर अपनी अँगुली रखो और वह जो भी हो, उसके आधार पर एक अनुयोजन की रचना करो।''

सोनिया ने 'सहृदयता' पर अँगुली रखी और उसे लेकर एक संयोजना बनाई। तोर्त्सोव ने कहा कि वह इसमें कुछ ताजे रंग भरे। उसने वह भी किया और बड़े मनोरम विधान की रचना की। लेकिन लियो ने उससे भी सुंदर अनुयोजन बना दिया। इसी प्रकार के प्रयोग कुछ और छात्रों द्वारा भी कराए

गए। उन सभी की समीक्षा की गई। यह उनकी कार्यपद्धति ही प्रभावोत्पादकता का प्रत्यक्ष प्रमाण है। इस सूची में से चाहे किसी भी मानवीय विशेषता अथवा मनोभाव पर अँगुली रखी जाए, वह आदान-प्रदान के लिए नए आकार, नई भंगिमाएँ और नए रंग प्रदान करेगा। इस प्रयास में तीव्र वैषम्य और असंभाव्य की वृत्तियाँ भी सहायक होंगी।

उसके बाद उन्होंने कुछ जोर देते हुए कहा कि यह कार्य-पद्धति नाटकीय और त्रासद परिस्थितियों में विशेष प्रभावपूर्ण है। किसी विशेष त्रासद बिंदु पर उसके प्रभाव को बढ़ाने के लिए तुम अचानक हँस सकते हो, जैसे कि यह कहने के लिए 'भाग्य जिस तरह मेरा पीछा कर रहा है, उसे हास्यास्पद ही कहा जा सकता है।' अथवा 'हताशा के ऐसे क्षणों में मैं रो नहीं सकता, केवल हँस सकता हूँ।'

''जरा सोचो, अगर तुम्हें ऐसी उपचेतन भावनों की सुंदरतम भंगिमाओं के प्रति अपनी प्रतिक्रियाएँ प्रकट करनी हैं, तो तुम्हारे मौखिक, वाचिक और भौतिक उपकरणों में से किसका प्रयोग ज़रूरी होगा? उनके लिए अभिव्यक्ति की कैसी नमनशीलता, कैसी संवेदनशीलता और कैसा आत्मानुशासन चाहिए? कलाकार के रूप में तुम्हारी अभिव्यंजना की सामर्थ्य की परीक्षा उन अनुयोजनों की सीमा तक होगी, जो तुम्हें रंगमंच पर उपस्थित अन्य अभिनेताओं के साथ अपने को जोड़ने के लिए बनाने होंगे। इसके लिए तुम्हें अपने शरीर, अपने चेहरे और अपनी वाणी को अच्छी तरह तैयार करना होगा। भौतिक संस्कार, नृत्य, शस्त्र-संचालन और वाणी के विधानों के अभ्यास के लिए इनकी उत्तरोत्तर अनिवार्यता को भी उन्होंने रेखांकित किया है।

उस दिन की कक्षा पूरी होने पर तोर्त्सोव उठ ही रहे थे कि अचानक रंगमंच का पर्दा उठ गया और छात्रों ने देखा कि मारीया का कमरा सुव्यवस्थित है। वे जब मंच पर गए तो उन्होंने पाया कि वहाँ दीवारों पर कोई नाट्य-सूत्र लिखे हैं। उन्होंने पढ़ा—

1. आंतरिक ताल और लय।
2. आंतरिक चरित्र-चित्रण।
3. नियंत्रण और परिपूर्णता।
4. आंतरिक नैतिकता और अनुशासन।
5. नाटकीय सम्मोहन।

6. सतर्कता और सामंजस्य।

तोर्त्सोव ने उन्हें देखकर कहा कि रंगकर्म के ये सभी बड़े ही महत्त्वपूर्ण विषय हैं, इसलिए यहाँ उनका उल्लेख तो कर दिया गया है, लेकिन इनका विशेष संबंध बाहरी ताल-लय और चरित्र-चित्रण से है; इसलिए इनकी विवेचना भौतिक चेष्टाओं के उदाहरणों के साथ आंतरिक अनुभवों को समझाते हुए यथासंदर्भ की जाएगी।

# 11

# आंतरिक प्रेरणा की शक्तियाँ

## 1

निर्देशक तोर्त्सोव ने अपना कार्य इस वक्तव्य के साथ आरंभ किया कि नाट्य-प्रदर्शन की मनोवैज्ञानिक तकनीक और उसके विभिन्न तत्त्वों की विवेचना के बाद यह कहा जा सकता है कि प्रशिक्षणार्थियों के भीतर वाद्य-यंत्र अब बजाया जा सकता है। बस एक कलाकार वादक की जरूरत है, जो उसे छेड़कर विभिन्न राग-रागिनियाँ जगा सके। हमारे भीतर का यह कलाकार-वादक कौन है?

कुछ छात्रों ने कहा, ''हम हैं।''

तोर्त्सोव ने पूछा, ''कौन है यह 'हम'? यह अदृश्य वस्तु 'हम' कहाँ पायी जाती है?''

छात्रों ने अलग-अलग उत्तर दिए, ''हमारी कल्पना!'', ''ध्यान!'', ''हमारी भावना!''

वान्या ने कुछ ज़ोर देकर कहा, ''भावनाएँ! वही सर्वाधिक महत्त्वपूर्ण हैं।''

तोर्त्सोव बोले, ''मैं तुम्हारी बात से सहमत हूँ। अपनी भूमिका का अनुभव करो। तत्काल तुम्हारे भीतर के सारे तार समन्वित रूप से झंकृत हो उठेंगे। तुम्हारी अभिव्यंजना का सारा शारीरिक उपकरण सक्रिय हो उठेगा। तुमने पहला और सर्वाधिक महत्त्वपूर्ण गुरु प्राप्त कर लिया है—भावना।'' फिर अपनी बात आगे बढ़ाते हुए उन्होंने कहा, ''दुर्भाग्य से उसे खोजने का कोई मार्ग नहीं है और न वह आदेश लेने को ही तैयार है। इसलिए तुम अपना कार्य तब तक आरंभ नहीं कर सकते, जब तक कि तुम्हारी भावनाएँ अपने आप सक्रिय न हो उठें। तुम्हारे लिए अब यह बड़ा ज़रूरी हो गया है कि तुम और किसी गुरु की खोज करो। कौन है वह?''

वान्या ने बड़े निर्णयात्मक स्वर में कहा, ''कल्पना।''

तोर्त्सोव बोले, ''ठीक है। किसी वस्तु की कल्पना करो और मुझे अपना

रचनात्मक उपकरण सक्रिय करके दिखाओ।''

वान्या ने कहा, ''क्या कल्पना करूँ? इसके लिए मुझे कोई वस्तु चाहिए, किसी प्रकार का अनुमान...।''

''कहाँ मिलेगा?''

ग्रीशा ने कहा कि उसका मन या बुद्धि उसका सुझाव देगी।

तोर्त्सोव ने तब कहा, ''तब तो मन या बुद्धि ही वह दूसरा गुरु है, जिसकी हम खोज कर रहे हैं, वही रचनात्मकता का आरंभ और उसका निर्देशन करती है।''

कोस्त्या ने यह जानना चाहा कि क्या कल्पना स्वयं गुरु बनने में असमर्थ है?

''उसे मार्गदर्शन की ज़रूरत है।''

वान्या ने पूछा, ''ध्यान के विषय में आपका क्या कहना है?''

तोर्त्सोव, ''चलो, हम उसका अध्ययन करें। क्या-क्या कार्य हैं?''

कुछ छात्रों ने मिल-जुलकर कहा कि वह भावनाओं, मन, कल्पना और इच्छा-शक्ति के कार्यों को आसान बनाता है।

कोस्त्या ने जोड़ा, ''ध्यान विचारक या प्रतिबिंबकर्ता के समान है। वह किसी चुने हुए विषय पर अपनी किरणें डालता है और उसमें हमारे विचारों, भावनाओं तथा इच्छाओं की रुचि उत्पन्न करता है।''

तोर्त्सोव ने पूछा, ''कौन उस वस्तु की ओर संकेत करता है?''

छात्रों के अलग-अलग जवाब थे–'मन!', 'कल्पना!', 'प्रदत्त परिस्थितियाँ!', 'उद्देश्य!'

तोर्त्सोव ने इस सवाल का कोई सीधा जवाब नहीं दिया, लेकिन यह प्रस्तावित किया कि सभी छात्र मिलकर उस पागल आदमी के प्रसंग को फिर से प्रस्तुत करें। पहले तो छात्र शांत रहे, एक-दूसरे को देखा और फिर अपना मन बनाया कि उठें। अंततः वे एक-दूसरे के बाद उठे और धीरे-धीरे मंच की ओर चले। लेकिन तोर्त्सोव ने उन्हें रोक दिया और कहा, ''मुझे प्रसन्नता है कि तुमने अपने ऊपर अधिकार कर लिया है, लेकिन अपनी सक्रियता में, इच्छा-शक्ति का तुम्हारा यह प्रमाण दिया है, मेरे प्रयोजन की दृष्टि से वह पर्याप्त नहीं है। मुझे तुम्हारे भीतर कुछ और अधिक जीवंत और अधिक उत्साह, एक प्रकार की कलात्मक इच्छा जगानी चाहिए–मैं तुम्हें रंगमंच पर जाने को उत्सुक, उत्तेजना और जिजीविषा से परिपूर्ण देखना चाहता हूँ।''

ग्रीशा कूद पड़ा, ''उस पुराने प्रसंग को लेकर आप हमसे कभी यह सब

नहीं पा सकेंगे।"

तोर्त्सोव के समझाने-बुझाने, कहने-सुनने के बाद वे मंच पर गए तो अवश्य, लेकिन उनका प्रदर्शन आरंभिक दिनों जैसा ही था।

तोर्त्सोव ने जब उस प्रसंग के प्रदर्शन का सुझाव दिया था तो छात्रों ने कुछ कोशिश की लेकिन अपनी इच्छाशक्ति जागरुक न होने के कारण वे कुछ प्रदर्शित नहीं कर सके थे। तब उन्होंने नई संभावना के साथ उनकी इच्छाशक्ति जगाई; वह अपनी प्रकृति में कलात्मक थी और उसने उनमें उत्साह भरकर उन्हें सक्रिय बना दिया। तोर्त्सोव ने जानना चाहा कि उनकी रचनाशीलता को जगानेवाला गुरु कौन था!

छात्रों ने निर्णयात्मक स्वर में कहा, "आप।"

तोर्त्सोव ने संशोधन करते हुए कहा कि अगर ठीक रूप में कहा जाए तो इसका श्रेय मन को जाता है। लेकिन छात्रों का मन भी यह कार्य कर सकता है और उनके मनोवैज्ञानिक जीवन में उनकी रचनाशील प्रक्रिया के लिए एक प्रेरणात्मक शक्ति बन सकता है।

इस प्रकार उन्होंने यह सिद्ध किया कि रंगकर्म के लिए दूसरा गुरु अर्थात् उत्प्रेरक मन है। क्या कोई तीसरा गुरु या उत्प्रेरक भी हो सकता है?

उन्होंने स्वयं जिज्ञासा प्रकट की कि क्या वह सत्य की चेतना और हमारा उसके प्रति विश्वास हो सकता है? अगर ऐसा है तो किसी वस्तु पर विश्वास करना, बस, काफ़ी होगा और हमारी सारी रचनात्मक प्रवृत्तियाँ सक्रिय हो उठेंगी।

छात्रों ने जानना चाहा, "विश्वास किस पर?"

तोर्त्सोव ने कहा, "मुझे क्या मालूम! यह पता लगाना तुम्हारा काम है।"

पॉल ने कहा कि पहले हमें एक मानवीय आत्मा के जीवन की संरचना करनी चाहिए, उसके बाद हम उस पर विश्वास कर सकते हैं।

तोर्त्सोव ने कहा कि तब तो सत्य की चेतना वह गुरु नहीं हो सकती, जिसकी हम खोज कर रहे हैं। क्या उसे संप्रेषण के व्यापार अथवा अनुयोजन में पाया जा सकता है।

उन्होंने स्वयं जवाब दिया कि अगर हमें संप्रेषण का व्यापार एक-दूसरे के साथ चलाना है, तो हमारे पास आदान-प्रदान के लिए विचार और भावनाएँ होनी चाहिए।

एक छात्र ने कहा, "बिलकुल ठीक बात है!"

वान्या ने जोड़ा, "उसकी इकाइयाँ और उद्देश्य।"

तोर्त्सोव ने व्याख्या की, "वह एक तत्त्व नहीं है; वह तो मात्र मन के भीतर जीवंत इच्छाएँ और आकांक्षाएँ जगाने की तकनीकी पद्धति का प्रतिनिधित्व करता है। अगर वे उत्कंठाएँ या लालसाएँ तुम्हारे रचनात्मक उपकरण को सक्रिय कर सकें और आध्यात्मिकता के साथ उसका निर्देशन कर सकें, तब...।"

सभी छात्र मिल-जुलकर बोल पड़े, "निश्चय ही वे कर सकती हैं।"

तोर्त्सोव ने तब कहा : "इस स्थिति में हमने तीसरा गुरु अथवा उत्प्रेरक पा लिया है—इच्छाशक्ति। फलस्वरूप हमारे पास अपने मनोवैज्ञानिक जीवन को गतिशील बनाने के लिए आगे बढ़ाने वाले तीन उत्प्रेरक हैं—तीन गुरु, जो हमारी आत्माओं के वाद्ययंत्र को तरंगित करते हैं।"

ग्रीशा ने स्वभावतः आपत्ति उठाई कि अब तक इस बात पर कोई बल नहीं दिया गया था कि रचनात्मक कार्य में मन और इच्छाशक्ति की भी विशेष भूमिकाएँ होती हैं; भावना के संबंध में बहुत-कुछ कहा जाता रहा है।

स्तानिस्लाव्स्की ने यह स्वीकार किया है कि रचनाशीलता के भावात्मक पक्ष पर उसकी रुचि कुछ विशेष रही है और यह उन्होंने जान-बूझकर इसलिए किया है क्योंकि सामान्यतः भावात्मक पक्ष को छोड़ देने का हमारा स्वभाव है।

इसी वस्तुस्थिति को और अधिक स्पष्ट करते हुए उन्होंने आगे कहा है कि कुल मिलाकर देखा जाए तो हिसाबी-किताबी अभिनेता बहुत अधिक होते हैं और अधिकांश रंगमंचीय प्रदर्शन बौद्धिकता को लेकर ही प्रस्तुत किए जाते हैं। केवल कभी-कभी सच्ची, जीवंत और भावात्मक रचनाशीलता देखने को मिलती है।

## 2

"अंतःप्रेरणा के इन तीनों ही स्रोतों की शक्ति परस्पर संपर्क से बढ़ती है। ये एक-दूसरे को सहारा और प्रोत्साहन देते रहते हैं। फलस्वरूप ये हमेशा एक समय और एक-दूसरे के साथ जुटाकर कार्य करते हैं। हम जब अपने मन को सक्रिय करते हैं तो उसी संकेत से हम अपनी इच्छाशक्ति और भावनाओं को भी सचेष्ट कर देते हैं। जब ये तीनों स्रोत परस्पर सहयोग और समन्वय के साथ कार्य करते हैं, केवल तभी हम स्वच्छंदता के साथ रचनाशील हो सकते हैं।

"जब एक वास्तविक कलाकार हैमलेट की भूमिका में अपना आत्म-संवाद

'होना है, अथवा नहीं होना है' बोलता है तो क्या वह केवल हमारे सामने लेखक के विचारों को ही रखता है तथा निर्देशक द्वारा संकेतित व्यापार को ही संपन्न करता है? नहीं, वह इन पंक्तियों में अपने जीवन की धारणा का बहुत-कुछ भी रख देता है।

"एक ऐसा कलाकार एक काल्पनिक हैमलेट के व्यक्तित्व में नहीं बोल रहा होता है। वह अपने अधिकार से नाटक द्वारा निर्मित परिस्थितियों में अपने को अनुभव करता हुआ बोलता है। लेखक के विचार, भावनाएँ, अवधारणाएँ, तर्क-परंपरा उसकी अपनी हो जाती है। उसका मूल उद्देश्य यह नहीं होता कि वह पंक्तियों को इस प्रकार पढ़े कि उनका मतलब समझ लिया जाए। उसके लिए यह ज़रूरी होता है कि दर्शकों को यह लगे कि जो कुछ वह कह रहा है, उससे उसका आंतरिक संबंध है। यह समन्वित शक्ति अभिनेताओं के लिए सर्वाधिक महत्त्वपूर्ण है और अगर हम उसका उपयोग व्यावहारिक दृष्टि से न करें तो गंभीर भूल करेंगे। अतः हमारे लिए यह आवश्यक है कि हम इसके लिए एक उपयुक्त मनोवैज्ञानिक तकनीक का विकास करें। इसका आधार इस त्रयी के सदस्यों की पारस्परिक क्रिया-प्रतिक्रिया का लाभ, स्वाभाविक साधनों के द्वारा केवल उन्हें जगाने के लिए ही नहीं, वरन् अन्य रचनात्मक तत्त्वों को सचेष्ट कर उन्हें इस्तेमाल में लाने के लिए भी है।

"कभी-कभी प्रेरणा के ये आंतरिक स्रोत सहज रूप में उपचेतना के जाग उठने पर सक्रिय हो उठते हैं। इस तरह के अनुकूल अवसर पर हमें अपने को उनकी क्रियाशीलता के प्रवाह में छोड़ देना चाहिए। लेकिन सवाल यह है कि जब वे इस प्रकार सक्रिय नहीं होते, तो क्या किया जाए?"

स्तानिस्लाव्स्की ने सलाह दी है कि इस प्रकार की परिस्थिति में हम इस त्रयी के एक सदस्य की ओर घूम सकते हैं। शायद मन की ओर क्योंकि वह आदेश को बड़ी तत्परता से मान लेता है। अभिनेता अपनी भूमिका की पंक्तियों से विचारों को लेता है और उनके अभिप्राय की सामान्य धारणा तक पहुँचता है। यह धारणा फिर उसे उनमें अंतर्निहित सुनिश्चित विचार तक ले जाती है, जो उसकी भावनाओं और इच्छाशक्ति को तदनुरूप प्रभावित करते हैं।

तोर्त्सोव ने उसके बाद छात्रों से पुनः उस पागल के प्रसंग के प्रारंभ के विषय में सोचने के लिए कहा। बुद्धि ने घटनाक्रम और वे परिस्थितियाँ प्रदान की थीं, जिनमें वह प्रसंग घटित हुआ था। उन दोनों ने ही मिलकर कार्य की अवधारणा बनाई थी और फिर उनकी भावनाओं और इच्छाशक्ति को मिल-जुलकर प्रभावित किया था। फलस्वरूप छात्रों ने वह प्रसंग बड़े ही

प्रभावपूर्ण रूप में प्रस्तुत किया था। रचनात्मक प्रक्रिया को आरंभ करने में मनःशक्ति की भूमिका का यह बड़ा ही मर्मस्पर्शी उदाहरण है, लेकिन नाटक या भूमिका पर पहुँचना भावनाओं के पक्ष से ही संभव है, बशर्ते हमारा भावलोक तत्काल प्रतिक्रियाशील हो उठे। जब वह इस प्रकार अनुचेष्टाएँ करने लगता है, तो हर वस्तु अपना स्वाभाविक स्थान ग्रहण कर लेती है : एक सुनिश्चित अवधारणा उत्पन्न हो जाती है, एक तार्किक स्वरूप खड़ा हो जाता है और फिर वे मिलकर इच्छाशक्ति को जगा देते हैं।

तोर्त्सोव ने इसके बाद इस विषय में और कुछ कहने में असमर्थता प्रकट की थी, क्योंकि इसके लिए वे यह जरूरी मानते थे कि छात्र अपने को कुछ विशेष रूप से तैयार करें, जिससे कि वे महत्त्वपूर्ण और जरूरी को गहराई के साथ पकड़ सकें। इसीलिए उन्होंने इस विषय को छोड़कर इच्छाशक्ति को रचनाशीलता की ओर उन्मुख करने की रीतियों के संबंध में बातचीत आरंभ की।

वस्तुतः ताल और लय से संपादित विचारों और भावनाओं से सहज प्रभावित मन से अधिक सीधा उत्प्रेरक और कोई नहीं है, जो इच्छाशक्ति को प्रभावित कर सके। तब प्रश्न उठता है कि 'उद्देश्य' की स्थिति क्या है? वह भी तो रचनाशीलता को प्रभावित करता है और रचनाशीलता को सचेष्ट भी?

तोर्त्सोव समाधान के रूप में कहते हैं कि यह उद्देश्य के स्वरूप पर निर्भर करता है। अगर उसमें पर्याप्त प्रलोभन नहीं है, तो वह कुछ नहीं कर पाएगा। उसे तीव्रता प्रदान करने, जीवंत और रोचक बनाने के लिए बनावटी साधनों के प्रयोग की ज़रूरत होगी। दूसरी ओर एक मनोरम उद्देश्य सीधे और तत्काल प्रभावित करता है लेकिन वह इच्छाशक्ति को प्रभावित नहीं करता। वह भावनाओं को आकर्षित करता है। पहले भावनाएँ बहा ले जाती हैं और तब इच्छाएँ सक्रिय होती हैं। इसलिए उद्देश्य का प्रभाव इच्छाशक्ति पर अप्रत्यक्ष रूप से ही पड़ता है।

तभी ग्रीशा ने बड़ी तत्परता से एक असंगति की ओर संकेत किया, "लेकिन आप तो हमसे कहते रहे हैं कि इच्छाशक्ति और भावनाएँ अविच्छिन्न होती हैं, इसलिए अगर एक उद्देश्य एक पर कार्य करता है, तो स्वभावतः वह उसी समय दूसरे को भी प्रभावित कर देता है।"

तोर्त्सोव ने जवाब दिया, "तुम बिलकुल ठीक कह रहे हो। इच्छाशक्ति और भावना (रोमन देवता) जेनस की भाँति द्विमुखी होती हैं। कभी भावना उठान में होती है, और कभी इच्छाशक्ति या आकांक्षा प्रधान हो जाती है।

फलतः कुछ उद्देश्य भावना की तुलना में इच्छाशक्ति को अधिक प्रभावित करत हैं, और कुछ इच्छाशक्ति के मूल्य पर भावनाओं को तीव्र करते हैं। किसी भी तरह से कहा जाए उद्देश्य एक अच्छा उत्प्रेरक है, जिसका प्रयोग वांछित है।

तोर्त्सोव ने कुछ देर मौन रहने के बाद फिर बात आगे बढ़ाते हुए कहा, ''वे अभिनेता जिनकी भावनाएँ, बुद्धि की तुलना में अधिक सबल होती हैं, स्वभावतः रोमियो अथवा ऑथेलो की भूमिका में भावात्मक पक्ष पर बल देते हैं। वे अभिनेता जिनमें इच्छाशक्ति का प्राबल्य होता है, वे मैकबेथ या ब्रैण्ड की भूमिका में उतरकर महत्त्वाकांक्षा या हठधर्मिता को रेखांकित करते हैं। अभिनेताओं का तीसरा प्रकार अनजाने, हैमलेट या नेथन जैसी भूमिकाओं की बौद्धिक भंगिमाओं पर जरूरत से कहीं ज्यादा ज़ोर देते हैं।''

लेकिन इसके साथ वे सावधान भी करते हैं कि ''यह जरूरी है कि अंतःप्रेरणा के इन तीनों स्रोतों में से किसी को भी अन्यों को दबा देने की छूट न दी जाए। अगर ऐसा होगा तो संतुलन और आवश्यक सामंजस्य विनष्ट हो जाएँगे। हमारी कला इन तीनों को ही मानती है और इसके रचनात्मक कार्य में ये तीनों शक्तियाँ अग्रिम भूमिकाएँ निभाती हैं। उत्प्रेरणा के केवल उसी स्वरूप को हम अस्वीकार करते हैं, बेहद अनुपजाऊ संगणना से जन्म लेने के कारण जो ठंडा होता है।''

# 12

# अविच्छिन्न रेखा

## 1

स्तानिस्लाव्स्की का विचार है कि रंगमंच पर नाटकीय व्यापार की अविच्छिन्न रेखा बननी चाहिए। तोर्त्सोव ने इसी प्रसंग को उठाते हुए छात्रों से कहा, ''तुम्हारे भीतर का वाद्ययंत्र अब संगीत-महोत्सव के स्वर-मान की अवस्था में है...कल्पना करो कि हमने एक नाटक प्रदर्शित करने का निश्चय किया है, जिसमें तुममें से प्रत्येक को एक विलक्षण भूमिका का आश्वासन है। उस नाटक के पहले पाठ के बाद यह बताओ कि जब तुम घर जाओगे तो क्या करोगे?''

वान्या ने कहा, 'अभिनय!' लियो का उत्तर था, 'मैं अपने को अपनी भूमिका में अनुभव करने की कोशिश करूँगा।' मारीया बोली, 'मैं कहीं एक कोने में बैठकर अपनी भूमिका में स्वयं को अनुभव करूँगी।'

कोस्त्या ने कहा कि मैं नाटक द्वारा उपस्थित की गई संभावनाओं से आरंभ करूँगा और अपने को उनमें रखूँगा। पॉल ने नाटक को छोटी-छोटी इकाइयों में बांटने की बात कही। इन सब विचारों की विवेचना करते हुए तोर्त्सोव कहा कि अन्य शब्दों में तुम सभी आपसी आंतरिक शक्तियों का उपयोग अपनी भूमिका के आत्मा में होने का अनुभव करने के लिए करोगे।...इसके लिए तुम्हें (उस नाटक को) कई बार पढ़ना होगा। यह बड़ा विरल होता है कि कोई अभिनेता अपनी भूमिका के आवश्यक तत्त्वों को तत्काल पकड़ ले, और फिर उसके द्वारा कुछ ऐसे बहा ले जाए कि वह अपनी सपूर्ण अंतर्चेतना के एक ही प्रस्फुटन में उसकी संरचना कर दे। अधिकांशतः उसकी बुद्धि उसकी भूमिका के मूल पाठ को पहले पकड़ती है, तब उसकी भावनाएँ हल्के से स्पर्शित होती हैं और वे अस्पष्ट इच्छाएँ जगाती हैं।

आरंभ में उस नाटक की आंतरिक विशेषता की समझ अपेक्षानुसार एकदम सामान्य होती है। जब तक वह लेखक द्वारा लिखते समय उठाए गए चरणों का पूरी तरह से अनुसरण न कर ले, तब तक वह साधारणतः उसकी

तह तक नहीं पहुँच सकता।

जब नाटक को पहली बार पढ़ने पर बौद्धिक या भावनात्मक प्रभाव बन नहीं पाता तो अभिनेता क्या करे?

तोर्त्सोव ने स्वयं सुझाव दिया कि तब उसे अन्य लोगों के निष्कर्षों को मान लेना चाहिए, और फिर पाठ के अर्थ में उतरने की दृढ़ता से कोशिश करनी चाहिए। वह अपनी भूमिका के होने का अनुभव केवल एकल क्षणों में ही कर पाएगा। यह कोई आश्चर्य की बात नहीं है कि इस कालावधि में उसके विचारों, भावनाओं और इच्छाओं का प्रवाह कभी प्रकट होगा और कभी ग़ायब। अगर हम उसके इस अंतप्रर्वाह को रूपायित करें, तो वह असम्बद्ध और खंडित होगा। जब वह अपनी भूमिका को गहराई से समझेगा तो वह भी असंबद्ध और खंडित होगी। जब वह अपनी भूमिका को अधिक गहराई से समझेगा, और उसके आधारभूत उद्देश्य को आत्मसात कर लेगा, केवल तभी क्रमशः आगे बढ़ती हुई एक अविच्छिन्न और पूर्ण रेखा बनेगी। तभी हमें यह अधिकार होगा कि हम रचनात्मक कार्य को आरंभ करने की बात कर सकें।

एक छात्र ने यह जानना चाहा कि केवल तभी क्यों? तोर्त्सोव ने कोई जवाब देने के स्थान पर अपनी बाँहों, सिर और शरीर के अन्य अंगों से कुछ असम्बद्ध चेष्टाएँ कीं। फिर पूछा कि जो कुछ मैंने किया, क्या उसे नृत्य कहा जा सकता है? छात्रों ने उसे नृत्य मानने से इनकार किया। तब उन्होंने संगीत के एक स्वर-विन्यास को अनेक टुकड़ों में एक-एक कर सुनाया और फिर पूछा कि क्या यह गायन है?

छात्रों ने कहा, 'नहीं।'

तब उन्होंने उस विखंडित स्वर-भंगिमा को एक सुसम्बद्ध रूप प्रदान किया। छात्रों ने स्वीकार किया कि यह गायन है।

निष्कर्षतः तोर्त्सोव ने कहा कि हर कला में एक अविच्छिन्न रेखा होती है। इसीलिए जब एक पूरी रेखा प्रकट होती है, तभी यह कहा जाता है कि रचनात्मक कार्य आरंभ हो गया है।

ग्रीशा ने यह जानना चाहा कि क्या वास्तविक जीवन में, अथवा कम-से-कम मंच पर ही, वास्तव में ऐसी रेखा के बन पाने की संभावना है, जो कहीं भी खंडित न हो?

तोर्त्सोव ने समझाते हुए कहा कि संभवतः उस रेखा का अस्तित्व है, लेकिन एक सामान्य व्यक्ति में नहीं है। एक स्वस्थ व्यक्ति में भी कुछ-न-कुछ व्याघात तो होंगे ही। कम से कम लगता तो ऐसा ही है। फिर भी टूटन के

उन क्षणों में भी उस व्यक्ति का अस्तित्व तो बना ही रहता है, वह मरता नहीं। इसलिए एक प्रकार की रेखा चलती रहती है।

तोर्त्सोव ने इसके बाद कहा कि चलो हम यह मान लेते हैं कि सामान्यतः प्रवहमान रेखा वह होती है, जिसमें अपेक्षानुसार कुछ व्याघात अवश्य हो जाते हैं।

उस दिन के पाठ को समाप्त करते हुए तोर्त्सोव ने यह भी स्पष्ट किया कि अपने भीतर की विभिन्न प्रकार की क्रियाओं की दिशाओं को प्रदर्शित करने के लिए हमें एक नहीं वरन् अनेक रेखाओं की जरूरत होती है।

रंगमंच पर अगर कोई अंतरंग रेखा टूट जाती है, तो अभिनेता यह नहीं समझ पाता कि क्या किया अथवा कहा जा रहा है, उसकी इच्छाएँ और भावनाएँ तिरोहित हो जाती हैं। मानवीय दृष्टि से कहा जाए तो अभिनेता और भूमिका दोनों इन्हीं अविच्छिन्न रेखाओं में जीते हैं। वही मंच पर प्रदर्शित व्यापार को जीवन और गति प्रदान करती है। यदि इन रेखाओं को विछिन्न कर दिया जाए तो जीवन रुक जाता है। उन्हें जीवित कर दिया जाए, तो जीवन की धारा बह निकलती है। लेकिन यह अनियमित मरना और फिर जीना, स्वाभाविक नहीं है। भूमिका को सतत चेतनामय और उसकी रेखा को अविच्छिन्न होना ही चाहिए।

## 2

तोर्त्सोव ने अगले दिन यह कहने के बाद कि हमारी कला में या किसी भी अन्य कला में, एक अविच्छिन्न रेखा का अपनी संपूर्णता के साथ होना आवश्यक है, यह स्पष्ट किया कि उसका निर्माण कैसे होता है। उन्होंने वान्या से यह बताने के लिए कहा कि सुबह, उठने और संस्थान आने के बीच उसने क्या किया।

वान्या ने बड़ी कोशिश की, लेकिन जब वह सफल नहीं हो पाया तो उन्होंने सलाह दी कि अतीत को याद करते हुए, वर्तमान की ओर बढ़ने की कोशिश न करो। वर्तमान से पीछे की ओर चलो, अतीत के उस बिन्दु तक, जिस तक तुम पहुँचना चाहते हो। पीछे की ओर जाना कहीं अधिक आसान है, विशेष रूप से जब हाल के ही अतीत पर विचार किया जा रहा हो।

वान्या ने उसके बाद वर्तमान से अतीत की ओर अग्रसर होते हुए एक-एक प्रसंग का स्मरण किया। तब उन्होंने कहा कि अब हम लोगों ने छोटी-छोटी लाइनों की एक श्रृंखला बनानी है। बहुत सवेरे से तुम्हारे जीवन के प्रसंग इस

क्षण तक के इकट्ठे कर लिये हैं। ये सभी तुम्हारी स्मृति में सुरक्षित हैं। उन्हें व्यवस्थित करने के लिए तुम उसी क्रम से उन्हें बार-बार दोहराओ।

वान्या ने जब सारे क्रियाकलापों को अपने मन में भली प्रकार सुव्यवस्थित कर लिया तो उन्होंने उससे वही प्रक्रिया उलटे क्रम से उस—समय से जब सुबह उसने आँखें खोली थीं, आरंभ करने को कहा।

वान्या ने यह प्रक्रिया कई बार संपन्न की। तोर्त्सोव ने तब उससे यह बताने को कहा कि इस अभ्यास में उसके मनोजगत् पर क्या कोई बौद्धिक या भावात्मक छाप पड़ी है, जिसे वह अपने आज के जीवन की रेखा का सम्प्रसार मान सकता है? क्या वह एकल कार्यों और भावनाओं, विचारों और संवेदनाओं का एक परिपूर्ण और पूर्णतः समन्वित स्वरूप है?

वे जवाब के लिए रुके नहीं, खुद ही कहा कि मैं इस बात के लिए आश्वस्त हूँ कि वान्या ने यह भली प्रकार समझ लिया है कि अतीत की अविच्छिन्न रेखा की संरचना कैसे की जा सकती है।

उन्होंने फिर कोस्त्या से इसी प्रक्रिया को भविष्य की दृष्टि से दिन के उत्तर भाग में प्रदर्शित करने के लिए कहा।

कोस्त्या ने विस्मय-विभोर होकर कहा कि मैं यह कैसे जान सकता हूँ कि तत्काल भविष्य में मेरे साथ क्या होने जा रहा है?

उन्होंने उसे लताड़ते हुए कहा कि क्या तुम यह नहीं जानते कि कक्षा के बाद तुम क्या करोगे। क्या तुम्हें यह जानकारी नहीं है कि तुम घर जाओगे और खाना खाओगे? क्या तुम्हारे पास शाम के लिए कोई कार्यक्रम नहीं है? क्या, तुम्हें किसी से मिलने, कोई नाटक या फ़िल्म देखने या व्याख्यान सुनने नहीं जाना है? तुम यह तो नहीं जानते कि तुम्हारी इच्छाएँ पूरी होंगी, लेकिन उनके पूरे होने की संभावना तुम कर सकते हो।

क्या तुम्हें भविष्य की ओर बढ़ती हुई ठोस रेखा दिखाई नहीं देती, जिसमें सावधानी है, उत्तरदायित्व हैं, खुशियाँ है, ग़म हैं?

"आज देखोगे, तो पाओगे कि वहाँ कुछ गति है, और जहाँ गति है वहीं से एक रेखा शुरू हो जाती है।"

उन्होंने उसके बाद कोस्त्या को समझाते हुए कहा, "अगर तुम इस रेखा को उस रेखा से जोड़ दो जो पहले बनी थी, तो तुम एक अविच्छिन्न रेखा बना लोगे, जो अतीत से आरंभ होकर, वर्तमान से होती हुई, भविष्य की ओर अग्रसर होगी—उस क्षण से जब तुम सुबह उठे थे, रात के उस समय तक जब तुम नींद में आँखें बंद करोगे। इसी तरह छोटी-छोटी एकल पंक्तियाँ

एक साथ बहकर, एक बड़ी धारा का रूप लेती हैं, जो पूरे दिन के जीवन का प्रतिनिधित्व करती है।"

तोर्त्सोव ने उसके बाद कोस्त्या के सामने एक नई समस्या रखी कि मान लो कि तुम्हें एक हफ़्ते के भीतर ऑथेलो की भूमिका तैयार करनी है। क्या तुम यह अनुभव कर सकते हो कि उन दिनों तुम्हारा सारा जीवन अपनी समस्या का सफलता के साथ समाधान करने एक मुख्य दिशा में लगा रहेगा? तुम्हारे ऊपर पूर्णतया एक ही विचार हावी होगा जो कि तुम्हें पूर्णतः समाहित करके उसी क्षण की ओर ले जाएगा, जब तुम्हें वह भयंकर प्रदर्शन करना है।

कोस्त्या ने स्वीकार किया कि निश्चय ही ऐसा ही होगा।

तोर्त्सोव ने तब वस्तुस्थिति को स्पष्ट करते हुए जानना चाहा कि क्या वह उस बड़ी रेखा को अनुभव कर सकता है, जो पूरे हफ़्ते उसके साथ उसकी ऑथेलो की भूमिका की तैयारी में चलेगी...और यदि ऐसी रेखाओं का अस्तित्व है जो दिनों और हफ़्तों तक दौड़ती हैं, तो क्या यह नहीं माना जा सकता कि वे महीनों, सालों एवं पूरे जीवन में भी चलती रहती हैं? ये सभी बड़ी रेखाएँ छोटी-छोटी रेखाओं के एक साथ आने से बनती हैं। यही तो हर नाटक और हर भूमिका के साथ होता है। वास्तव में जीवन इस रेखा को बनाता है, लेकिन रंगमंच पर वह लेखक की कलात्मक कल्पना है, जो सच्चाई से मिलते-जुलते रूप में उसकी रचना करती है। वस्तुतः वह हमें उसे केवल बीच-बीच में टूटते हुए टुकड़ों में प्रदान करता है।

कोस्त्या ने यह जानना चाहा कि ऐसा क्यों होता है?

तोर्त्सोव ने जवाब दिया कि यह पहले ही कहा जा चुका है कि नाट्य लेखक अपने चरित्रों के संपूर्ण जीवन के केवल कुछ क्षण ही हमें देता है। रंगमंच के बाहर जो कुछ होता है उसका वह बहुत कुछ छोड़ देता है। वह अक्सर इस विषय में कुछ नहीं कहता कि जब उसके चरित्र बाहर गए थे, तो उनके साथ क्या कुछ हुआ था, और वह क्या है जो उनसे वह सब कराता है, जो कुछ वे मंच पर करते हैं? वह जो अनकहा छोड़ देता है, हमें उसे भरना होता है अन्यथा हमारे पास हम जिन व्यक्तियों के जीवन को रूपायित कर रहे हैं, उसकी केवल कुछ कतरनें या टुकड़े ही होंगे। इस तरह काम नहीं चलता, इसलिए हमें अपनी भूमिकाओं के लिए अपेक्षाकृत अविच्छिन्न रेखाएँ बनानी ही होती हैं।

## 3

तोर्त्सोव ने अगले दिन इस विषय पर बातचीत आरंभ की कि रंगमंच पर रोशनी की व्यवस्था एक अविच्छिन्न रेखा के निर्माण में कैसे सहायक होती है। उन्होंने सभी छात्रों से मारीया की बैठक में बैठने के लिए कहा। छात्रों ने सुव्यवस्थित रूप से कमरे के अनेक स्थानों पर बैठकर बातचीत आरंभ की। तभी उन्होंने देखा कि मंच पर विभिन्न प्रकार की रोशनियाँ अनेक स्थानों पर जल-बुझ रही हैं। उन्हें यह लगा कि यह सब कौन बोल रहा है और किस वस्तु या विषय के संबंध में कह रहा है। अगर मेज पर पड़ी हुई किसी वस्तु का उल्लेख होता था, तो रोशनी तत्काल उस पर केंद्रित हो जाती थी। रोशनी उस कमरे के बाहर भी जल-बुझ रही थी। वे इसका कारण समझ नहीं पा रहे थे। अंततः उन्होंने समझा कि उसका संबंध कालावधियों से है। उदाहरण के लिए बरामदा तो अतीत के संदर्भ में प्रकाशित होता था, भोजन कक्ष में प्रकाश के आने का मतलब होता था वर्तमान की बात, और जब प्रकाश सभागार में चला जाता था, तब लगता था कि जैसे कोई भविष्य की बात कही जा रही है।

छात्रों ने यह भी देखा कि जब एक रोशनी बुझ जाती है, तो वैसे ही दूसरी जल भी जाती है। ये सारी प्रक्रियाएँ बदलती हुई वस्तुओं की अविच्छिन्न शृंखला को प्रदर्शित कर रही थीं, जिन पर ध्यान वास्तविक जीवन की भाँति सुसंगत अथवा विसंगत रूप से केन्द्रित किया जाता है। यह प्रक्रिया ठीक वैसी होती है जैसी प्रदर्शन के समय। यह महत्त्वपूर्ण है कि वस्तुओं की वह परंपरा, जिन पर प्रकाश केन्द्रित होता है, एक सुदृढ़ रेखा बनाए। वह रेखा फुट-लाइट्स के इसी ओर बनी रहनी चाहिए, उसे सभागार की ओर एक बार भी नहीं भटकना चाहिए।

तोर्त्सोव ने वस्तुस्थिति को स्पष्ट करते हुए कहा कि किसी व्यक्ति अथवा भूमिका के जीवन में बदलती हुई वस्तुओं, ध्यान के वृत्तों की, वास्तविकता या कल्पना के तल पर अतीत की स्मृतियों के क्षेत्र में अथवा भविष्य के स्वप्नलोक में अविच्छिन्न परंपरा होती है। इस रेखा की अविच्छिन्नता एक कलाकार के लिए सर्वाधिक महत्त्वपूर्ण है और अभिनेता को उसे स्वयं बनाना सीखना चाहिए। इसके बाद बिजली की रोशनियों के माध्यम से तोर्त्सोव ने यह स्पष्ट किया कि वह भूमिका एक छोर से दूसरे तक बिना टूटे कैसे प्रवाहित हो सकती है।

उन्होंने रख़ानव से स्विच-बोर्ड तक चलकर प्रकाश की व्यवस्था में सहायता करने के लिए कहा।

उन्होंने अपने इस प्रदर्शन के लिए, प्रसिद्ध चित्रकार रेम्ब्रां के दो चित्रों के नीलामी के प्रसंग को लिया। बोली लगाने वालों ने आना आरंभ किया।

तोर्त्सोव ने छात्रों से कहा, "देखो! पूरा रंगमंच और उसके पीछे के कमरे, सभी में रोशनी का प्रबल प्रवाह है। वे विदेशी संग्रहालयों के प्रतिनिधि हैं, जिनका मैं विशेष रूप से अभिवादन करने जा रहा हूं।"

उसके बाद उन्होंने निरीक्षण जैसी प्रक्रियाओं की ओर इशारा किया और फिर कहा, "अभिनेता का ध्यान बनाकर एक वस्तु से दूसरी की ओर जा रहा है। यह रोशनी का निरंतर बदलता हुआ सम्पुंजन है, जो अविच्छिन्न रेखा बना रहा है। अगर अभिनेता एक पूरे अंक अथवा एक पूरे नाटक के बीच अपने को एक वस्तु से बाँध लेता है तो उसकी अन्तश्चेतना असंतुलित हो जाएगी और वह एक विचार के साथ जड़ता का शिकार हो जाएगा।"

सभी छात्रों ने उनके साथ अपनी सहमति प्रकट की और कहा कि यह दृश्यात्मक प्रदर्शन बड़ा ही विशद् और सफल रहा है।

तोर्त्सोव ने बड़े संतोष के साथ कहा कि यह तो बड़ी अच्छी बात है। रंगमंच पर हमेशा ऐसा ही होना चाहिए। फिर उन्होंने उसकी चर्चा की जो सामान्यतः होता रहता है, लेकिन नहीं होना चाहिए। "देखो! रोशनियाँ रंगमंच पर केवल अंतराल से ही प्रकट हो रही हैं जबकि वे सभागार में लगभग निरंतर जल रही हैं।

क्या यह स्वाभाविक नहीं लगता कि एक अभिनेता का मन और उसकी भावनाएँ बड़े लम्बे समय तक दर्शकों में भटकें और फिर नाट्य-भवन के परिसर के बाहर भी चली जाएं। जब वे लौटें तो केवल कुछ क्षणों के लिए मंच पर आयें और फिर क्षीण हो जाएँ।

इस प्रकार के अभिनय में अभिनेता और उसकी भूमिका कभी-कभी ही एक-दूसरे के साथ मिलती है। इस दुर्योग से बचने के लिए अभिनेताओं को अपनी सारी आंतरिक शक्तियों का प्रयोग एक अविच्छिन्न रेखा को बनाने में करना चाहिए।

# 13

# रचना की मनोभूमि

## 1

स्तानिस्लाव्स्की ने सवाल उठाया है कि अभिनेता जब नाटकीय कार्यव्यापार की विभिन्न रेखाओं को अपने आंतरिक स्रोतों के प्रवाह के साथ एकत्र कर लेता है, तो वे कहाँ जाती हैं? उन्होंने इस सवाल का कोई जवाब सीधा देने के बजाए कुछ और सवाल खड़े किए और उनके उत्तर दिए। एक पियानो-वादक अपनी भावनाओं को कैसे अभिव्यक्त करता है? वह अपने पियानो के पास जाता है। चित्रकार कहाँ जाता है? अपने कैनवस, अपनी कूचियों और रंगों के पास। इसलिए अभिनेता भी अपने आध्यात्मिक और भौतिक रचनात्मक उपकरण के पास जाता है। उसकी बुद्धि, इच्छाशक्ति और भावनाएँ मिल-जुलकर उसके सभी आंतरिक तत्त्वों को सक्रिय कर देती हैं।

वे उस मनःकल्पना अर्थात् नाटक से जीवन लेती हैं, उसके स्वरूप को अधिक वास्तविक बनाती हैं, और उसके उद्देश्यों को और पुख़्ता आधार देती हैं। यह सब उस भूमिका को अनुभव करने, उसकी सच्चाई को अधिक गंभीर बनाने और रंगमंच पर जो कुछ हो रहा है, उसकी वास्तविकता की संभावना में विश्वास जगाने में मदद करता है। अन्य शब्दों में कहा जाए तो यह आंतरिक शक्तियों की त्रयी जिन तत्त्वों का संचालन करती है, उनके स्वर-विन्यास, रंग, भंगिमाएँ तथा मनोदशाओं को ग्रहण कर लेती है। वे उनके अन्तर्निहित तत्त्वों को भी आत्मसात् कर लेती हैं। वे फिर ऊर्जा, शक्ति, इच्छा, भावना और विचार को भी प्रकट करती हैं। वे भूमिका के इन जीवन्त अंशों को विभिन्न नाटकीय तत्त्वों में प्रतिरोपित कर देती हैं। इन प्रतिरोपणों से क्रमशः उनकी उत्पत्ति होती है, जिन्हें 'भूमिका में कलाकार के तत्त्व' कहा जाता है।''

एक छात्र ने यह जानना चाहा कि वे किस ओर अग्रसर होते हैं?

तोर्त्सोव ने जवाब दिया, ''किसी दूर के बिन्दु की ओर, नाटक का कथानक जिसकी ओर उन्हें खींचता है। वे आंतरिक इच्छाओं, महत्त्वाकांक्षा

और उन भूमिका के चरित्र की अंतर्निहित गतिविधियों द्वारा रचनात्मक उद्देश्यों की ओर प्रेरित किए जाते हैं। वे उन वस्तुओं द्वारा आकर्षित किए जाते हैं, जिन पर वे अन्य चरित्रों के संपर्क से अपना ध्यान केन्द्रित करते हैं। नाटक की कलात्मक सच्चाई उन्हें मुग्ध कर लेती है। ये सारी चीज़ें रंगमंच पर ही होती हैं।

''वे एक साथ जितना आगे बढ़ते हैं, उनके आगे बढ़ने की रेखा, उतनी ही अधिक समन्वित होती है। इन तत्त्वों के संपुजन से वह महत्त्वपूर्ण आंतरिक अवस्था उत्पन्न होती है जिसे 'रचना की मनोभूमि' कहा गया है।''

वान्या ने विस्मय-विभोर होकर उसके स्वरूप के विषय में जानना चाहा।

कोस्त्या ने तोर्त्सोव से इस बात की पुष्टि करना चाही कि आंतरिक उत्प्रेरक शक्तियाँ विभिन्न तत्त्वों के साथ मिलकर अभिनेता के उद्देश्यों को पूरा करती हैं। तोर्त्सोव ने कोस्त्या की बात से सहमति जताते हुए, उसमें दो संशोधन किए। पहला यह कि सामान्य आन्तरिक उद्देश्य, अभी बहुत दूर है, और ये उसकी खोज के लिए विभिन्न शक्तियों को जोड़ती हैं। दूसरा, शब्दावली का विषय है। अब तक हमने कलात्मक क्षमता विभिन्न विशेषताओं, निसर्ग के उपहारों और मनोतकनीक की अनेक रीतियों के लिए, एक शब्द 'एलीमेन्ट्स' (तत्त्वों) का ही प्रयोग किया है अब हम उन्हें 'आन्तरिक रचनाशील मनोदशा के तत्त्व' कहेंगे।''

तोर्त्सोव ने इसके बाद यह स्पष्ट किया कि यह मनोदशा, कुछ रीतियों में सामान्य मनःस्थिति से बेहतर है, और कुछ अन्य में कम अच्छी है। इसका कारण अभिनेता के कार्य की स्थितियाँ हैं, जिसे जनसाधारण के आगे प्रदर्शन करना होता है। उसके रचनात्मक मनोभाव में नाटकीयता और आत्म-प्रदर्शन की गंध आती है, जो सामान्य अवस्था में नहीं होती।

एक छात्र ने यह जानना चाहता कि फिर उसे बेहतर क्यों कहा गया है?

उन्होंने जवाब दिया, ''उसमें सार्वजनिक की भावना होती है, जो सामान्य जीवन में दिखाई नहीं देती। वह बड़ी ही विलक्षण संवेदना है। बहुत-से लोगों से भरा हुआ नाट्य-भवन हमारे लिए बड़ा विलक्षण ध्वनि-पटल होता है। रंगमंच के वास्तविक अनुभव के प्रत्येक क्षण के लिए वहाँ प्रतिक्रिया होती है। सहानुभूति और सुरुचि की हजारों अदृश्य धाराएँ हमारी ओर प्रवाहित हो उठती हैं। दर्शकों की भीड़ एक अभिनेता को दमित और भयभीत करती है, लेकिन वह उसकी वास्तविक रचनात्मक ऊर्जा को जगाती भी है। भावात्मक ऊष्मा का संप्रेषण करती हुई वह उसे अपने में और अपने कार्य में विश्वास भी प्रदान

करती है।"

तोर्त्सोव ने इतना सब कहने के बाद छात्रों को सावधान करते हुए कहा, "दुर्भाग्य से यह स्वाभाविक मनोदशा यदा-कदा ही सहज रूप में उत्पन्न होती है। बड़े विलक्षण अवसरों पर वह प्रकट होती है। ऐसी अवस्था में अभिनेता बड़ा शानदार प्रदर्शन करता है। सामान्य अवसर पर, जब अभिनेता समुचित मनोदशा में प्रवेश नहीं कर पाता, तो वह कहता है, मैं 'मूड' में नहीं हूं। इसका मतलब होता है कि उसका रचनात्मक उपकरण या तो सही रूप में सक्रिय नहीं है या वह कार्य ही नहीं कर रहा है, अथवा यांत्रिक प्रवृत्तियों ने उसका स्थान ले लिया है। क्या वह रंगमंडप के मेहराब की गहराई है, जिसने उसकी क्रियाशीलता को अव्यवस्थित कर दिया है; अथवा वह, दर्शकों के आगे, अपनी भूमिका की अधूरी तैयारी के साथ उन पंक्तियों और चेष्टाओं को लेकर आ गया है, जिनमें स्वयं उसका विश्वास नहीं है?

यह भी संभव है कि अभिनेता ने पहले से तैयार किसी पुरानी भूमिका को फिर से ताज़ा न किया हो। वास्तव में हर बार मंच पर भूमिका को लाते समय उसे इस प्रक्रिया से गुज़रना चाहिए; अन्यथा संभावना यह है कि जब वह मंच पर जाएगा, तो मात्र अपनी भूमिका का ऊपरी खोल ही उपस्थित कर सकेगा।

उसकी असफलता का कारण यह भी हो सकता है कि वह आलसी हो गया हो, समुचित ध्यान न देता हो, उसका स्वास्थ्य ख़राब हो अथवा वह व्यक्तिगत चिन्ताओं से परेशान हो। इनमें से किसी भी परिस्थिति में, प्रदर्शन के लिए अपेक्षित तत्त्वों के चुनाव, उनकी गुणवत्ता और संयोजना में अनेक कारणों से कुछ-न-कुछ ग़लत हो जाएगा। होता यह है कि जब अभिनेता मंच पर दर्शकों के सामने आता है, तो वह डर, घबराहट, शर्मीले स्वभाव, उत्तेजना, उत्तरदायित्व की चेतना के अतिरेक अथवा अन्य किसी बड़ी कठिनाई के कारण आत्मविश्वास खो बैठता है। उस क्षण वह कुछ बोलने, सुनने, देखने, विचारने, चलने-फिरने और सामान्य आदमी की तरह आचरण करने में भी असमर्थ हो जाता है। दर्शकों को प्रसन्न करने की ज़रूरत को लेकर वह अपने को बहुत घबराया हुआ अनुभव करता है। वह अपनी इस मानसिक स्थिति को छिपाना चाहता है। वह यथासंभव अपने को प्रदर्शित करने की कोशिश करता है, लेकिन वह ऐसा कुछ कर नहीं पाता।

इस विषम स्थिति में उसमें संयोजित विभिन्न तत्त्व टूटने लगते हैं। निश्चित रूप से यह सामान्य अवस्था नहीं है। वास्तविक जीवन की भाँति रंगमंच

पर भी विभिन्न तत्त्व अविच्छिन्न होने चाहिए। कठिनाई यह है कि रंगमंच का कार्य, रचनाशील मनोदशा को अव्यवस्थित करने में योग देता है। अभिनेता बिना दिशा के कार्य करने को मजबूर हो जाता है। वह नाटक में अपने सहयोगी के स्थान पर दर्शकों से अपना संपर्क बना लेता है। वह अपने साथी कलाकारों के साथ अपने भावों और विचारों के आदान-प्रदान के स्थान पर दर्शकों को प्रसन्न करने का मार्ग अपना लेता है।

दुर्भाग्य से अभिनेता की भीतर की ये कमज़ोरियाँ दिखाई नहीं देतीं। दर्शक उन्हें देखते नहीं, उन्हें केवल उनका आभास होता है। रंग-व्यवसाय के विशेषज्ञ ही उन्हें समझते हैं। यही कारण है कि सामान्य दर्शक कोई प्रतिक्रिया नहीं प्रकट करते; वे बस उस नाटक को देखने के लिए फिर से आना ही बन्द कर देते हैं।

अगर नाटकीय संरचना में एक तत्त्व छूट जाए अथवा ग़लत हो जाए तो पूरे नाटक के विनष्ट हो जाने का ख़तरा बढ़ जाता है। रंगमंच पर एक ऐसी व्यवस्था बनाई जा सकती है जिसमें सभी अंगभूत भाग एक साथ कार्य कर रहे हों, और उनमें संपूर्ण सामंजस्य हो जैसा भली प्रकार प्रशिक्षित आर्केस्ट्रा में देखने को मिलता है। यदि एक ग़लत तत्त्व रख दिया जाए, तो पूरे नाटक का स्वर-विन्यास विनष्ट हो जाता है।

यदि कोई ऐसी कथावस्तु चुन ली जाए, जिस पर अभिनेताओं का विश्वास नहीं हो और वे अपने साथ ज़बरदस्ती करें तो नतीजा अनिवार्यतः अपने को धोखा देना ही होगा, जो पूरी मनोदशा को अव्यवस्थित कर देगा। कोई भी तत्त्व अगर ग़लत ढंग से उठाया जाता है, तो यही अव्यवस्था उत्पन्न हो जाती है।

इसीलिए स्तानिस्लाव्स्की का विचार है कि इस दुर्योग से बचने के लिए अभिनेताओं को उनकी जानकारी होनी चाहिए। तोर्त्सोव के रूप में वे कहते हैं, "किसी वस्तु पर ध्यान जमाने के प्रसंग को लो : अगर तुम उस पर दृष्टि तो डालते हो, लेकिन उसे वस्तुतः देखते नहीं, तो अन्य वस्तुओं की चुंबकीय शक्ति तुम्हें अपनी ओर खींच लेगी और तुम रंगमंच से दूर—नाट्य-भवन से भी दूर चले जाओगे।

"किसी वास्तविक वस्तु के स्थान पर किसी बनावटी वस्तु को चुनने की कोशिश करो अथवा अपनी भूमिका का उपयोग स्वयं अपनी मनोदशा के प्रदर्शन के लिए करो। जिस क्षण तुम कोई ग़लत कदम उठाते हो, सच्चाई घिसी-पिटी नाटकीय रूढ़ि बन जाती है। अपने आत्मविश्वास को छोड़कर तुम

अभिनय की आंतरिक युक्तियों पर विश्वास करने लगते हो; कल्पना भाप-सी उड़ जाती है और उसके स्थान पर नाटकीय दिखावा आ जाता है।

''इन सभी अवांछनीय प्रवृत्तियों को एक साथ जोड़ो, तुम एक ऐसा वातावरण खड़ा कर लोगे, जिसमें तुम अपने को विद्रूप बनाने या कुछ नकल करने के अलावा कुछ कर ही नहीं सकोगे।

''प्रायः रंगकर्म आरंभ करने वाले लोगों के अनुभवहीन और तकनीक का ज्ञान न होने के कारण, इस गलत रास्ते पर चले जाने की विशेष संभावना रहती है, वे बड़ी आसानी से अनेक बनावटी आदतें बना लेते हैं, अगर उन्हें कभी सामान्य मानवीय मनोदशा मिल भी जाती है, तो वह संयोगमात्र होता है।

कोस्त्या ने यह जानना चाहा कि केवल एक बार के प्रदर्शन में भी आसानी से बनावटीपन क्यों आ जाता है?

तोर्त्सोव ने कहा, ''मैं तुम्हारे सवाल का जवाब तुम्हारे ही शब्दों में दूँगा। क्या तुम्हें हमारे पहले पाठ की कथा याद है, जब मैंने तुमसे कहा था कि मंच पर आकर बैठ जाओ, और सामान्य रूप में बैठने के बजाय तुम अतिरंजित व्यवहार करने लगे थे? उस समय तुमने विस्मय-विभोर होकर कहा था : 'कितनी अजीब बात है, मैं केवल एक बार ही मंच पर गया हूँ, शेष समय मैं एक सामान्य जीवन ही जीता रहा हूँ, फिर भी मैं देख रहा हूँ कि सामान्य बने रहने की तुलना में, प्रदर्शनात्मक हो जाना आसान है।'

इसका कारण इस अपेक्षा में निहित है कि हमें अपना कलात्मक कार्य जनसाधारण के सामने करना होता है, जहाँ नाटकीय बनावटीपन सच्चाई के साथ बराबर लड़ता रहता है। अब सवाल यह है कि हम कैसे अपने को एक से सुरक्षित और दूसरे को सुदृढ़ कर सकते हैं?''

## 2

तोर्त्सोव ने उन्हीं सवालों के साथ नये दिन की कक्षा आरंभ की :

''हम स्वयं को आंतरिक बनावटी स्वभाव से कैसे बचाएँ; और एक रचनाशील मनोदशा कैसे प्राप्त करें? इस दोहरी समस्या का समाधान एक ही है, इनमें से किसी एक का होना दूसरे के उसके पहले हो जाने को संभव बनाता है। एक की रचना द्वारा हम दूसरे को विनष्ट कर देते हैं।''

प्रदर्शन की प्रचलित पद्धति की विवेचना करते हुए तोर्त्सोव ने कहा है, ''अधिकांश अभिनेता अपने हर प्रदर्शन से पहले वस्त्राभरण धारण करते हैं

और रूप-रचना करते हैं, जिसमें कि उनका बाहरी रूप-अभिनय चरित्र के अनुरूप हो जाए। लेकिन वे यह भूल जाते हैं कि बाहर से बदलने के पहले स्वयं को भीतर से बदलना अधिक महत्त्वपूर्ण है। उन्हें पहले अपनी अंतरात्मा की रूप-रचना करके उसे परिधान पहनाने चाहिए।''

उन्होंने उसके बाद कुछ विस्तार के साथ यह बताया कि किसी भूमिका की तैयारी वास्तव में कैसे की जानी चाहिए।

''अभिनेता को अंतिम क्षण में प्रवेश करने के स्थान पर (विशेष रूप से जब वह कोई विशिष्ट भूमिका कर रहा हो) अपने प्रवेश के समय से दो घंटे पहले आ जाना चाहिए और अपना रूपायन आरंभ कर देना चाहिए। तुम तो जानते हो कि एक मूर्तिकार मिट्टी का इस्तेमाल करने के लिए गूँथता है, और एक गायक गायन का कार्यक्रम आरंभ करने के पहले अपनी वाणी को गरम करता है। हमें भी अपने अंतर के तारों को तरंगित करने के लिए कुछ वैसा ही करना चाहिए, यथा अपनी कुँजियों, खूटियों और विरामों का परीक्षण करना।

''शारीरिक व्यायाम पर बातचीत के दौरान तुम इस बात को जान चुके हो। पहला आवश्यक कदम है माँसपेशियों को तनाव से मुक्त करना। उसके बाद आता है किसी वस्तु का चयन—यथा वह चित्र। वह किसका प्रतिनिधित्व करता है? वह कितना बड़ा है? उसके रंग क्या हैं? एक दूर की वस्तु लो। अब एक छोटा वृत्त बनाओ, जो तुम्हारे पैरों के आगे न जाए। कोई भौतिक उद्देश्य चुनो। उसे उत्प्रेरित करो, उसके साथ पहले एक और फिर दूसरा काल्पनिक प्रसंग जोड़ो। विशेष प्रयत्न के साथ अपने कार्य को इतना सच्चा बनाओ कि तुम उस पर विश्वास कर सको। अनेक संभावनाएँ सोचो और अनेक संभाव्य स्थितियों का सुझाव दो जिनमें तुम अपने को रख सको। यह प्रक्रिया तब जारी रखो जब तक कि तुम अपनी सभी अन्तर्निहित शक्तियों को सक्रिय न कर लो और तब उनमें से एक को चुनो। वह कोई भी हो, अंतर नहीं पड़ेगा। उस समय जो भी तुम्हें प्रवाहपूर्ण लगे, उसे उठा लो। अगर तुम उस एक को सामान्य रूप में नहीं, वरन् विशिष्ट रूप में सक्रिय करने में सफल होते हो, तो और सभी उसके साथ चल पड़ेंगी...

''हमारी संरचना कुछ ऐसी है कि हमें अपने सभी अवयव, यथा—हृदय, उदर, जिगर, हाथ-पांव सभी की ज़रूरत होगी। जब इनमें से कोई भी अंग छोड़ दिया जाता है और उसके स्थान पर कोई बनावटी वस्तु रख दी जाती है, यथा शीशे की आँख, बनावटी नाक या कान या दाँत, लकड़ी का पैर या

हाथ तो हम स्वयं को अव्यवस्थित अनुभव करते हैं। तुम वैसा ही विश्वास अपनी आंतरिक रूप-रचना पर क्यों नहीं करते? किसी भी प्रकार की बनावट तुम्हारी अन्तःप्रकृति को वैसे ही विचलित कर देने वाली होती है, इसलिए जब भी तुम्हें कोई रचनात्मक कार्य करना हो तो हर बार इन्हीं अभ्यासों से गुज़रना चाहिए।''

ग्रीशा ने अपने स्वभाव के अनुसार बीच में टोका, ''लेकिन अगर हम यह करेंगे तो हमें हर शाम दो बार पूरे प्रदर्शन से गुज़रना होगा, एक बार हमारे अपने लाभ के लिए और दूसरी बार दर्शकों के लिए।''

तोर्त्सोव ने उसे समझाते हुए कहा, ''नहीं, यह ज़रूरी नहीं है। अपने को तैयार करने के लिए अपनी भूमिका के केवल आधारभूत अंशों में ही प्रवेश करो। उन्हें भी तुम्हें पूरी तरह से विकसित करने की जरूरत नहीं है।

''तुम्हें जो करना है, वह है बस अपने से पूछना, क्या मैं प्रसंग के उस विशेष स्थल के प्रति अपने दृष्टिकोण के लिए आश्वस्त हूँ? क्या मुझे अमुक कार्य का सचमुच अनुभव हो रहा है? क्या मुझे कुछ बदलना चाहिए अथवा हमें उसमें विस्तार के लिए उसमें कुछ जोड़ना चाहिए। ये सभी के अभ्यास तुम्हारी अभिव्यंजना के उपकरण की परीक्षा करते हैं।

''मान लो कोई अभिनेता रंगमंच पर अपनी सभी अन्तःशक्तियों पर अच्छी तरह से अधिकार किए हुए है। वे सभी भली प्रकार काम कर रही हैं, और एक-दूसरे को सहयोग भी दे रही हैं। तभी अचानक एक छोटी-सी भूल हो जाती है। वह उसे देख लेता है, और तत्काल सुधार भी लेता है। साल्विली ने लिखा है : ''अभिनेता रंगमंच पर जीता है, रोता है और हँसता है, और सारे समय वह अपने आँसुओं और मुसकानों को देखता है। यह दोहरा कार्य वह जीवन और अभिनय का सन्तुलन ही उसकी कला को जन्म देता है।''

## 3

स्तानिस्लाव्स्की ने आन्तरिक रचनाशील मनोदशा को समझाने के बाद उसकी अन्तरात्मा के उस रूप की विवेचना की है, जब वह मनोदशा बनती है।

उन्होंने लिखा है कि एक जटिल आत्मा की बारीकियों को समझाने के लिए अपने मन के किसी एक तत्त्व का उपभोग ही काफ़ी नहीं होगा उसके लिए, अभिनेता की समस्त शक्तियों और क्षमताओं के प्रयोग की ज़रूरत होगी तथा साथ ही लेखक की आन्तरिक शक्तियों के सामंजस्य की भी अपेक्षा होगी; जब भूमिका की आध्यात्मिक प्रकृति का समुचित अनुशीलन कर लिया गया

हो, तो उसके अन्तर्निहित प्रयोजन को समझना आसान हो जायेगा। इसके लिए यह आवश्यक है कि उसकी आन्तरिक रचनाशील मनोदशा गहरी, सूक्ष्म और सतत सक्रिय रहने में समर्थ हो।

यह रचनाशील मनोदशा अपनी कार्य शक्ति की दृष्टि से, सामान्यतः तीव्र आध्यात्मिक और विस्तृत रूपों में उपलब्ध होती है; रचनाशील मनोदशा के वस्तुतः अनन्त प्रकार हैं; और यह कभी घर में फुरसत के सयम उठते-बैठते भी सक्रिय हो उठते हैं। कभी तो यह उपचेतना में ही रहती है और वहीं सक्रिय भी हो जाती है।

# 14

# चरम उद्देश्य

## 1

स्तानिस्लाव्स्की का सुनिश्चित विचार है कि हर एक महान साहित्यिक रचना के साथ कोई-न-कोई चरम उद्देश्य जुड़ा होता है। दोस्तोएव्स्की ने अपना प्रसिद्ध उपन्यास करमाज़ोव बंधु, अपने जीवन भर की गई परम सत्ता की खोज को लेकर लिखा था। तोल्स्तोय जीवन भर आत्मसंपूर्णता के अनुसंधान में लगे रहे। एन्टन चेख़व जीवन भर समाज के उच्च-वर्ग की निम्नतम प्रवृत्तियों के साथ संघर्ष करते रहे। इसी विचार-परंपरा को आगे बढ़ाते हुए नाट्य-कला के संदर्भ में स्तानिस्लाव्स्की ने कहा है, "एक नाटक में, व्यक्तिगत उद्देश्यों की छोटी-छोटी धारा को अभिनेता के सभी काल्पनिक विचारों, भावनाओं और कार्यों को कथावस्तु के चरम उद्देश्य को चरितार्थ करने में सर्वतः संपुंजित होना चाहिए। सामान्य बंधन इतना सुदृढ़ होना चाहिए कि कोई अत्यंत महत्त्वहीन विवरण भी चरम उद्देश्य के साथ जुड़ा न होने पर फ़ालतू या ग़लत दिखाई दे।

"चरम उद्देश्य की ओर उन्मुख यह उत्प्रेरणा पूरे नाटक में बराबर चलती रहनी चाहिए। जब उसकी उत्पत्ति, नाटकीयता से या लापरवाही के साथ होती है, तो वह नाटक को मात्र लगभग सही लगती-सी दिशा प्रदान कर पाएगी। अगर वह मानवीय है और नाटक के आधारभूत उद्देश्य को पाने की दिशा में निर्देश कर रही है, तो वह हमारे शरीर की मुख्य धमनी की भाँति होगी, और नाटकीय उद्देश्य एवं अभिनेताओं दोनों को ही संप्रेषण प्रदान करेगी।

"स्वाभाविक रूप से, साहित्यिक रचना, जितनी महान् होती है, उसका चरम उद्देश्य उतना ही आकर्षक होता है।"

एक छात्र ने यह जानना चाहा कि अगर नाटक में प्रतिभा का संस्पर्श न हो तो?

"नाटक का आकर्षण स्पष्टतः कम होगा।"

"अगर नाटक अच्छा नहीं हो तो?"

"तब स्वयं अभिनेता को नाटक के चरम उद्देश्य का निर्धारण करके उसे गहराई और तीव्रता प्रदान करनी होगी। इस प्रक्रिया के दौरान, वह उसे जो भी संज्ञा प्रदान करेगा, वह अत्यंत महत्त्वपूर्ण होगी।"

"तुम यह पहले से जानते हो कि नाटकीय उद्देश्य को उचित संज्ञा प्रदान करना महत्त्वपूर्ण है। तुम्हें याद होगा कि इस संदर्भ में हमने क्रिया रूप को अधिक उपयुक्त माना है, क्योंकि वह कुछ करने की प्रेरणा प्रदान करता है। नाटक के चरम उद्देश्य को परिभाषित करने में तो वह क्रियापद और भी अधिक सही रहेगा।"

स्तानिस्लाव्स्की ने इस प्रसंग में अपनी प्रस्तुतियों की चर्चा करने के बाद, यह स्पष्ट किया कि अक्सर किसी नाट्य-रचना के चरम उद्देश्य का निर्णय, जब तक उसे मंच पर उपस्थित नहीं किया जाता, तब तक नहीं हो पाता। कभी-कभी दर्शक भी उसकी सही परिभाषा समझने में सहायक होते हैं। प्रदर्शन के पहले या उसके बाद, जब मूल भावधारा का निश्चय हो जाता है, तो अभिनेता को उसका ध्यान निरंतर रखना चाहिए। उसी को लेकर नाटक का लेखन संभव होता है। अतः उसे ही अभिनेता की कलात्मक संरचना का मूल-स्रोत होना चाहिए।

## 2

तोर्त्सोव ने अगले दिन नाटक में अंतर्निहित मूल भावधारा की विवेचना से आरंभ किया, और कहा कि उसी को लेकर नाटकीय रचना की भीतर से पकड़ संभव होती है, और उसकी शक्ति का भी भान होता है। अभिनेता फिर उसी में उसकी सभी बारीकियों को विकसित कर सकते हैं और उसका आधारभूत अन्तर्निहित उद्देश्य क्या है, इसके संबंध में निश्चित निर्णय तक पहुँच सकते हैं।

उन्होंने आगे कहा, "वह प्रयत्न की अन्तर्धारा जो नाटक के प्रारंभ से लेकर अंत तक अभिनेताओं का मार्गनिर्देशन करती है, उसे हम अविरामता अथवा आद्यन्त कार्य-व्यापार कहते हैं। यह आद्यन्त-रेखा नाटक की सभी छोटी-छोटी इकाइयों और उद्देश्यों को रासायनिक प्रक्रिया से अभिरंजित करती है, और फिर चरम उद्देश्य की ओर ले जाने में उनका मार्गदर्शन भी करती है। उसके बाद वे सभी मिलकर, एक सामान्य उद्देश्य का संवर्द्धन भी करते हैं।

कार्य की आद्यन्त रेखा और चरम उद्देश्य में, अभिनेता को संजीवनी प्रदान करने की जो विलक्षण क्षमता है, उसका एक विश्वसनीय प्रमाण उपस्थित करने

के लिए स्तानिस्लाव्स्की ने अपने जीवन के एक विशेष प्रसंग की चर्चा की है : एक लब्धप्रतिष्ठ अभिनेत्री उनके पास आयी, और उसने यह इच्छा प्रकट की कि वह उनके द्वारा प्रवर्त्तित अभिनय प्रणाली को सीखना चाहती है। उसने काफ़ी समय तक बड़े परिश्रम से, उनकी अभिनय-पद्धति का प्रशिक्षण लिया, लेकिन रंगमंच पर वह कतई सफल नहीं हो पा रही थी। उससे बातचीत करने पर स्तानिस्लाव्स्की को लगा कि उनकी अभिनय-प्रणाली की सर्वोत्कृष्ट अवधारणाओं, आद्यन्त कार्य-व्यापार और चरम-उद्देश्य को तो उसने छोड़ दिया था। उनके समझाने पर जब उसने इन दोनों को भी स्वीकार कर लिया और उन्हें प्रयोग में लाने लगी, तो उसका प्रदर्शन असाधारण रूप में सफल हुआ। वह परम प्रसन्न होकर नाच उठी। दर्शकों की सराहना ने उसे आनंद विभोर कर दिया।

यह प्रसंग सुनाने के बाद तोर्त्सोव ने स्तानिस्लाव्स्की के अभिनय-दर्शन में आद्यन्त-रेखा और चरम उद्देश्य के महत्त्व को और अधिक स्पष्ट करने के लिए छात्रों के आगे रेखांकन के माध्यम से चित्रात्मक रूप में उपस्थित किया। उस आरेख को देखिए।

**आद्यन्त कार्य-व्यापार की रेखा**

चित्र-1

इस आरेख की सभी गौण रेखाएँ एक ही लक्ष्य की ओर अग्रसर हो रही हैं, और फिर एक ही मुख्य-धारा में समाहित हो गई हैं।

तोर्त्सोव ने उसके बाद नाट्य-व्यापार के उस रूप का आरेख प्रस्तुत किया जिसमें अपने चरम-लक्ष्य की स्थापना न कर पाने वाले अभिनेता की भूमिका उन छोटी-छोटी रेखाओं से बनती है, जो अलग-अलग दिशाओं की ओर ले जाती हैं।

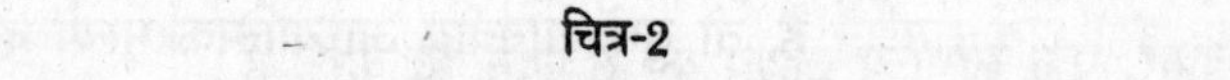

चित्र-2

अगर भूमिका के सभी छोटे-छोटे उद्देश्य अलग-अलग दिशाओं में जाते हैं, तो निश्चय ही एक सुदृढ़ अविच्छिन्न-रेखा का बनना संभव नहीं हो पाता।

इसका नतीजा यह होता है कि नाटक का कार्य-व्यापार खंडित, सामंजस्य-रहित और पूर्णता से कटा हुआ होता है। नाटक की भूमिका का प्रत्येक अंश अपने में कितना ही विलक्षण क्यों न हो, स्व-आधार पर नाटक में उसका कोई स्थान नहीं है।

तोर्त्सोव ने उसके बाद स्पष्ट किया कि कार्य के मुख्य-रेखा और मूल-उद्देश्य, नाटक के जीवंत आंगिक भाग होते हैं। तोर्त्सोव ने इसके बाद स्पष्ट किया कि यदि नाटक के सभी प्रसंग एक ही दिशा की ओर अग्रसर नहीं होते, तो स्थिति नाटक के लिए हानिकारक होती है। उनकी अवहेलना इसलिए नहीं की जानी चाहिए क्योंकि अगर हम नाट्य-रचना में एक अतिरिक्त विषय का समावेश कर देते हैं, अथवा कोई अतिरिक्त प्रवृत्ति जोड़ देते हैं, तो परिणाम यह होता है कि नाटक का मूल-तत्त्व तो वैसा ही बना रहता है, लेकिन नये समावेश के कारण, उसका प्रदर्शन गलत दिशा ग्रहण कर लेता है। इसे वस्तुस्थिति का रेखांकन उन्होंने इस प्रकार उपस्थित किया :

**अतिरक्त विषय या प्रवृत्तियाँ**

**चित्र-3**

स्तानिस्लाव्स्की का स्पष्ट कहना है कि इस प्रकार के बिगड़े रूपों के नाटक, जिनकी रीढ़ की हड्डी टूटी हुई होती है, रंगमंच पर जीवंत रूप में प्रदर्शित नहीं हो पाते।

ग्रीशा ने यह सुनकर बड़े आक्रोश भरे स्वर में कहा—"लेकिन क्या इस तरह आप प्रत्येक निर्देशक और हर एक अभिनेता की सारी मौलिक सामर्थ्य एवं व्यक्तिगत रचनात्मक क्षमता का अपहरण नहीं कर लेते, और इसके साथ ही पुरानी कालजयी रचनाओं को आधुनिक चेतना के निकट लाकर, उनके नवीनीकरण की हर सम्भावना को विनष्ट नहीं कर देते?"

तोर्त्सोव ने बड़े शांत स्वर में कहा, "तुम और तुम्हारी तरह सोचने वाले बहुत-से लोग अक्सर तीन शब्दों, यथा—सनातन, आधुनिक और क्षणिक के वास्तविक अर्थों को नहीं समझते, अथवा गलत समझते हैं। अगर तुम्हें इन शब्दों के सही अर्थ समझने हैं, तो तुम्हें मानवीय आध्यात्मिक मूल्यों के सूक्ष्म विभेदों को भली प्रकार ग्रहण करना होगा।

"आज जो आधुनिक है वह (कल) सनातन हो सकता है; बशर्ते उसमें

स्वतंत्रता, न्याय, स्नेह, प्रेम, प्रसन्नता, परमानंद अथवा परिव्याप्त दुःख के प्रसंग पर विचार किया गया हो। किसी नाटककार की रचना की इस प्रकार की आधुनिकता में मुझे कोई आपत्ति नहीं है।

''इसके विपरीत क्षणभंगुरता कभी सनातन नहीं बन सकती। यही कारण है कि उस रचना को एक कलात्मक सौष्ठव से परिपूर्ण रचना के समान नहीं कहा जा सकता। जो क्षणिकता पर बल देती है, फिर चाहे उसके निर्माता और निर्देशक कितने ही चतुर अथवा अभिनेता कितने ही प्रतिभावान क्यों न हों, और उसको बाहर से भरने की उन्होंने चाहे कितना ही प्रयास क्यों न किया हो।''

स्तानिस्लाव्स्की ने इस संदर्भ में यह भी कहा है कि रचनात्मक कार्य में किसी प्रकार के बल का प्रयोग तथा किसी पारंपरिक विषय को ताज़ा करने के लिए उसमें किसी तरह की क्षणभंगुरता का समावेश, नाट्य-रचना और भूमिका दोनों के ही लिए हानिकर हो सकते हैं। फिर भी यह सच है कि कभी-कभी हमें अपवाद देखने को मिल जाते हैं। हम जानते हैं कि एक प्रकार के फल के वृक्ष में दूसरे वृक्ष की कलम लगाने से अक्सर एक नया फल उत्पन्न हो जाता है। इसी प्रकार कभी किसी कालजयी रचना में, कोई समसामयिक विचार, बड़े स्वाभाविक रूप में जोड़ दिया जाता है और वह उसमें नये जीवन का संचार कर देता है। इस तरह की स्थिति में जो कुछ जोड़ा जाता है, वह मुख्य विषय के साथ पूर्णतः आत्मसात हो जाता है।

इस सुखद संयोग से यह निष्कर्ष निकाला जा सकता है कि रंगमंच पर, और नाट्य-रचना में भी, चरम-लक्ष्य और आद्यान्त-कार्यरेखा की सुरक्षा सबसे अधिक वांछनीय है। अपने मूल विषय को बाहरी प्रवृत्तियों तथा अतिरिक्त उद्देश्यों से सावधानी के साथ बचाए रखना चाहिए।

स्तानिस्लाव्स्की का यह सुनिश्चित विचार है कि नाट्यकला में इन दोनों वस्तुओं, यथा—चरम-लक्ष्य और आद्यन्त-कार्य-रेखा का असाधारण महत्त्व है, वस्तुतः वे उनके अभिनय-दर्शन का मूलाधार हैं।

उन्होंने नाटकीय कार्य-व्यापार के संबंध में यह भी स्वीकार किया है कि प्रत्येक क्रिया की प्रतिक्रिया होती है तथा वह मूल-कार्य को और भी सघन करती है। इसीलिए प्रायः प्रत्येक नाटक में प्रधान-कार्य के अतिरिक्त उसके विरोध में कोई प्रतिकार्य भी होता है। यह बहुत विलक्षण संयोग होता है, क्योंकि उसका सुनिश्चित परिणाम और उससे भी अधिक सुनिश्चित उसकी क्रियाशीलता होती है।

तोर्त्सोव ने पाठ्यक्रम की हर एक वस्तु हमारी रचनात्मक प्रक्रिया की तीन सर्वाधिक महत्त्वपूर्ण प्रवृत्तियों पर अनुशासन का निर्देश देती है, यथा

1. आंतरिक पकड़,
2. आद्यन्त कार्य-व्यापार की रेखा,
3. चरम-लक्ष्य।

इस प्रकार स्तानिस्लाव्स्की द्वारा निर्धारित पहले वर्ष का पाठ्यक्रम जब तोर्त्सोव ने पूरा कर लिया, तो उन्होंने देखा कि एक छात्र, कोस्त्या बड़ा उदास बैठा हुआ है। उन्होंने उसकी परेशानी जाननी चाही।

कोस्त्या ने कहा कि मुझे किसी प्रकार का कोई असाधारण अनुभव नहीं हो रहा है। मैं आराम से हूँ, मैं जानता हूँ कि मुझे क्या करना है, मैं यह भी समझता हूँ कि मेरे रंगमंच पर होने का अर्थ क्या है? मुझे अपनी कार्यक्षमता पर विश्वास है, और इस बात पर भी कि रंगमंच पर मेरी उपस्थिति साधिकार होगी।

लेकिन वह अपनी अन्तःप्रेरणा को नहीं जगा पा रहा था।

स्तानिस्लाव्स्की स्वीकार करते हैं कि उनकी नाट्य-पद्धति अन्तःप्रेरणा का कभी निर्माण तो नहीं कर सकती, लेकिन वह उसके लिए समुचित आधारभूमि अवश्य तैयार कर सकती है।

उन्होंने इसके बाद सावधान करते हुए कहा है कि अन्तःप्रेरणा के छायाभास का पीछा नहीं करना चाहिए। यह कार्य उस विलक्षण अप्सरा-प्रकृति के लिए छोड़ दिया जाना चाहिए और अपने को पूरी तरह से उसमें लगाना चाहिए जो मानवीय चेतना के अधिकार-क्षेत्र में है।

तोर्त्सोव कहते हैं, ''भूमिका को बस अपने सही रास्ते पर छोड़ दो, वह आगे बढ़ती जाएगी। वह अपने को फैलाएगी, गहरे उतरेगी और फिर अन्त में अन्तःप्रेरणा तक पहुँचा देगी।''

# 15

# उपचेतना के प्रवेशद्वार पर

## 1

इस विषय पर विस्तृत व्याख्यानों के बाद कि अभिनेता को अपने भीतर की लम्बी तैयारी के साथ मंच पर उतरना चाहिए, तोर्त्सोव ने इस विषय की विवेचना आरम्भ की कि अभिनेता जब उपचेतना के द्वार पर पहुँचता है, तो क्या होता है।

"चेतन होकर भूमिका पर अपने आरम्भिक काम के समय अभिनेता अपने चरित्र के जीवन में प्रवेश करने के मार्ग का अनुभव करता है। इस अवस्था में वह यह नहीं जानता कि उसके चारों ओर क्या कुछ हो रहा है? लेकिन जब वह उपचेतना के क्षेत्र में पहुँचता है, तो उसकी आँखें खुल जाती हैं और उसे हर चीज़ की छोटी-से-छोटी बारीकियों की भी जानकारी हो जाती है। यह सारी प्रक्रिया पूरी तरह से एक नया महत्त्व ग्रहण कर लेती है। उसे अपनी भूमिका और स्वयं अपने भीतर—दोनों में नयी भावनाओं, अवधारणाओं, परिदृश्यों और दृष्टिकोणों की अनुभूति होती है। प्रवेशद्वार के भीतर व्यक्ति का अन्तरंग-जीवन अपने आप ही एक सहज और पूर्ण रूप ग्रहण कर लेता है। यह इसलिए सम्भव होता है क्योंकि जैविक प्रकृति हमारे रचनात्मक उपकरण के सभी महत्त्वपूर्ण केन्द्रों का निर्देशन करती है। चेतन-मन को इन सबका कोई आभास नहीं होता। हमारी अपनी भावनाएँ भी इस क्षेत्र में प्रवेश नहीं कर पातीं, फिर भी, उनके बिना वास्तविक रचनाशीलता सम्भव नहीं है।"

इस व्याख्या के बाद उन्होंने कहा कि उपचेतन पर अधिकार करने के लिए कोई तकनीकी-विधि तो नहीं बताई जा सकती, उस तक पहुँचने का प्रकारान्तर से एक मार्ग अवश्य संकेतित किया जा सकता है। अभिनेताओं को उस मार्ग के प्रति समर्पित होना चाहिए।

इसी प्रसंग में उन्होंने कहा, "उपचेतन के प्रवेश-द्वार को पार करने से पहले और बाद में हम अलग-अलग ढंग से देखते-सुनते-समझते हैं। पहले (हमारे

मन में) सच्ची दिखाई देने वाली भावनाएँ होती हैं, और बाद में 'भावनाओं का निष्ठापूर्ण स्वरूप।' इस ओर मन की सीमित उड़ान की सहजता हमारे पास होती है; उस ओर बहुत बड़ी कल्पना की सहजता होती है। प्रवेशद्वार के इस ओर हमारी स्वच्छन्दता तर्क और परम्पराओं से सीमित होती है; उस ओर हमारी स्वच्छन्दता बड़ी सबल, स्वैच्छिक, सक्रिय और निरन्तर आगे बढ़ने वाली होती है। वहाँ रचनात्मक प्रक्रिया जितनी बार दोहरायी जाती है, वह बदलती रहती है।''

स्तानिस्लाव्स्की ने अभिनेता पर उपचेतना के प्रवाह को सागर जैसा कहा है। सागर की छोटी बड़ी लहरें जैसे तट की बालुका राशि पर गिरती हैं, वैसे ही उपचेतना का ज्वार भी कभी तो अभिनेता को छूता है और चला जाता है, और कभी उसका प्रवाह इतना प्रबल होता है कि वह उसकी सम्पूर्ण चेतना को अपने में समेट लेता है। वह उसे गहराइयों में ले जाता है, लेकिन अन्ततः उसे चेतना के तट पर डाल देता है।

तोर्त्सोव की यह बात तर्क की नहीं वरन् चेतना के क्षेत्र की है। इसके बाद अपनी बात समझाने के लिए उन्होंने विवेचन के स्थान पर अनुभव का रास्ता चुना। जिस अनुभव ने उन्हें उस विशिष्ट मनःस्थिति को समझने में सहायता दी थी, उस अनुभव को उन्होंने छात्र-अभिनेताओं के सामने रखते हुए कहा, ''एक बार, जब एक मित्र के निवास पर पार्टी चल रही थी, तो कुछ विनोद-क्रीड़ा का विचार बना। यह निश्चय हुआ कि मेरे साथ ऑपरेशन का खेल खेला जाये। 'सर्जन' ने सफ़ेद कोट पहना, और मुझे अस्पताल का गाउन पहना दिया गया। मेरी आँखों पर पट्टी बाँध दी गयी। मुझे सर्वाधिक परेशान डॉक्टरों का गम्भीर व्यवहार कर रहा था। उनके व्यवहार से ऐसा लग रहा था जैसे वे मेरी स्थिति को अत्यधिक निराशापूर्ण समझ रहे हैं। सब कुछ बड़ी गम्भीरता से किया जा रहा था। अचानक मन में यह विचार कौंधा कि अगर सचमुच मेरी चीर-फाड़ कर दी गयी तो? अनिश्चय और इन्तज़ार के कारण मुझे बड़ी परेशानी हो रही थी। मेरी श्रवणेद्रि तीव्र हो उठी और मैंने कोशिश की कि एक भी शब्द मुझसे न छूटे। मैं चारों ओर उन्हें फुसफुसाहट भरे स्वर में बोलते, पानी को गिराते, उपकरणों को खड़खड़ाते हुए सुन रहा था। तभी एक ने कहा, 'हम काम शुरू करें।' किसी ने मेरी दाहिनी कलाई पकड़ी, मुझे हल्का-सा दर्द हुआ और फिर तीन चीरे लगाये गये। मैं काँपने लगा। मेरी बाँह पर कुछ तीखा और कड़ा-सा रगड़ा गया; फिर उस पर पट्टियाँ बाँधी गयीं। कुछ देर की ख़ामोशी के बाद लोग बातचीत करने लगे। वे हँसे और उन्होंने

मुझे बधाई दी। मेरी आँखों की पट्टी खोली गयी। मैंने देखा कि मेरे दाहिने हाथ को एक नवजात् शिशु का रूप दे दिया गया है। मेरे हाथ के पीछे एक भोले-भाले शिशु की आकृति बनी हुई थी।''

तोर्त्सोव की यह कहानी भूमिका के द्वारा उत्पन्न संवेदनाओं के साथ भावात्मक स्मृतियों के योग का एक उदाहरण है। यह सादृश्य जो संयोग का परिणाम है, अभिनेता को उस व्यक्ति के अधिक निकट लाता है, जिसे वह रूपायित कर रहा है। रचनाशील कलाकार ऐसी ही घड़ियों में अपने नित्य जीवन को अपने भूमिका के जीवन में अनुभव करता है। भूमिका का जीवन उसके व्यक्तिगत जीवन के समरूप लगता है। इस समरूपता का नतीजा एक विलक्षण रूपान्तरण में होता है।

तोर्त्सोव ने इसके बाद कुछ सोच-विचारकर कहा, ''अन्य बातों के अतिरिक्त, वास्तविक जीवन और भूमिका के बीच, इस प्रकार के सुयोग उपचेतना के क्षेत्र में ले जाते हैं। अक्सर एक साधारण-सी बाहरी घटना, जिसका नाट्य-रचना या भूमिका से कोई भी सम्बन्ध नहीं होता, रंगमंच पर एक छोटे से वास्तविक यथार्थ का समावेश कर देती है; और वह यथार्थ हमें तत्काल उपचेतना की रचनाशील मनोदशा में बहा ले जाता है।''

लेकिन कैसे घटित होती है यह घटना? तोर्त्सोव ने इसे स्पष्ट करते हुए कहा, ''कुछ भी—एक रूमाल का गिर पड़ना या एक कुर्सी का उलट जाना, रंगमंच के सुनियोजित वातावरण में एक जीवन्त घटना, घुटन-भरे कमरे में ताज़ा हवा के प्रवेश जैसी होती है। उस अभिनेता को वह रूमाल, या उस कुर्सी को सहज रूप में उठा लेना चाहिए।...उसे यह अभिनेता के रूप में नहीं, वरन् एकदम सामान्य रूप में करना चाहिए। वस्तुतः वह एक छोटी-सी सच्चाई की रचना करता है, जिस पर उसे विश्वास करना चाहिए...अगर वह वास्तव में उस सहज घटना पर विश्वास कर सकता है और अपनी भूमिका में उसका उपयोग कर सकता है, तो वह उसके लिए सहायक सिद्ध होगी और वह उसे उपचेतना के प्रवेश-द्वार के रास्ते की ओर ले जायेगी।

## 2

स्तानिस्लाव्स्की ने रंगमंच पर समुचित प्रदर्शन के लिए अभिनेता का अपने मनोजगत् के चेतनालोक से उपचेतना की ओर जाना आवश्यक माना है। यह कार्य यदा-कदा तो किसी आकस्मित घटना को लेकर हो सकता है, लेकिन हर समय ऐसा संयोग उत्पन्न नहीं होता। इसीलिए उन्होंने सलाह दी है कि हर

स्थिति में इस प्रक्रिया को सम्पन्न करने के लिए एक चैतन्य मनोवैज्ञानिक तकनीक आवश्यक है। वही उसे उस दिशा में बढ़ने की प्रेरणा दे सकती है और फिर अनुकूल परिस्थितियों का निर्माण कर उसे उपचेतना के क्षेत्र में पहुँचाने का कार्य भी कर सकती है।

तोर्त्सोव ने उस सचेतन मनोवैज्ञानिक प्रक्रिया को समझाने के लिए एक व्यावहारिक उदाहरण दिया। उन्होंने कोस्त्या और वान्या से पहले प्रस्तुत किए गए जले हुए नोटों के प्रसंग को फिर से उपस्थित करने के लिए कहा। जब वे मंच पर गये और उन्होंने प्रस्तुति शुरू की, तो तोर्त्सोव ने पहले उन्हें अपनी मांसपेशियों को शिथिल करने का निर्देश दिया। इसके लिए वे कुछ इस तरह की आराम की मुद्रा में बैठे, जैसे वे अपने घर में हों। उनसे तब अपनी मांसपेशियों को कुछ और भी ढीला और कोई 95 प्रतिशत तनाव अपने शरीर के विभिन्न अंगों से बाहर निकाल देने को कहा गया। इसी सन्दर्भ में उन्हें यह भी स्पष्ट किया गया कि मांसपेशियों का तनाव पूरी तरह से नहीं, एक सीमा तक ही बाहर निकला जा सकता है। उस सीमा का संकेत अभिनेता का शरीर और उसकी चेतना उसे दे देती है। तोर्त्सोव बार-बार उनसे तनाव घटाने की बात ही करते रहे। उन्होंने इसके लिए उन्हें कार्य के तीन चरण याद दिलाये, यथा—तनाव, शिथिलता और औचित्य।

कोस्त्या और वान्या जब इन तीन चरणों के सहारे आगे बढ़े, तो तोर्त्सोव ने उन्हें केवल आंगिक तनाव से ही नहीं, मानसिक खिंचाव से भी मुक्त होने की कोशिश करने की सलाह देते हुए कहा, "अगर तुम्हारी अन्तःप्रकृति खिंचाव अथवा तनाव से ग्रस्त है, तो तुम्हारी उत्तेजना की प्रक्रिया स्वाभाविक रूप में विकसित नहीं हो सकेगी। इसलिए यह बहुत ज़रूरी है कि भौतिक तनाव से मुक्ति के साथ भीतर की स्वच्छन्दता भी प्राप्त की जाये। स्वभावतः सवाल उठता है कि भीतर के तनाव या ऐंठन से कैसे मुक्ति पायी जाये?"

उन्होंने स्वयं जवाब दिया कि इसका तरीका वही है जिससे मांसपेशियों के संकोच से छुटकारा पाया जाया है। पहले यह खोज की जानी चाहिए कि तनाव का बिन्दु कहाँ है? उसके बाद उससे मुक्त होने की कोशिश की जानी चाहिए और अन्ततः एक समुचित सम्भावना के सहारे पूर्णतः स्वच्छन्द होने का आधार बनाया जाना चाहिए। इस बात को समझाकर, प्रयोग में लाया जाना चाहिए कि ध्यान रंगमंच पर चारों ओर घूमे नहीं, वरन स्वयं अभिनेता के भीतर ही केन्द्रित हो। जब अभिनेता इसके लिए कोई रोचक विषय या कार्य चुन लेगा तो यह कार्य बड़ा ही सरल हो जायेगा।

कोस्त्या ने इस निर्देश का पालन करते हुए प्रदान की गयी परिस्थितियों को दृष्टि में रखकर एक विशेष उद्देश्य में अपना ध्यान केन्द्रित किया, और तभी अप्रत्यांशित घटित हो गया। उसने अपने बाहर और भीतर के तनावों से मुक्ति पा ली और प्रसंग के अनुरूप अभिनय करने लगा।

कोस्त्या के तन्मय होकर अभिनय करने की अवस्था में तोर्त्सोव ने मन्तव्य उपस्थित किया कि उपचेतना तक पहुँचने का यही सही रास्ता है। कोस्त्या ने न अपनी प्रशंसा सुनी और न तोर्त्सोव के मन्तव्य की ओर ध्यान दिया। वह वास्तव में उपचेतना के सागर में तैर रहा था। तोर्त्सोव के शब्दों का उस पर कोई प्रभाव नहीं पड़ रहा था।

उसने अपने कार्य से मुक्त होने के बाद, स्वयं अपना आत्म-विश्लेषण करते हुए कहा, "इस अवस्था में मेरा मस्तिष्क, उत्तेजना से तरंगित हो रहा था क्योंकि मेरी भूमिका और मेरा जीवन इतने घुल-मिल गये थे कि वे एकरूप हो गये थे। मेरे मन में इसकी कोई चेतना नहीं थी कि कहाँ एक का आरम्भ होता है अथवा दूसरा चला जाता है...मैं आत्मचेतना से पूर्णतः अनभिज्ञ हो गया था, आत्मबोध से सर्वथा निश्चेतन।"

उसका इस प्रकार निश्चेतन हो जाना प्रसंग के सर्वथा अनुरूप था। तोर्त्सोव ने उसके प्रदर्शन को देखकर कहा, "अब तुम्हें यह अधिकार है कि यह कह सको कि तुमने स्वयं अपने अनुभव से उपचेतना के सागर को पा लिया है। अब तुम रचनात्मक मनोदशा के किसी भी एक तत्त्व को लेकर उसके प्रयोग से मिलते-जुलते अनुभव प्राप्त कर सकते हो। उसका प्रस्थान-बिन्दु तुम्हारी कल्पना, अनुमान, इच्छाशक्ति, भावनाएँ तथा उद्देश्य कोई भी हो सकता है, तुम अनेक प्रकार की स्थापनाओं और अवधारणाओं को लेकर आरम्भ कर सकते हो। अगर तुम नाटक में किसी सत्य की चेतना का अपनी उपचेतना में अनुभव करते हो, तो तुम्हारा विश्वास सहज रूप में तुम्हारा अनुसरण करेगा और फिर वह अवस्था 'मैं (वही) हूँ' उत्पन्न हो जायेगी। इन सभी संयोजनाओं में महत्त्वपूर्ण यह है कि आरम्भ करने के लिए तुम किसी भी तत्त्व को चुनो, तुम्हें उसे सम्भावनाओं की चरम सीमा तक ले जाना होगा। तुम अब यह पूरी तरह से समझ गये हो कि रचना की शृंखला में किसी एक भी कड़ी को पकड़ लेने पर, तुम अन्य सभी के अपने साथ खींच सकते हो।"

इसके बाद तोर्त्सोव ने अपने वक्तव्य को समाप्त करते हुए कहा, "आज के पाठ से हम यह संतोषजनक निष्कर्ष निकाल सकते हैं कि तुममें अब इतनी योग्यता है कि तुम अन्तःप्रेरणा को उत्पन्न करने के लिए अनुकूल परिस्थितियों

की रचना कर सको। इसलिए अब तुम अपने विचार, उस विषय पर केन्द्रित करो, जो तुम्हारी आन्तरिक प्रेरणा की शक्तियों को जगाता है और तुम्हारी रचनात्मक मनोदशा का निर्माण करता है।

"अपने चरम-उद्देश्य और उस तक पहुँचाने वाली कार्य की आद्यन्त-रेखा के परस्परिक सम्बन्ध के विषय में सोचो। संक्षेप में अपने मनोजगत् में उन सभी वस्तुओं को रखो, जिन्हें चेतना के साथ नियंत्रित किया जा सकता है। यह प्रयास तुम्हें उपचेतना के क्षेत्र में ले जायेगा। उपचेतना (को पाने) के लिए यही यथासम्भव तैयारी है, लेकिन अन्तःप्रेरणा को कभी केवल उसके लिए ही पाने की कोशिश न करो। उसका परिणाम भौतिक विद्रूपता में होगा और यह हर उस वस्तु के विपरीत जायेगा जिसे तुम पाना चाहते हो।"

## 3

तोर्त्सोव ने अगला पाठ पहले दिन की प्रदर्शन की समीक्षा से आरम्भ करते हुए कहा, "कोस्त्या ने तुम्हारे सामने सचेतन मनोवैज्ञानिक-तकनीक उपचेतना की रचनाशीलता को जगाने का व्यावहारिक प्रदर्शन किया था। पहले-पहल तुम यह कह सकते हो कि तुम्हें उसमें कुछ नया नहीं मिला। कार्य का आरम्भ, मांसपेशियों को तनाव से मुक्त करने के प्रयास से हुआ था। उसे ऐसा ही होना चाहिए था। कोस्त्या का ध्यान इस प्रक्रिया में अपने शरीर में केन्द्रित था, लेकिन उसने बड़ी चतुराई से उसे अपने अभ्यास के प्रसंग की अनुमानित परिस्थितियों में स्थानान्तरित कर दिया था। ताज़ी मानसिक उलझनों ने रंगमंच पर उसके निश्चेष्ट बैठने को तर्क-सम्मत बना दिया था। तब उसने विश्वास से उत्पन्न अपने जीवन के लिए अनेक प्रकार की नयी परिस्थितियों की रचना की थी। उसकी निश्चेष्टता के उस आधार ने उसकी मांसपेशियों को पूर्णतः स्वच्छन्द कर दिया था। इससे अभ्यास के लिए वातावरण गहरा उठा और स्थिति मे तेज़ी आ गई, जिससे ज़्यादा उलझनों की सम्भावना बढ़ गई। यह वास्तविक भावनाओं का स्रोत था।"

उसके बाद उन्होंने कहा, "अब तुम जानना चाहोगे कि इस सब में नया क्या था? वस्तुतः 'अन्तर' बड़ा सूक्ष्म था; और वह अन्तर अपने हर रचनात्मक कार्य को उसकी चरम-सीमा तक ले जाने की छूट देने के कारण उत्पन्न हुआ था, बस इतना ही।"

वान्या बोल पड़ा, 'बस इतना ही कैसे?"

उन्होंने जवाब दिया, "बड़ी आसान बात है। आन्तरिक रचनाशीलता के

सभी तत्त्वों को, अपनी अन्तःप्रेरणा की शक्तियों को अपने आद्यन्त कार्य-व्यापार की रेखा को मानवीय (नाटकीय नहीं) सक्रियता की सीमा तक जाने दो और तुम्हारे आन्तरिक जीवन की वास्तविकता तुम्हें वास्तव में अनुभव होने लगेगी।

''तुमने ध्यान दिया कि हर बार जब सत्य और उस पर तुम्हारे विश्वास का आविर्भाव होता है, तो अनजाने चेतना सजग हो उठती है, और तुम्हारी अन्तःप्रकृति सचेष्ट हो जाती है? इस तरह जब तुम्हारी सचेतन मनोवैज्ञानिक तकनीक अपनी चरम सीमा तक ले जायी जाती है तो उपचेतना की नैसर्गिक प्रक्रिया के लिए भूमि तैयार हो जाती है। तुम्हें केवल इतना जानना है कि यह नया सुयोग कितना महत्त्वपूर्ण है।

''यह सोचना बहुत आनन्दमय है कि रचनाशीलता का हर एक अंश अधीरता, औचित्य और जटिलताओं से भरा हुआ है। वास्तविकता की दृष्टि से हम देखते हैं कि एक छोटे-से-छोटा कार्य और संवेदन सूक्ष्मतम तकनीकी प्रयास से रंगमंच पर गहरा महत्त्व ग्रहण कर लेता है, लेकिन केवल तभी, जब वे अपनी संभावना की सीमा तक और मानवीय सच्चाई और निष्ठा तथा 'मैं हूँ' की चेतना की परिसीमा तक ले जाये जाते हैं। जब यह बिन्दु प्राप्त हो जायेगा, तो तुम्हारा आध्यात्मिक एवं भौतिक रचना-विधान अपने सहज रूप में काम करने लगेगा वैसे ही जैसे वह वास्तविक जीवन में करने लगता है। यह बिना इस बात पर ध्यान दिये होता है कि तुम्हें अपना रचनात्मक कार्य जन-साधारण के बीच विशेष परिस्थिति में करना पड़ रहा है।

''तुम्हारे जैसे नवप्रशिक्षु को उपचेतना के प्रवेशद्वार तक लाने के लिए अन्य बहुत से गुरुओं की तुलना में मैं बिल्कुल विरोधी दृष्टिकोण ग्रहण करता हूँ। मेरा विश्वास है कि तुम्हें यह अनुभव होना चाहिए। जब तुम अपने 'आन्तरिक तत्त्व' के साथ और 'आन्तरिक रचनात्मक मनोदशा' में कार्य कर रहे हो, तो तुम्हें अपने सभी व्यायामों और अभ्यासों में उस (अनुभव) का उपयोग करना चाहिए।

''मैं चाहता हूँ कि तुम आरम्भ से ही, भले ही वह थोड़े समय के लिए हो, उस आनन्दमय संवेदना का अनुभव करो जिसे अभिनेता तब अनुभव करते हैं, जब उनकी रचनाशील प्रवृत्तियाँ सच्चाई के साथ तथा उपचेतना के धरातल पर क्रियाशील होती हैं। इसके साथ ही यह कुछ ऐसी वस्तु है जिसे तुम किसी सैद्धान्तिक प्रक्रिया से नहीं, वरन स्वयं अपनी भावना के शील से समझो। तुम इस मनोदशा को प्यार करने लगोगे और फिर उसे

पाने की बराबर कोशिश करोगे।"

एक छात्र ने यह सब सुनकर यह जानना चाहा कि वे कौन से तकनीकी साधन हैं जिनसे हम अपने रचनात्मक तत्त्वों में से किसी को भी उस चरम सीमा तक ले जा सकते हैं? तोर्त्सोव ने जवाब दिया, "बड़े ही आनन्द से। पहले तो तुम्हें इस सन्दर्भ में आने वाली बाधाएँ खोजनी चाहिए और फिर यह सीखना चाहिए कि उनसे कैसे निबटा जाये। उसके बाद तुम्हें यह पता लगाना चाहिए कि वह क्या है, जो इस प्रक्रिया को सहज बना देता है? मैं पहले कठिनाइयों की चर्चा करूँगा। सर्वाधिक महत्त्वपूर्ण तो यह है कि अभिनेता को अपना रचनात्मक कार्य बड़ी असाधारण परिस्थितियों में जनसाधारण के बीच करना होता है, यह बात तुम जानते हो। इस समस्या से कैसे निबटा जाये, तुम यह भी भली प्रकार जानते हो। तुम्हें एक उचित, रचनाशील मनोदशा प्रात करनी है। जब तुम्हें यह लगे कि तुम्हारी अन्तःशक्तियाँ तैयार हैं, तो अपनी अन्तःप्रकृति को थोड़ी उत्तेजित करो; सक्रियता के लिए तुम्हें उसकी विशेष ज़रूरत है।"

वान्या ने जानना चाहा कि यह किया कैसे जाता है।

उन्होंने जवाब में कहा, "किसी असम्भावित सहज घटना के समावेश और वास्तविकता के संस्पर्श से। उस घटना की उत्पत्ति चाहे भौतिक प्रेरणा से हो या आध्यात्मिक से, इससे कोई फ़र्क नहीं पड़ता। केवल एक ही अपेक्षा है कि उसे चरम उद्देश्य एवं कार्य की आद्यन्त-रेखा से मूलतः सम्बद्ध होना चाहिए। उस घटना का अप्रत्याशित स्वरूप तुम्हें उत्प्रेरित करेगा और तुम्हारी अन्तःप्रकृति उसकी ओर दौड़ पड़ेगी।"

वान्या ने यह जानना चाहा कि सच्चाई का वह हल्का-सा संस्पर्श मिलेगा कहाँ?

उन्होंने उत्तर में कहा, "हर कहीं! जो कुछ तुम सपने में देखते या सोचते हो या कल्पना करते हो अथवा अपनी मनोभावना में, अपनी वाणी के स्वर-विन्यास में, प्रदर्शन के किसी अदृश्य विस्तार में, गतिविधियों के स्वरूप में अनुभव करते हो।"

एक छात्र ने यह जनना चाहा कि तब वास्तव में होता क्या है?

उन्होंने कहा, "अपनी भूमिका के साथ तुम्हारे व्यक्तिगत जीवन का पूर्ण सामंजस्य और उससे अचानक उत्पन्न होने वाली उत्तेजना से तुम्हारा मन तैरने लगेगा। यह मनोदशा शायद बहुत देर तक न रहे, लेकिन जब तक वह चलेगी तब तक तुम अपने और उस व्यक्ति के बीच, जिसे तुम रूपायित कर रहे हो,

कोई विभेद कर पाने में असमर्थ रहोगे।''

वान्या ने फिर जानना चाहा कि तब और क्या होगा?

तोर्त्सोव ने जवाब में कहा, ''तब, जैसा कि मैं पहले तुम्हें बता चुका हूँ, सच्चाई और निष्ठा तुम्हें उपचेतना के क्षेत्र में ले जायेंगी और तुम्हें नैसर्गिक शक्ति को समर्पित कर देंगी।''

कुछ देर मौन रहने के बाद उन्होंने बात आगे बढ़ायी, ''तुम्हारे मार्ग में और भी बाधाएँ आयेंगी। उनमें से एक अस्पष्टता की होगी। नाटक की रचनात्मक विषयवस्तु अस्पष्ट हो सकती है; अथवा हो सकता है कि प्रदर्शन की योजना साफ़-सुथरी न हो, भूमिका ग़लत रूप ग्रहण कर ले, अथवा उसके उद्देश्य अनिश्चित हो जायें, अभिनेता अभिव्यञ्जना का साधन बड़े अनिश्चय के साथ चुने। अगर तुम केवल यही समझ पाते कि संशय और अनिश्चय तुम्हें कैसे नीचे गिरा सकते हैं! इस वस्तुस्थिति से निबटन का केवल एक ही तरीका है, उस सबको समझ लिया जाये, जिसका सुव्यवस्था में अभाव है।

''यहाँ एक और झंझट है : कुछ अभिनेता उन सीमाओं को पूरी तरह से नहीं समझ पाते, प्रकृति जिनके बीच उन्हें रखती है। वे उन समस्याओं को उठा लेते हैं, जिन्हें सुलझाना उनकी शक्ति के बाहर है। हास्य-अभिनेता त्रासद अभिनय करना चाहते हैं; बूढ़ा आदमी युवा-प्रेमी की भूमिका में उतरना चाहता है, सीधा-सादा आदमी वीर पुरुष बनना चाहता है; और नौकरानी नाटकीय व्यवहार करना चाहती है। इसका नतीजा यही होता है कि ज़बरदस्ती की जाती है; उतावलापन प्रकट होने लगता है, रूढ़िबद्धता अपना ली जाती है; और यांत्रिक व्यवहार होने लगता है। ये सभी हथकड़ियाँ हैं, बेड़ियाँ हैं, और उनसे छुटकारा पाने का केवल एक ही रास्ता है—अपनी भूमिका और उसके साथ अपने सम्बन्ध का अध्ययन।

''एक और कठिनाई अक्सर बड़े ध्यान से कार्य करने अथवा बहुत अधिक कोशिश करने से उत्पन्न हो जाती है। अभिनेता काँपने लगता है। वह जबरन, जो कुछ भीतर से अनुभव नहीं करता, उसे बाहर से प्रकट करने की कोशिश करने लगता है। इस सबके लिए बस, यही सलाह दी जा सकती है कि वह जबरदस्ती कुछ करने की कोशिश न करे।

''ये सभी ऐसी बाधाएँ हैं, जिन्हें समझने की और जिनसे छुटकारा पाने की कोशिश करनी चाहिए।''

तोर्त्सोव ने अगले दिन स्वीकारात्मक पक्ष की चर्चा करते हुए उन साधनों और परिस्थितियों की बात की, जो अभिनेता की उसके रचनात्मक कार्य में मदद करती हैं और फिर उसे उसके मनोवांछित क्षेत्र, उपचेतना की मनोभूमि में ले जाती हैं। इस क्षेत्र के विषय में कुछ कहना बड़ा ही मुश्किल है क्योंकि उसमें हमेशा तर्कशीलता देखने को नहीं मिलती। इसलिए पहले उन्होंने चरम-उद्देश्य और कार्य की आद्यन्त रेखा के विषय में बात की। यही दोनों वस्तुतः हमें उपचेतना की मनोभूमि मे ले जाते हैं।

इसके बाद स्थिति को व्यावहारिक रूप में स्पष्ट करने के लिए पॉल और कोस्त्या से इयागो और ऑथेलो के बीच के पहले दृश्य को प्रस्तुत करने के लिए कहा। पॉल ने इस सन्दर्भ में कोस्त्या का ध्यान अपनी ओर आकर्षित करने की कोशिश की। लेकिन कोस्त्या ने यह समझने की कोशिश नहीं की कि पॉल क्या कह रहा है? तोर्त्सोव ने यह देखकर कहा कि नाटक के चरम-लक्ष्य और कार्य की आद्यन्त रेखा को बिना समझे यही होगा।

तॉर्त्सोव ने इसके बाद उसे कुछ और अभ्यासों के माध्यम से यह स्पष्ट किया कि अगर सम्पूर्ण नाटक की समुचित जानकारी के साथ कार्य किया जाये, तो स्वभावतः छोटे-छोटे उद्देश्य अपेक्षाकृत बड़े उद्देश्यों में समाहित होते जायेंगे और ये उद्देश्य फिर कार्य-व्यापार की आद्यन्त-रेखा के साथ मार्गदर्शक-स्तम्भों के रूप में खड़े होंगे। बड़ा उद्देश्य सभी छोटे-छोटे उद्देश्यों को अनजाने ही इकट्ठा करता जाता है; और फिर पूरे नाटक के लिए एक आद्यन्त रेखा का निर्माण कर देता है।

तोर्त्सोव की इस प्रक्रिया को समझना आसान है। जब कोई अभिनेता एक महान् उद्देश्य में अपने को पूर्णतः समर्पित कर देता है, तो उसकी अन्तः प्रकृति उसकी इच्छाओं और अपेक्षाओं के अनुरूप कार्य करने को तत्पर हो जाती है। वस्तुतः अभिनेता द्वारा रंगमंच पर किया गया रचनात्मक कार्य पूर्णतः या अंशतः उसकी रचनात्मक उपचेतना की अभिव्यक्ति होता है।

कुछ सोचने-विचारने के बाद तोर्त्सोव ने कहा, ''तुम देखोगे कि जब चरम उद्देश्य सब उद्देश्यों को आच्छादित कर लेता है, तो छोटे-छोटे उद्देश्यों के समान बड़े उद्देश्य भी रूपान्तरित हो जाते हैं। वे अन्ततः सब-कुछ को समाहित करने वाले लक्ष्य की ओर ले जाने वाले कदम बन जाते हैं—ऐसे कदम जो काफ़ी सीमा तक उपचेतन में उठाये जाते हैं।

''कार्य की आद्यन्त-रेखा, जैसा कि तुम जानते, अनेक बड़े उद्देश्यों की

शृंखला को लेकर बनती है। अगर तुम यह समझ लो कि कितने सारे छोटे-छोटे उद्देश्य, उपचेतन के अन्तर्निहित व्यपारों में रूपान्तिरित हो जाते हैं और तब उपचेतना के उन व्यापारों का अध्ययन करो, जो पूरे नाटक में व्याप्त कार्य-व्यापार की आद्यन्त-रेखा में प्रवहमान, और प्रकारान्तर से हमारी उप चेतना को उत्प्रेरित करते हैं।''

## 5

तोर्त्सोव ने अगले दिन इसी विषय पर आगे बात करते हुए कहा, ''कार्य की आद्यन्त-रेखा की रचनात्मक शक्ति, चरम लक्ष्य की आकर्षण शक्ति के सीधे अनुपात में होती है। यह स्थिति हमारे कार्य में चरम उद्देश्य को प्राथमिक महत्त्व का स्थान ही नहीं प्रदान करती, वरन् उसकी गुणवत्ता की ओर विशेष ध्यान देने का भी आग्रह करती है।

''ऐसे अनुभवी निर्देशक हमारे लिए उपयोगी नहीं हैं जो तुरन्त चरम-लक्ष्य को परिभाषित कर सकते हैं, क्योंकि उनका दावा है कि वे इस खेल के 'पुराने खिलाड़ी' हैं।

'कुछ ऐसे निर्देशक और नाटककार भी हैं, जो केवल बौद्धिक मुख्य वस्तुवृत्त को ढूँढ़ लेते हैं। यह बुद्धिमत्तापूर्ण और उचित हो सकता है, लेकिन अभिनेता के लिए वह आकर्षक नहीं होगा। यह मार्ग-निर्देशिका की भूमिका तो निभा सकता है, रचनात्मक शक्ति नहीं बन सकता।

''प्रेरणादायक चरम लक्ष्य के निर्धारण के लिए तो हमें अपनी अन्तःवृत्तियों को ही जगाना होगा।''

स्तानिस्लाव्स्की ने इस सम्बन्ध में कई सवाल उठाये हैं और उनके जवाब भी दिये हैं :

''क्या हम किसी ऐसे चरम उद्देश्य का प्रयोग कर सकते हैं, जो लेखक की दृष्टि से तो सही नहीं है, लेकिन फिर भी हम अभिनेताओं को आकर्षित करता है?''

''नहीं! यह केवल अनुपयोगी ही नहीं वरन ख़तरनाक भी है। वह अभिनेताओं को अपनी भूमिका से और नाटक से भी दूर ले जाता है।''

''क्या हम किसी ऐसी मुख्य-वस्तु का प्रयोग कर सकते हें जो मात्र बौद्धिक हो?''

''नहीं! शुद्ध तर्क की शुष्क विषयवस्तु तो कदापि नहीं। फिर भी ऐसा सचेतन चरम-लक्ष्य अनिवार्य है, जो रोचक रचनात्मक विचार-विमर्श से

उत्पन्न होता है।"

"भावात्मक उद्देश्य के सम्बन्ध में क्या कहा जाये?"

वह हमारे लिए वैसे ही पूरी तरह से ज़रूरी है, जैसे हवा और सूर्य का प्रकाश।"

"और इच्छाशक्ति पर आधारित उद्देश्य जो हमारी सम्पूर्ण भौतिक और आध्यात्मिक चेतना को अपने साथ लिये होता है?"

"वह ज़रूरी है।"

"उस चरम लक्ष्य के सम्बन्ध में क्या कहा जा सकता है, जो हमारी रचनात्मक कल्पना को अच्छा लगता है, जो हमारे पूरे ध्यान को बाँधता है, हमारी सत्य की चेतना और निष्ठा को तथा हमारी अंतरंग मनोभावना के सभी तत्त्वों को संतुष्टि देता है?"

"ऐसी विषय-वस्तु जो आन्तरिक प्रेरणात्मक शक्तियों को सक्रिय कर देती है, एक कलाकार के रूप में हमारे लिए भोजन और पानी होती है।

"फलस्वरूप हमें ऐसे चरम लक्ष्य की ज़रूरत होती है, जो नाटककार के अर्थ के साथ तो सामंजस्य रखता ही हो, साथ ही अभिनेताओं की अन्तश्चेतना को भी जगाता हो। इसका मतलब है कि उसकी खोज केवल नाटक में ही नहीं, वरन् स्वयं अभिनेताओं में भी करनी चाहिए।"

इस सम्बन्ध में तोर्त्सोव ने सावधान करते हुए कहा, "इसके अतिरिक्त एक ही विषय-वस्तु, एक ही भूमिका में, प्रत्येक अभिनेता में अलग-अलग अभिव्यक्ति का कारण बनेगी। कोई एकदम साधारण-सा वास्तविकतापूर्ण उद्देश्य लो, जैसे कि 'मैं अमीर होना चाहता हूँ'। उन सूक्ष्म उत्प्रेरकों, कार्य-विधियों और अवधारणाओं के सम्बन्ध में सोचो, जिन्हें तुम धन के साथ जोड़ सकते हो और उसे पाने के लिए इस्तेमाल कर सकते हो। इस समस्या में बहुत कुछ ऐसा है, जो व्यक्तिगत है और जिसे चेतना के साथ विचार-विमर्श का विषय भी नहीं बनाया जा सकता। अब एक और जटिल चरम-लक्ष्य लो, ऐसा कि जो इब्सन के प्रतीकात्मक नाटक अथवा मैतरलिंक की किसी प्रतीकात्मक नाट्य-रचना में अंतर्निहित हो। तुम्हें यह देखने को मिलेगा कि उसमें उपचेतना का तत्त्व तुलनात्मक दृष्टि से अधिक गम्भीर, जटिल और व्यक्तिगत है।

"ये सभी व्यक्तिगत प्रतिक्रियाएँ बड़े ही महत्त्व की हैं। ये नाटक को जीवन और अनेक प्रकार के रंग प्रदान करती हैं। इनके बिना मूल-विषय विरस और निर्जीव हो जायेगा। वह क्या है जो विषयवस्तु को अगोचर सम्मोहन प्रदान

करता है, जिससे कि एक ही भूमिका करने वाले सभी अभिनेता संक्रमित हो जाते हैं। अधिकांश में वह कुछ ऐसी वस्तु होती है, जिसका हम विश्लेषण नहीं कर सकते जैसे वह उपचेतना से उठती हो, जिसके साथ उसका निकट का सम्बन्ध होता है।''

वान्या ने बहुत दुःखी होकर पूछा कि तब हम उस तक पहुँचते कैसे हैं?

जवाब मिला, ''उसी तरह जैसे हम विभिन्न तत्त्वों के सम्बन्ध में करते हैं। हम उसे परम सच्चाई और ईमानदारी के साथ, विश्वास की सीमा तक ले जाते हैं, उस बिन्दु तक, जहाँ उपचेतना अपने आप सजग हो उठती है।

''यहाँ फिर तुम्हें छोटा-सा, लेकिन असाधारण महत्त्व का संक्षिप्त-सा 'जोड़ना' होगा—ठीक वैसे ही जैसा हमने 'तत्त्वों' के प्रयोजनों पर बात करते हुए किया था या तब किया था, जब कार्य की जीवन्त रेखा का सवाल उठ खड़ा हुआ था।''

किसी ने टिप्पणी की कि इस प्रकार के आसानी से न रोके जा सकने वाले चरम-लक्ष्य को पाना आसान तो नहीं हो सकता।

तोर्त्सोव ने जवाब दिया, ''उसे भीतर की तैयारी के बिना पा सकना सम्भव नहीं है। बहरहाल सामान्य अभ्यास कुछ और ही प्रकार का है। निर्देशक अपने अध्ययन-कक्ष में बैठता है और नाटक पढ़ जाता है। वह प्रायः पहले पूर्वाभ्यास के समय अभिनेताओं के आगे प्रमुख विषय-वस्तु की घोषणा कर देता है। वे उसके निर्देश को समझने की कोशिश करते हैं। कुछ लोग संयोग से नाटक के अन्तरंग सार-तत्त्व को समझ लेते हैं। अन्य लोग बाहर से औपचारिक रूप से उसमें प्रवेश करते हैं। वे पहले-पहल उस विषय-वस्तु का प्रयोग अपने कार्य को सही दिशा देने के लिए करते हैं, लेकिन बाद में उसकी उपेक्षा करते हैं। वे या तो प्रस्तुति के स्वरूप या नाटकीय कार्य-व्यापार की व्यवस्था का अनुसरण करते हैं अथवा वे कथावस्तु के पीछे चलते हैं और नाटकीय कार्य एवं संवादों को बड़े यांत्रिक रूप में प्रस्तुत करते हैं।

''स्वाभाविक है कि ऐसे नतीजे तक ले जाने वाला चरम उद्देश्य अपना सारा महत्त्व खो देता है। अभिनेता को स्वयं अपने लिए मुख्य-विषय की खोज करनी चाहिए। अगर किसी कारणवश कोई और व्यक्ति उसे यह देता है, तो उसे अपनी अन्तश्चेतना में तब तक छानना चाहिए, जब तक कि उसकी अपनी भावनाएँ उससे प्रभावित न हो जायें।

''सवाल उठता है कि प्रमुख विषय-वस्तु को समझने के लिए एक समुचित आन्तरिक रचनाशील मनोदशा को पाने के लिए क्या मनोतकनीक की सामान्य

रीतियों का उपयोग काफ़ी रहेगा; और क्या तब उसके साथ एक अतिरिक्त संस्पर्श जोड़ना ठीक रहेगा, जो उपचेतना के क्षेत्र में ले जाता हो?

"उस प्रारम्भिक कार्य को काफी मूल्यवान मानने के बावजूद मुझे नहीं लगता कि जिस आन्तरिक स्थिति की यह रचना करती है, वह चरम उद्देश्य की खोज का काम कर सकती है। तुम इसे नाटक के बाहर महसूस नहीं कर सकते। इसलिए यह आवश्यक होगा कि नाटक में अपने 'विश्वसनीय' अस्तित्व को अनुभव किया जाए—भले ही वह निकट सीमा तक क्यों न हो। इसके बाद ही तुम पहले से तैयार आन्तरिक स्थिति में अपनी भावनाओं को उड़ेल सकते हो। यह स्थिति ठीक वैसे है, जैसे खमीर उठता है। नाटक में जीवन की यह अनुभूति तुम्हारी रचनात्मक शक्ति को उबाल-बिन्दु तक ले जाती है।"

कोस्त्या ने उलझन के साथ कहा कि रचनात्मक मनोदशा में उफान कैसे लाया जा सकता है? अभिनेता नाटक को बिना पढ़े उसके जीवन का अनुभव कैसे कर सकते हैं?

ग्रीशा ने भी उसके उस विचार का समर्थन किया। तब तोर्त्सोव ने कहा, "बिना तैयारी के सबकुछ ठण्डा ही रहेगा। मैं पहले ही तुम्हें बता चुका हूँ कि इसका नतीजा क्या होगा; और नाटक या भूमिका तक पहुँचने के ऐसे प्रयास का मैंने विरोध किया है। बहरहाल मेरी मूल आपत्ति, अभिनेता को एक असंभव स्थिति में डालने को लेकर है। उसे ज़बरदस्ती अन्य लोगों के विचारों, अवधारणाओं तथा भावात्मक स्मृतियों अथवा अनुभूतियों से नहीं भरा जाना चाहिए। हर एक व्यक्ति को अपने अनुभव में जीना चाहिए। यह महत्त्वपूर्ण है कि वे अनुभव उसके लिए व्यक्तिगत हों, उस व्यक्ति से मिलते-जुलते हों, जिसे वह रूपायित कर रहा है। अभिनेता को मुर्गे की तरह मोटा-ताज़ा नहीं बनाया जा सकता। उसकी भूख बढ़ानी चाहिए। जब भूख जाग उठेगी, तो वह उस सामग्री की माँग करेगा, जो उसे सहज कार्यों के लिए चाहिए; जो कुछ उसे दिया गया है, वह उसे आत्मसात कर लेगा, उसे अपना बना लेगा। निर्देशक का कार्य यह है कि अभिनेता को प्रेरणा दे कि वह उन छोटी-छोटी बातों के विषय में पूछे और उन्हें देखे जो उसकी भूमिका को जीवन्त बना देंगी। उसे उनकी जरूरत वास्तविक उद्देश्यों के निर्वाह के लिए होगी।

ग्रीशा और वान्या ने कहा कि इसका मतलब तो यह हुआ कि नाटक पढ़े बिना उसके विषय में सारी बातें जान ली जायें।

तोर्त्सोव ने जवाब दिया, "मैं फिर तुम्हें यह याद दिलाना चाहूँगा कि वेवेच्य कार्य छोटे-छोटे सहज ग्राह्य भौतिक उद्देश्यों, छोटी-छोटी सच्चाइयों और

उन पर विश्वास से संरचित रेखाओं पर आधारित है, जो स्वयं नाटक से ली गयी हैं और जो उसे जीवन्त परिवेश प्रदान करती हैं।

"नाटक अथवा अपनी भूमिका का विस्तृत अध्ययन करने के पहले कोई एक छोटा-सा कार्य करो (मुझे इसकी चिन्ता नहीं कि वह कितना छोटा है) जिसे तुम निष्ठा और सच्चाई के साथ कर सको।

"हमारा कहना है कि नाटक में एक व्यक्ति को कमरे के भीतर आना है। क्या तुम कमरे में चलकर आ सकते हो?"

वान्या ने तुरन्त कहा, "हाँ'।"

तोर्त्सोव ने कहा, "ठीक है, तब आओ। लेकिन मैं तुम्हें विश्वास दिलाना चाहूँगा कि तुम यह तब तक नहीं कर सकोगे, जब तक तुम यह न जानते हो कि तुम कौन हो, कहाँ से आ रहे हो, किस कमरे में प्रवेश कर रहे हो, उस मकान में कौन रहता है। और भी बहुत-सी परिस्थितियाँ हैं, जो तुम्हारे कार्य को अवश्य प्रभावित करेंगी ताकि तुम कमरे में उसी तरह प्रवेश कर सको, जैसे कि तुम्हें करना चाहिए, तुम्हारे लिए यह ज़रूरी होगा कि तुम्हें नाटक के जीवन के सम्बन्ध में कुछ जानकारी हो।

"इसके अलावा, अभिनेता को इन सम्भावनाओं को स्वयं अपने लिए क्रियान्वित करना होगा। उन्हें अपनी खुद की व्याख्या देनी होगी। अगर निर्देशक उसके ऊपर दबाव डालने की कोशिश करेगा तो नतीजा हिंसात्मक होगा। मेरी कार्य-पद्धति में यह नहीं हो सकता क्योंकि अभिनेता को जो चाहिए, और जैसे-जैसे चाहिए वह उसके बारे में निर्देशक से पूछता रहता है।

"एक कलाकार को खुद अपनी आध्यात्मिक और मानवीय सामग्री के पूरी तरह से प्रयोग का अधिकार मिलना चाहिए क्योंकि केवल वही वह सामग्री है, जिससे वह अपनी भूमिका के लिए एक जीवन्त आत्मा की रचना कर सकता है। यद्यपि उसका अपना योग थोड़ा ही होता है, फिर भी वह अच्छा होता हैं क्योंकि वह उसका अपना होता है।

"मान लो कथावस्तु कुछ ऐसे खुलती है जब तुम कमरे में आते हो, तो तुम्हारी भेंट एक ऋणदाता से होती है, और तुम ऋण अदा करने में पीछे हो। तुम क्या करोगे?"

वान्या ने कहा, "मुझे नहीं मालूम।"

तोर्त्सोव ने कहा "तुम्हें जानना होगा, अन्यथा तुम उस भूमिका को नहीं कर सकोगे। तुम अपनी पंक्तियाँ मात्र यांत्रिक रूप से बोलोगे और वास्तविक अभिनय के स्थान पर मात्र उसका दिखावा करोगे। तुम्हें स्वयं को मूल चरित्र

से मिलती-जुलती परिस्थितियों में रखना ही होगा। अगर जरूरत होगी, तो तुम नई संभावनाएँ जोड़ोगे। याद करो, जब तुम ऐसी ही मिलती-जुलती परिस्थिति में थे, तब तुमने क्या किया था। अगर तुम उस स्थिति में पहले कभी नहीं रहे, तो अपनी कल्पना में उसकी रचना करो। कभी-कभी तुम वास्तविक जीवन की तुलना में कहीं अधिक सघनता और तीव्रता के साथ रह सकते हो। अगर तुम अपने कार्य के लिए यांत्रिक रूप के स्थान पर वास्तव में मानवीयता के साथ तैयारी करते हो, अपनी चेष्टाओं और प्रयोजनों में तुम सतर्कता के साथ सामंजस्यता पैदा करते हो, और अपनी भूमिका के साथ चलने वाली जीवन की सभी स्थितियों पर विचार करते हो, तो मुझे कोई सन्देह नहीं है कि तुम यह जान जाओगे कि तुम्हें कैसे अभिनय करना है। नाटक की कथावस्तु के सम्बन्ध में जो कुछ तुमने निश्चय किया है, उससे अपने व्यवहार की तुलना करो, तो थोड़े-बहुत अंश में तुम उसके साथ आत्मीयता की भावना का अनुभव करोगे। तुम्हें ऐसा लगेगा कि प्रदान की गयी परिस्थितियों में तुम रूपायित होने वाले व्यक्ति के विचारों और सामाजिक स्थिति का ध्यान रखते हुए, वही सब कुछ करोगे, जो उसने किया था।

"भूमिका के साथ इतनी निकटता को 'भूमिका को अपने में देखना' या 'भूमिका में अपने को देखना' कहते हैं।

"मान लो, तुम नाटक से आद्यन्त गुज़रते हो, उसके सभी दृश्यों, अंशों, उद्देश्यों में विचरते हुए उनके लिए तुम उचित क्रियाएँ भी खोज लेते हो और फिर आदि से लेकर अन्त तक उन्हें क्रियान्वित करने में अपने को अभ्यस्त बना लेते हो। तब तुम नाटकीय कार्य-व्यापार के बाहरी स्वरूप की स्थापना कर लोगे, जिसे हम 'भूमिका का भौतिक जीवन' कहते हैं। ये सारे कार्य-व्यापार फिर किसके हैं—तुम्हारे, अथवा तुम्हारी भूमिका के?"

वान्या ने कहा, "निश्चय ही, मेरे।"

तोर्त्सोव ने कहा, "भौतिक पक्ष तुम्हारा है और क्रियाएँ भी तुम्हारी ही हैं। लेकिन उद्देश्य, उनकी आन्तरिक आधारभूमि और अनुक्रम तथा प्रदान की गयी सारी परिस्थितियाँ पारस्परिक हैं। तो कहाँ तुम छूट जाते हो और कहाँ तुम्हारी भूमिका आरम्भ होती है?"

वान्या ने कहा, "यह कह पाना संभव नहीं है।"

स्थिति स्पष्ट करते हुए तोर्त्सोव ने कहा, "तुम्हें यह हमेशा याद रखना चाहिए कि तुमने जो भी कार्य किये हैं, वे मात्र बाहरी नहीं हैं। वे तुम्हारी आन्तरिक भावनाओं पर आधारित हैं, तुम्हारे विश्वास ने उन्हें पुनः शक्ति

प्रदान की है। तुम्हारे भीतर भौतिक कार्यों की रेखा के समानान्तर उपचेतना की ओर बढ़ती हुई भावनाओं की अविच्छिन्न रेखा है। यह सम्भव नहीं है कि तुम निष्ठा के साथ सीधे बाहरी कार्य-व्यापार की रेखा का अनुसारण तो करो, लेकिन उससे मिलती-जुलती भावनाएँ तुम्हारे मन में न हों!''

वान्या ने यह सुनकर बड़ी हताशा की मुद्रा बनायी, जैसे उसे कुछ समझ में न आया हो।

यह देखकर तोर्त्सोव ने कहा ''मैं देख रहा हूँ कि तुम्हारा सिर तरंगित हो रहा है। यह अच्छा संकेत है क्योंकि इससे यह प्रकट हो रहा है कि तुम्हारी भूमिका इतनी अधिक पहले से ही तुम्हारे व्यक्तित्व में समाहित हो गयी है कि तुम सम्भवतः यह नहीं कह सकते कि तुम्हारे और तुम्हारी भूमिका के बीच रेखा कहाँ खींची जा सकती है। इस मनोदशा के कारण तुम अपने को पहले से कहीं अधिक अपनी भूमिका के पास अनुभव करोगे।

''अगर तुम पूरे नाटक से इसी तरह गुज़रोगे तो उसके आंतरिक जीवन के सम्बन्ध में वास्तविक धारणा बना सकोगे। अभी वह जीवन यद्यपि भ्रूणावस्था में ही है, फिर भी जीवनमय है। इसके अतिरिक्त अपने मूल-चरित्र के रूप में तुम स्वयं अपने को रखकर उसके विषय में कहने की स्थिति में हो। यह बड़ा महत्त्वपूर्ण है क्योंकि अब तुम अपने कार्य को व्यवस्थित रूप से और विस्तार के साथ रूपायित कर सकते हो। हर वस्तु जो अब तुम अपने आंतरिक स्रोत से उसमें जोड़ोगे, वह अपना सही स्थान बना लेगी। इसलिए तुम्हें अब अपने को उस अवस्था तक ले जाना चाहिए जहाँ तुम अपनी भूमिका को मूर्त रूप में ले सको, जैसे कि वह तुम्हारा अपना ही जीवन हो। जब तुम अपनी भूमिका के साथ यह वास्तविक आत्मीयता अनुभव करने लगो, तब तुम अपनी आंतरिक रचनाशील मनोदशा में अपनी निज की भावनाओं को भरने में समर्थ हो जाओगे, जो उपचेतना के सन्निकट है। इस बिन्दु पर पहुँचकर तुम्हें साहस के साथ नाटक और उसकी मुख्य विषयवस्तु का अध्ययन प्रारंभ कर देना चाहिए।

''अब तुम समझ रहे होगे कि कार्य की आद्यन्त रेखा को प्राप्त करना और विस्तृत, गम्भीर और प्रेरणाप्रद चरम लक्ष्य को पाना कितना लम्बा और कठिनाइयों से भरा कार्य है। उसी में यह सामर्थ्य है कि वह तुम्हें उपचेतना के प्रवेश-द्वार तक पहुँचा दे और फिर तुम्हें उसकी गहराइयों में भी ले जाये। अब तुम यह भी देख रहे हो कि तुम्हारे इस अनुसंधान में, यह समझाना कि नाट्य-लेखक के मस्तिष्क में क्या था, और फिर उसके लिए अपने भीतर (मन

की वीणा के) समुचित तार की खोज कर पाना कितना महत्त्वपूर्ण है।

"हर वास्तविक कलाकार को जब तक वह रंगमंच पर है, इसे अपना उद्देश्य बना लेना चाहिए और अपने सारे रचनात्मक ध्यान को ठीक चरम-लक्ष्य और कार्य की आद्यन्त रेखा में, उनके व्यापकतर रूप में तथा गहरे अर्थ में केन्द्रित करना चाहिए। अगर ये सभी ठीक हैं, तो शेष सब कुछ, उपेचतना के द्वारा विलक्षण और नैसर्गिक रूप में सम्पन्न हो जायेगा। यह स्थिति तभी सम्भव होगी, जब अभिनेता हर बार अपनी भूमिका को दोहराते समय निष्ठा, सच्चाई और सहजता के साथ, अपने कार्य की पुनः सर्जना में तत्पर होगा। केवल यही ऐसी स्थिति है, जिसमें वह अपनी कला को यांत्रिकता, प्रदर्शन की रूढ़िबद्धता, तिकड़मों और हर प्रकार के बनावटीपन से मुक्त रखने में समर्थ हो सकेगा। अगर वह यह सब कर लेता है, तो रंगमंच पर उसे अपने चारों ओर वास्तविक लोग मिलेंगे, वास्तविक जीवन मिलेगा और वह सजीव कला भी देखने को मिलेगी, जो सभी प्रकार के प्रदूषणों से मुक्त होगी।

## 6

तोर्त्सोव ने अगले दिन इसी सन्दर्भ में बात आगे बढ़ाते हुए कहा, "कल्पना करो किसी आदर्श कलाकार की, जिसने खुद को जीवन के किसी महान् उद्देश्य को समर्पित कर देने का निश्चय कर लिया हो; उसने यह भी तय कर लिया हो कि वह कला के किसी उदात्त रूप की साधना के द्वारा जनसाधारण का मनोरंजन करने के साथ-साथ, उनकी अन्तश्चेतना को भी ऊपर उठायेगा, महान् काव्य प्रतिभाओं की रचनाओं में जो आध्यात्मिक सौन्दर्य अन्तर्निहित है, वह उसे भी उद्घाटित करेगा, वह पहले से प्रसिद्ध नाटकों और भूमिकाओं को कुछ ऐसे ढंग से नये रूपों में प्रस्तुत करेगा कि सर्वाधिक महत्त्वपूर्ण विशेषताएँ मनोरम रूप में प्रदर्शित हो; उसका पूरा जीवन उच्चतम सांस्कृतिक संदेश के प्रचार-प्रसार को समर्पित होगा।

"एक दूसरे प्रकार का कलाकार ऐसा हो सकता है, जो अपनी व्यक्तिगत सफलता का उपयोग जनसाधारण तक अपने विचारों और भावनाओं को पहुँचाने में लगाये। महान् व्यक्तियों के अनेक प्रकार महान उद्देश्य हो सकते हैं। उनके इन प्रयासों में किसी प्रस्तुति का चरम उद्देश्य जीवन के किसी महान् उद्देश्य की संप्राप्ति की ओर बढ़ा एक कदम होगा। वह चरण जिस दिशा में बढ़ेगा, उसे हम उस चरम उद्देश्य और उसके संपादन के व्यापार की महान् आद्यन्त रेखा कहेंगे।

इस विचार को स्पष्ट करने के लिए स्तानिस्लाव्स्की ने अपने जीवन का एक दिलचस्प अनुभव प्रस्तुत किया है, ''बहुत दिनों पहले जब हमारा नाट्य-दल सेन्ट पीटर्सबर्ग की यात्रा पर था, तो मुझे एक असफल और खराब ढंग से तैयार रिहर्सल में नाट्य-मण्डप में बहुत देर तक रुकना पड़ा। अपने कुछ सहयोगियों के दृष्टिकोण के कारण मेरा मन बहुत अव्यवस्थित था। मैं बहुत थका हुआ था और चलते समय गुस्से में भी था। अचानक बाहर निकलने पर मैंने खुद को नाट्य-भवन के बाहर बहुत सारे लोगों के बीच पाया। अलाव जल रहे थे और लोग जैसे पड़ाव डालकर बैठे हुए थे, कुछ तो बर्फ़ पर अधलेटे थे। कुछ एक तरह के तम्बू में बर्फ़ और हवा से अपने को बचाने के लिए गड्ड-मड्ड घुसे हुए थे। असाधारण संख्या थी उन लोगों की—वहाँ हज़ारों लोग थे—सुबह होने का और टिकटघर के खुलने का इन्तज़ार करते हुए।

स्तानिस्लाव्स्की उस दृश्य को देखकर भीतर तक आन्दोलित हो उठे थे। उस कार्य के लिए मन ही मन उन लोगों की प्रशंसा करते हुए उन्होंने स्वयं से पूछा था : ऐसी कौन-सी घटना, कैसी विलक्षण संभावना, कैसा आश्चर्यजनक परिवेश, कौन-सी विश्वप्रसिद्ध प्रतिभा है जो इतनी ठंडक में रात-दर-रात उन्हें ठिठुरने को मजबूर कर सकती है—विशेष रूप से इतना कष्ट उठाने के बाद भी उन्हें उनकी पसंदीदा टिकट नहीं मिलेगी, मिलेगा केवल एक कूपन जिससे उन्हें उस लाइन में खड़े होने का अधिकार मिल जायेगा, जिससे हो सकता है उन्हें उस नाट्य-भवन में प्रवेश करने का अवसर मिल सके।

वे इस सवाल का कोई जवाब नहीं खोज पाये, क्योंकि वे किसी ऐसे घटनाक्रम की खोज नहीं कर सके, जिसके लिए उन्हें अपने स्वास्थ्य और शायद अपने जीवन का भी ख़तरा उठाना पड़े। उन्होंने सोचा कि इन लोगों के लिए आखिर रंगमंच का मतलब क्या है! हमे उसके प्रति गम्भीर रूप से चेतन होना चहिए। हमारे लिए यह कितने सम्मान की बात है कि हम इतनी बड़ी संख्या में लोगों को प्रसन्नता प्रदान कर सकते हैं। उन्हें तत्काल इस इच्छा ने बड़ी दृढ़ता के साथ पकड़ लिया कि अपने सामने एक महान् लक्ष्य की स्थापना करें, जिसे पूरा करने का प्रयास एक महान् कार्य की आद्यन्त-रेखा का रूप ग्रहण कर लें और फिर जिसमें सभी छोटे-छोटे उद्देश्य समाहित हो जायें।

तभी उन्हें यह लगा कि इस प्रयास में ख़तरा यह होगा कि उनका ध्यान किसी छोटी और व्यक्तिगत समस्या में ही लगा जायेगा।

तभी किसी ने पूछा कि तब क्या होगा? उन्होंने जवाब दिया कि वही होगा जो एक बच्चे के साथ होता है, जब वह एक डोरी के अन्त में किसी

वज़न को बाँधता है और फिर एक छड़ी से उसे घुमाता है। वह छड़ी जितना घूमती है, डोरी उतनी ही छोटी होती जाती है और उसके चारों ओर का वृत्त भी छोटा होता जाता है। अन्ततः वह वज़न उस छड़ी के साथ टकराता है। लेकिन मान लो, एक दूसरा बच्चा उस वज़न की वस्तु के घेरे में अपनी छड़ी डाल देता है। इस गतिविधि का परिणाम यह होता है कि वह डोरी दूसरी छड़ी में लिपट जाती है और पहले बच्चे का खेल बरबाद हो जाता है।

स्तानिस्लाव्स्की ने इसके बाद सावधान करते हुए कहा है कि अभिनेताओं में इसी प्रकार रास्ते से भटक जाने की प्रवृत्ति होती है और वे मुख्य उद्देश्य से भटककर दूसरी समस्याओं में अपनी ऊर्जा लगा देते हैं। यह निश्चय ही ख़तरनाक है और इससे रंगकर्म पर अच्छा प्रभाव नहीं पड़ता।

## 7

यह सारा प्रसंग और उसकी व्याख्या सुनते हुए कोस्त्या के मन में यह भ्रान्त-धारणा उत्पन्न हो गयी कि उपचेतना ही अन्तःप्रेरणा है। तोर्त्सोव ने यह सुनकर कहा, 'तुम्हें ऐसा क्यों लगता है कि उपचेतना ही पूर्णतः अन्तःप्रेरणा है? बिना रुके किसी एक संज्ञा का नाम लो।"

वान्या तुरन्त बोल पड़ा, "भाला।"

तोर्त्सोव ने कहा, "भाला ही क्यों, मेज़ क्यों नहीं, जो तुम्हारे सामने रखी है, अथवा ऊपर से लटकता हुआ वह फानूस?"

वान्या उसका कोई जवाब नहीं दे पाया। तब उन्होंने कहा कि मैं स्वयं भी इस विषय में नहीं जानता। फिर भी मैं यह जानता हूँ कि कोई भी नहीं जानता। वान्या की केवल उपचेतना ही यह बता सकती थी कि क्यों भाला ही उसके मन में आया।

तोर्त्सोव ने इसके बाद वान्या से जानना चाहा कि वह क्या सोच रहा था और उसे क्या लग रहा था। वान्या कुछ जवाब नहीं दे पाया। उसने अपनी अंगुलियाँ अपने बालों में फेरीं; अचानक खड़ा हो गया और फिर बैठ गया। फिर उसने अपनी कलाई को अपने घुटनों पर रगड़ा। ज़मीन से काग़ज़ का एक टुकड़ा उठाया और उसे मोड़ा।

तोर्त्सोव यह देखकर खुलकर हँसे और कहा कि केवल उसका उपचेतन ही इस पहेली को सुलझा सकता है।

उसके बाद उन्होंने छात्रों की ओर घूमकर कहा, "तुम लोगों ने देखा कि वान्या ने जो कुछ भी किया उसमें उसकी अन्तःप्रेरणा नहीं थी, फिर भी उसमें

उसकी उपचेतना का बहुत बड़ा हाथ था? तुम्हें कुछ अंशों में कुछ ऐसा ही साधारण कार्य, इच्छा, समस्या, भावना, विचार, संप्रेषण की प्रक्रिया अथवा समायोजन में भी देखने को मिलेगा। हम सामान्यतः उपचेतना के बहुत पास रहते हैं। हमें अपने हर चरण में वह मिलती है। दुर्भाग्य से उपचेतना के इन सभी क्षणों को हम अपने प्रयोग में नहीं ला पाते; और फिर जब हम मंच पर होते हैं और जब हमें इनकी विशेष ज़रूरत होती है तो उसे हम कम ही अनुभव कर पाते हैं। ज़रा उसे एक विशेषरूप से अभिरंजित, अन्तर्गर्भित, घिसी-पिटी प्रस्तुति में देखने की कोशिश करो, जहाँ तुम्हें कठोर और तीव्र बँधी-बँधायी आदतों, सचेतन और यांत्रिक कार्यों के अतिरिक्त और कुछ भी देखने को नहीं मिलेगा।''

ग्रीशा ने इस पर ज़ोर देकर कहा कि यांत्रिक आदतें तो अन्ततः उपचेतन होती हैं।

जवाब में तोर्त्सोव ने कहा, ''हाँ, लेकिन उस प्रकार की उपचेतना की नहीं, जिसकी हम चर्चा कर रहे हैं। तुम्हें एक रचनात्मक मानवीय उपचेतना की ज़रूरत है, और उसे देखने का स्थान सबसे ऊपर एक उत्तेजनात्मक विषय-वस्तु और उसके कार्य-व्यापार की आद्यन्त-रेखा में हैं। उनके चेतन और उपचेतन सूक्ष्मता और विलक्षणता के साथ एकाकार हैं। जब एक अभिनेता किसी गम्भर और गतिशील उद्देश्य में भावावेग के साथ उसे सम्पन्न करने में समर्पित कर देता है, तो वह एक ऐसी मनोदशा में पहुँच जाता है, जिसे हम अन्तःप्रेरणा कहते हैं। उसमें लगभग हर कार्य उपचेतना में होता है और उसे चैतन्य रूप में यह लगता ही नहीं कि उसने अपने उद्देश्य को कैसे प्राप्त कर लिया है।

''अतः यह स्पष्ट है कि उपचेतन की ये कालावधियाँ हमारे सारे जीवन में बिखरी रहती हैं। हमारी समस्या यह कि जो कुछ भी उनमें बाधा खड़ी करता है उसे हटाएँ और किसी भी ऐसे तत्त्व को, जो उनकी सक्रियता को सहज बनाता है, उसे और शक्ति दें।''

## 8

तोर्त्सोव ने अगले दिन कथा आरम्भ करते हुए कहा कि आज अन्तिम पाठ है, इसलिए अब तक जो कुछ लिखा-पढ़ा गया है, उसकी जाँच-पड़ताल की जाये। लगभग एक वर्ष के कार्य के अनंतर उन्हें लगा कि प्रत्येक छात्र ने नाटकीय रचनात्मक प्रक्रिया की एक सुनिश्चित धारणा बना ली है। अब उसकी

तुलना उस समय की मनोदशा से की जा सकती है जब काम शुरू किया गया था।

उन्होंने इस सम्बन्ध में एक-दो छात्रों के उत्तर सुने और कहा कि अब उन्हें अपने पहले के व्यवहार पर हँसी आ रही है क्योंकि पहले छात्र सामान्य रूप से अभिनय करते थे और थोड़े प्रयास से अपने लक्ष्य को पा लेना चाहते थे। इसका नतीजा यह होता था कि रूपायित व्यक्ति की भावनाओं का एक बाहरी तथा ग़लत चित्र ही बना पाते थे; लेकिन अब समुचित प्रशिक्षण प्राप्त कर लेने के बाद, जब वे एक त्रासद प्रसंग की याद करते हैं, तो उनकी आँखों में आँसू आ जाते हैं। यह इसलिए होता है कि जब वे उस दृश्य की फिर संरचना करते हैं, तो बिल्कुल एक अलग रास्ता अपनाते हैं। अब वे अपने दर्शकों की भावनाओं पर सीधे आक्रमण नहीं करते, वरन् पहले बीज बोते हैं और फिर उन्हें फलित होने का अवसर प्रदान करते हैं। इस प्रकार अब वे रचना के नैसर्गिक नियमों का अनुसरण करते हैं।

तोर्त्सोव ने इसके बाद छात्रों को समझाते हुए कहा कि नाटकीय मनोदशा को कैसे जगाया जाये इसकी पहचान अभी शेष है। केवल तकनीक से किसी ऐसे बिम्ब की रचना नहीं की जा सकती, जिस पर वे स्वयं विश्वास कर सकें और जिसमें दर्शक भी अपने को पूर्णतः समाहित कर दें। इसलिए रचनाशीलता कोई तकनीकी तिकड़म नहीं है, वह बिम्बों और भावनाओं का मात्र बाहरी रूपायन भी नहीं है।

उसके बाद उन्होंने बहुत ज़ोर देकर कहा कि ''हमारी तरह की रचनाशीलता एक नये सचेतन व्यक्ति का गर्भाधान और जन्म है—भूमिका के व्यक्ति का। यह मनुष्य के जन्म जैसी नैसर्गिक प्रक्रिया है।

''अगर तुम हर उस वस्तु का अनुसरण करो जो कि भूमिका में अभिनेता की अन्तश्चेतना के साथ घटित होती है, तो तुम यह स्वीकार करोगे कि मेरी यह तुलना बिल्कुल सही है। प्रत्येक नाटकीय और कलात्मक बिम्ब, जो रंगमंच पर रचा जाता है विलक्षण होता है, बिल्कुल वैसे ही जैसे प्रकृति में होता है; उसकी आवृत्ति नहीं हो सकती।

''मनुष्य की तरह उसमें भी एक मिलती-जुलती भ्रूणावस्था होती है।

''रचनात्मक प्रक्रिया में पिता है नाटक का लेखक; और माँ, भूमिका को गर्भ में धारण किये अभिनेता; और बच्चा, वह भूमिका होती है, जिसे जन्मे लेना है। प्रारम्भिक समय वह होता है, जब अभिनेता अपनी भूमिका को पहली बार समझते हैं। इसके बाद अभिनेता एक-दूसरे के साथ बड़े आत्मीय हो जाते

हैं, परस्पर समझौता करते हैं; शादी करते हैं और फिर गर्भाधान होता हैं। इस सारी प्रक्रिया में निर्देशक एक प्रकार से विवाह कराने वाले व्यक्ति की भाँति केवल सहायक होता हैं।

"अभिनेता इस कालावधि में अपनी भूमिका से प्रभावित होते हैं; वह उनके दैनिक जीवन को भी प्रभावित करती है। संयोग से एक भूमिका की गर्भावस्था का समय कम-से-कम उतना ही लम्बा होता है, जितना एक मानवीय चेतना का होता है, और कभी-कभी उससे कुछ लम्बा भी होता है। अगर तुम इस प्रक्रिया का विश्लेषण करो, तो तुम्हें यह विश्वास हो जायेगा कि यह नैसर्गिक जैविक व्यापार नियमों से नियन्त्रित होता है, भले ही नये दृश्यविधान की संरचना जीववैज्ञानिक अथवा काल्पनिक रूप में हो रही हो।

"तुम इस प्रक्रिया में तभी भटकोगे जब तुम सच्चाई को अच्छी तरह नहीं समझोगे; अगर प्रकृति में तुम्हारा विश्वास नहीं है, अगर तुम 'नये सिद्धान्तों, 'नये आधारों', 'नयी कला' के सम्बन्ध में सोचने-विचारने की कोशिश करते हो। प्रकृति के नियम, निरापवाद सभी को मानने होते हैं। जो भी उन्हें तोड़ता है, अपने को संकट में डालता है।"

❑❑❑